KB085227

프랭크 로이드 라이트

현대 예술의 거장

프랭크 로이드 라이트

20세기 건축의 연금술사

에이다 루이즈 헉스터블 지음 | 이종인 옮김

 을유문화사

현대 예술의 거장

프랭크 로이드 라이트

20세기 건축의 연금술사

발행일 2008년 2월 20일 초판 1쇄
2018년 10월 25일 개정판 1쇄

지은이 에이다 루이즈 헉스터블
옮긴이 이종인
펴낸이 정무영
펴낸곳 (주)을유문화사

창립일 1945년 12월 1일
주소 서울시 마포구 월드컵로16길 52-7
전화 02-733-8153
팩스 02-732-9154
홈페이지 www.eulyoo.co.kr

ISBN 978-89-324-3137-6 04610
ISBN 978-89-324-3134-5 (세트)

20세기 천재 건축가의 유기적 건축

유현준 건축가, 홍익대학교 건축대학 교수

천재 건축가

20세기 최고의 천재 건축가가 누구냐고 물어본다면 사람들의 의견이 둘로 나뉠 것이다. 어떤 사람들은 근대 건축의 5원칙을 주장한 유럽의 르코르뷔지에Le Corbusier가 최고의 천재 건축가라고 할 것이고, 누군가는 '유기적 건축'을 주장한 신대륙 미국의 프랭크 로이드 라이트가 그에 해당한다고 할 것이다. 사실 둘의 우열을 가린다는 것은 베토벤과 모차르트 중 누가 더 위대한 작곡가인지 묻는 것과 같다. 르코르뷔지에와 프랭크 로이드 라이트는 둘 다 이 시대의 건축에 지대한 영향을 끼친 훌륭한 인물들이다. 하지만 둘 중 한 명을 선택하라면 필자는 프랭크 로이드 라이트를 꼽을 것 같다. 그의 건축은 르코르뷔지에처럼 명확하게 원칙적으로 설명할 수는 없다. 하지만 그의 철학은 누구나가 쉽게 이해할 수 있다. 그것은 바로 '자연을 닮은 건축'이다. 이 책에서 얘기하는 것처럼 어린 시절 위스콘신의 부드러운 기복이 있는 언덕과 탁 트인 시야에 대한 그의 사랑이 건축물은 땅의 일부가 되어야 한다는 믿음을 자연스럽게 만들어 냈다. 그가 말하는 자연을 닮은 건축은 단순하게 외형을 흉내 내겠다는 것이 아니라, 자연의 본질을 파악하고 건축에 적용하겠다는 철학이었다. 이를 한마디로 '유기적 건축'이라고 말하기도 한다. 이 책의 저자 헉스터블은 라이트가 지은 집을 가리켜 "집이 들어설 땅과 그곳에 소재한 토종의 재료를 존중하는 유기적이고 자연적인 집"이라고 말한다. 이처럼 자연의 구성 원리를 적용한 그의 건축 디자인은 시간이 흘러도 고유의 가치를 지닌다. 프랭크 로이드 라이트의 건축은 땅과 떼려야 뗄 수 없는 건축으로, 땅에서 자라난 듯이 보이는 건축이다. 유기적 건축이 무엇인지 좀 더 정확히 이해하기 위해서는 그의 대표작인 '낙수장'을 보면 된다.

폭포와 어울리는 집

이 작품은 펜실베이니아주의 베어런이라는 산골 계곡에 위치한 주택이다. 전통적인 도시의 밀집화를 반대하고 지방으로 분산된 사회를 선호한 건축가의 입장과도 잘 맞는 장소이다(이 책에 따르면 그는 독립적인 개인들을 전원으로 분산시키는 것이 진정한 민주주의라고 믿었다고 한다). '낙수장'은 주택이 작은 폭포가 있는 계곡에 위치해 있어서 붙여진 이름이다. 낙수장의 '낙수'는 물이 떨어진다는 뜻이고, 이 주택의 영어 이름은 'Falling Water'이다. 이름에서 알 수 있듯이 이 집의 디자인은 폭포에서 시작해서 폭포로 끝이 난다. 한마디로 주변의 자연 경관을 잘 반영한 주택이다. 낙수장은 여러 개의 테라스로 구성되어 있다. 층마다 있는 테라스는 폭포를 내려다보거나 주변의 숲을 조망하기에 좋은 장소이다. 시냇물로 내려가기 쉽게 거실 바닥에는 아래로 열리는 수평의 유리문이 있다. 이 문을 열고 계단을 통해 시냇물로 직접 내려가서 수영을 하다가 올라올 수 있다. 여름에 이 문을 열어 놓으면 시냇물의 시원한 바람이 거실로 들어와서 천연 에어컨 역할을 한다. 이 주택이 건축될 때 사용된 돌은 주변의 땅에서 구한 돌이다. 대지에 오래전부터 있었던 바위는 이 주택의 주요 기초가 되게끔 설계되어 있다. 이 집은 주변의 자연 요소들을 고려해서 디자인한 집으로 유명한데, 심지어 집의 구조체 중 하나는 원래 서 있던 나무를 피해서 동그랗게 돌아가는 디자인을 하고 있다. 건축 구조물이 지지하는 기둥 없이 한쪽으로 뻗어 나간 것을 건축 용어로 '외팔보'라고 하는데, 이 집의 테라스가 그러한 구조로 만들어져 전체적으로 보면 마치 나뭇가지처럼 보인다.

이 책에도 낙수장이 자세히 설명되어 있는데, 저자는 시냇물 위에 떠 있는 상태로 폭포처럼 단계별로 이어져 내려오는 콘크리트 발코니와 현장의 거친 돌과 자연적인 무늬결, 색깔 등을 통해서 이 건축물이 땅과 실제적, 상징적으로 연결되게 한 부분 등을 이야기하며 "이것은 매우 희귀한 예의 예술 작품으로서 자연을 위축시키지 않고 반대로 풍요롭게 만든다"고 평한다.

이 집과 관련해서는 유명한 일화가 있다. 건축가 라이트는 설계를 하나도 안 하고 있다가 건축주가 찾아온다는 전화를 받고는 몇 시간 만에 도면을 다 그렸다는 이야기이다. 이때 라이트는 주변의 돌 하나, 나무 하나의 위치까지 다 기억을 하고 그렸다고 한다. 마치 모차르트가 모든 음악을 머릿속에서 완성한 다음에 악보에 적기만 했다는 전설적인 이야기와 비슷하다. 물론 이 책에서도 언급하는 것처럼 라이트 역시 여러 달 동안 머릿속에서 이미 낙수장을 설계하고 있었다. 하지만 문제에 대한 총체적인 해결책을 개념화하고 시각화하는 능력이 월등히 뛰어나지 못하다면 이는 불가능한 일이다. 그가 천재 건축가로 불리는 이유는 여기에 있다.

프랭크 로이드 라이트의 어머니는 일찍이 아들이 건축가가 될 것임을 확신하고, 당대 유행하던 독일 교육가 프리드리히 프뢰벨Friedrich Fröbel의 유아 교육용 학습 재료인 나무 블록 등을 통해 아들의 능력을 길러 주었다. 라이트는 이후 수차례 이들 장난감을 가지고 여러 가지 모양을 만들던 경험이 자신의 건축적 형태를 발전시킨 원천이라고 고백한 바 있다. 그가 디자인한 집은 마치 블록 장난감이 매번 다른 형태를 만들어 내듯이 주어진 대지의 조건에 맞추어서 각기 다른 구성을 갖게 된다.

융합의 건축

그의 건축이 특별한 또 다른 이유는 서로 다른 동서양의 문화를 건축적으로 융합했다는 데 있다. 라이트는 미국 내에서 일본 판화를 가장 많이 수입해 파는 화상으로도 유명했다. 그의 건축 투시도를 보면 그가 얼마만큼 일본 판화의 영향을 받았는지 알 수 있다. 일반적으로 서양화와 동양화의 가장 큰 차이는 여백의 유무 여부이다. 서양화는 캔버스 전체를 물감으로 가득 채운다. 반면 동양화는 그림이 완성이 된 뒤에도 비어 있는 공간이 많다. 그만큼 경계가 모호한 것이 동양화의 특징이다. 라이트가 그린 낙수장의 투시도를 보면 상단부는 서양화처럼 경계를 명확히 하는 박스를 그리고 하늘을 파란색 색연필로 색칠해 넣었다. 반면 하단부에 바위와 물이 그려진 부분을 보면 경계가 명확하지 않게 오픈된 여백의 미를 보여 준다. 그가 그린 투시도에서 서양과 동양의 미가 함께 보이듯이, 그가 설계한 건축의 평면과 입면에서도 동양적인 미가 엿보인다. 그중에서도 눈에 띄는 부분은 라이트의 주택에서 보이는 처마 공간이다. 전통적인 유럽의 건축물은 벽돌 같은 방수가 되는 재료로 지어지기 때문에 비를 피해야 하는 처마가 없다. 반면 목재를 주요 재료로 사용하는 동양 건축에서는 목재 기둥이 비에 젖으면 썩어서 무너지므로 처마를 길게 뽑아서 기둥이 비에 젖지 않게 디자인을 해 왔다. 그런데 라이트의 건축을 보면 벽 중심으로 구조를 해결했음에도 불구하고 처마 공간이 무척 길게 나와 있다. 이는 라이트가 세계 박람회나 그림을 통해서 동양 건축을 배웠기 때문이 아닌가 추측된다.

새로움은 항상 서로 다른 것들이 융합되었을 때 나타난다. 라이트의 건축은 자연과의 융합, 동서양 건축 문화의 융합을 통해 이룩한 성과이다. 이는 새로움을 창조해야 하는 21세기의 우리가 그에게서 얻는 값진 교훈이기도 하다. 이 책에 언급된 것처럼 그의 건축은 관례적인 아이디어와 전통적인 공사 방식에 대한 도전의 역사였다. 새로운 건축 시대에 대한 그의 이해는 완벽했고, 그것을 철저하게 파악했다. 그 완벽한 이해 위에 프랭크 로이드 라이트만의 새로운 세계가 탄생했다. 이 책을 통해 20세기 천재 건축가의 생각의 단면을 들여다보시기 바란다.

의지가 만든 거대한 성취

김신 디자인 칼럼니스트

'현대 예술의 거장' 시리즈를 좋아해서 히치콕, 앙리 카르티에 브레송, 트뤼포, 페기 구겐하임 등과 같은 시각 예술과 영화 분야 인물의 책을 여러 권 사서 보았다. 아쉽게도 건축과 디자인 분야는 한 권도 없었는데, 프랭크 로이드 라이트가 첫 번째 책이었다. 이 책을 처음 읽은 것은 약 7~8년 전 건축가 김원 선생의 이야기를 들은 뒤다. 저자이자 미국의 저명한 건축 비평가인 에이다 루이즈 헉스터블이 프랭크 로이드 라이트라는 거물을 얼마나 신랄하게 '까는지' 아주 볼만했다는 것이다. 하지만 그녀는 까기에만 그친 것이 아니라 그의 위대한 성취에 대한 칭찬도 잊지 않았다고 하면서. 호기심이 일었고 당장 책을 읽었다. 오~ 과연! 이건 소설이잖아! 아니 소설보다 더 재미있다. 그 뒤 올해 나는 이 책을 내가 연재하는 월간 『디자인』의 '디자이너가 읽어야 할 책'에 소개하면서 다시 읽어 보았다. 그동안 건축에 대한 지식이 조금 늘어서 더욱 흥미진진하게 읽을 수 있었다.

　새로운 판본이 나오면서 서평을 써 달라는 요청을 받고 망설였다. 왜냐하면 나는 건축 전문가가 아니기 때문이다. 건축 전문가의 서평은 있으니 디자인 전문가로서 다른 시각으로 써 달라는 편집자의 설득에 용기를 얻어 쓰기로 했다. 이 책은 건축 전문가가 아닌 사람이 봐도 충분히 재미있다. 라이트의 건축론이나 그의 걸작 프로젝트에 대해서는 별로 할 말이 없다. 대신 건축 전문가가 아닌 사람으로서, 또 디자인을 연구하고 가르치는 사람으로서 이 책을 읽으면서 아주 흥미롭게 발견한 점을 이야기하고자 한다. 첫 번째는 미국식 주택에 대한 것이다. 나는 이 부분을 설명하는 것이 건축 전문가가 아닌 독자들에게 도움이 될 것이라고 판단한다. 두 번째는 디자인의 역사를 연구하고 가르치는 사람으로서 깨달은 것이다. 미국의 건축가로서 그가 모더니즘에서 갖는 독특한 위치에 대한 부분이다. 세 번째는 나처럼 소심하고 겁 많은 범인凡人으로서는 도저히 이해할 수 없는 라이트의 소비욕과 사치, 허세, 뻔뻔함에 대한 부분이다. 이는 그의 삶을 늘 위태롭게 만들었다. 하지만 책을 읽으면서 그것이 그의 성공의 원동력이기도 했다는 걸 깨달았다. 마지막으로 예술가의 성공에 대한 부분이다. 우리는 위대한 예술가를 늘 그의 위대한 작품으로 봐 왔으며 정작 그 사람이 어떤 사람인지에 대해서는 잘 모른다. 이 책을 보면서 예술가로서 위대해진다는 것이 얼마나 치열한 투쟁의 과정인지 알 수 있었다. 단지 연줄이 좋거나 학벌이 좋아서 성공할 수 있는 것이 아니라는 점. 물론 운도 있어야 한다. 말콤 글래드웰이 『아웃라이어*Outliers*』에서 말한 태어난 시기, 태어난 장소, 부모의 권력과 재산, 인종, 성 등등…… 라이트의 경우를 보면 그는 어떤 조건은 갖추었고 어떤 조건은 대단히 부족했다. 하지만 그의 성공은 보통 사람으로서는 따라갈 수 없는 극단적인 자만심, 수단과 방법을 가리지 않고 자신이 갖고자 하는 것을 갖는 강력한 의지가 결정적이었다. 이 부분이야말로 저자 헉스터블이 프랭크 로이드 라이트라는 추앙받는 건축가의 생애로부터 발견하고 전하고자 했던 메시지가 아닐까? 물론 그건 순전히 나의 개인적인 판단이니 감안하고 읽기를 바란다.

1. 미국식 주택의 창조자

나에게 미국식 집이란 대부분 할리우드 영화에서 본 것이다. 중학교 때 본 〈바람과 함께 사라지다*Gone With The Wind*〉에 나오는 남부 농장의 으리으리한 집, 존 포드 감독의 걸작 〈수색자*The Searchers*〉에 나오는 전형적인 서부 시골집, 그리고 히치콕의 〈현기증*Vertigo*〉에 나오는, 샌프란시스코 언덕에 줄지어 있는 근사한 집들. 하지만 할리우드 영화에서 가장 흔하게 나오는 집은 뭐니 뭐니 해도 넓은 잔디 정원과 주차 공간을 가지고 여유롭게 띄엄띄엄 놓인 집이다. 이는 풍요로운 미국의 전형적인 주택의 모습으로 선망의 대상이다. 하지만 이 모든 집들 중에 프랭크 로이드 라이트가 독자적으로 개발한 '프레리 주택*Prairie houses*'은 없다. 왜냐하면 프레리 주택은 그야말로 최고급 주택이기 때문이다.

어린 시절에는 남부 농장의 대저택이 전형적인 미국식 주택인 줄 알았다. 하지만 이 주택은 유럽의 고전주의를 적당히 베낀 식민지 주택에서 발전한 것이다. 또 샌프란시스코의 언덕에 줄지어 있는 고급 주택들 역시 18세기 초 영국의 건축 양식인 퀸 앤 스타일Queen Anne style의 모방일 뿐이다. 그러니까 미국 건국 초기와 빅토리아 시대의 미국 부자들은 모두 자기 지형에 맞는 주택을 찾으려고 노력하지 않고 손쉽게 유럽의 고급 주택에서 마음에 드는 부분을 적당히 따와 절충형의 집을 지었던 것이다. 말하자면 그것들은 미국의 집장사들이 별 개념 없이 지은 키치kitsch 집이다. 당시 미국의 신흥 부자들은 이런 집에 코너 타워와 퇴창을 만들어 주면 만족스러워했다. 코너 타워와 퇴창은 평면적인 집의 외관을 입체적으로 만들어 주기 때문에 굉장히 럭셔리해 보인다. 예전에 한국의 신도시에도 '저 푸른 초원 위의 그림 같은 집'이라며 이런 퀸 앤 스타일을 모방한 미국 주택을 또 모방한 집을 지어서 팔았던 적이 있다. 그런 집은 키치의 키치인 셈이다.

이렇게 고전 양식과 퀸 앤 스타일, 아니면 시골의 오두막집에서 벗어나지 못하던 미국식 주택시장에서 처음으로 미국 지형에 맞는 독창적인 집을 설계한 사람이 바로 프랭크 로이드 라이트이다. 이 책에서 밝히는 그의 첫 성취이다. 이 세상에는 수많은 예술가가 있다. 하지만 단지 직업적인 예술가가 아니라 역사에 이름을 남기려면, 첫 번째 조건이 다른 이가 가지 않은 길을 가야 한다는 것이다. 라이트는 이미 20대의 젊은 나이에 역사책에 남을 큰 업적을 쌓았다. 헉스터블은 라이트가 말년에 디자인한 낙수장이나 구겐하임 미술관 같은 걸작들을 남기지 않고 죽었다 하더라도 초기의 업적만으로도 위대한 건축가의 반열에 올랐을 것이라고 말한다. 그 정도로 프레리 주택은 독보적이다.

프레리 주택의 특징에 대해서는 이 책의 4장에 자세히 나와 있다. 프레리란 대초원을 일컫는다. 그가 태어난 위스콘신주는 대초원이 펼쳐진 광활한 땅이지만, 기존의 미국 집들은 이런 초원에 어울리지 않는, 그저 유럽 고급 주택을 흉내 낸 집이었다. 주택 공급자나 주택 주인이나 그 누구도 그런 넓은 땅에 어울리는 집에 대해서는 별 생각이 없었다. 하지만 젊은 시절의 대부분을 시골의 자연에서 보낸, 게다가 눈썰미만큼은 누구도 따라올 수 없었던 라이트에게 그런 집은 미국의 초원에 어울리지 않는 것이었다. 미국은 신생 국가이고 19세기 말까지도 여전히 자국의 건축 정체성에 대해서 뚜렷한 자부심을 가질 만한 것이 없을 때였다. 이는 마치 한국이 근대화 과정에서 선진국이 오랜 기간의 투쟁을 통해 이룩한 모더니즘을, 그 정신은 모른 채 껍데기만 베껴 왔던 것과 비슷하다. 하지만 라이트는 누구의 도움도 없이 20대의 젊은 나이에 미국의 지형에 맞는 최초의 주택 양식을 선보인 것이다.

프레리 스타일은 알게 모르게 한국의 양옥 주택에도 영향을 미쳤을 것이다. 한국은 근대화 과정에서 고전 스타일이나 모던 스타일 모두 뭉뚱그려 서양의 모더니즘이라고 착각했다. 나는 1970년대에 양옥 주택들이 즐비한 강남구 논현동에서 어린 시절을 보냈다. 돌이켜보면 그 시절 양옥 주택들이 서양의 고전 스타일과 프레리 스타일을 골고루 절충한 집이 아닐까 의심해 본다. 수평 지붕을 가진 유럽의 모던 주택과 달리 경사가 완만한 양옥의 지붕은 분명 프레리 주택을 닮았다. 기와지붕이 있는데도 굳이 지붕 바로 밑으로 다시 슬래브 구조가 밖으로 튀어나오게 한 것, 또 2층의 베란다가 튀어나온 것은 프레리 주택의 캔틸레버 cantilever 지붕을 흉내 낸 것처럼 보인다. 아무튼 그것이 키치인 건 부인할 수 없다. 누구나 아주 쉬운 방식으로 책이나 잡지, 영화에서 본 근사한 것을 모방하고 만족하며 산다. 라이트처럼 그것을 이상하게 여기고 가시밭처럼 험난한 도전의 길을 가려는 사람은 극히 드물다. 물론 그렇다고 라이트식의 예술적 가치가 높은 집만이 살 만한 집은 아니다. 실질적인 삶의 공간과 예술성이 늘 조화롭게 결합하지만은 않는다. 나는 코너 타워와 퇴창으로 표면을 과시한, 예술적 가치로는 제로에 가까운 샌프란시스코의 퀸 앤 스타일 집에서 살아 보는 것이 여전히 꿈이다. 나는 평범한 대중의 취향에 만족하는 편이니 위대한 예술가가 될 자질이 없다. 라이트가 그것을 증명해 준다. 물론 나 같은 사람도 건축주가 되어 라이트 같은 건축가를 만난다면 그의 능수능란한 혀에 설득당할 테지만 말이다.

2. 보수주의자인가 모더니스트인가?

'모더니즘의 아버지'라는 말이 있다. 그런 게 정말 존재하는지 모르겠다. 아무튼 '모던 건축의 아버지' 하면 유럽의 발터 그로피우스Walter Gropius, 미스 반 데어 로에Mies van der Rohe, 르코르뷔지에와 함께 미국의 프랭크 로이드 라이트가 빠지지 않는다. 하지만 라이트는 이들보다 연배가 훨씬 높다. 1867년생인 그와 동급의 유럽 건축가를 꼽으라면, 스코틀랜드 글래스고 학파의 찰스 레니 매킨토시Charles Rennie Mackintosh(1868년생), 독일공작연맹의 리더인 페터 베렌스Peter Behrens(1868년생), 오스트리아 분리파의 요제프 호프만Josef Hoffmann(1870년생), 『장식과 범죄Ornament und Verbrechen』를 쓴 오스트리아의 아돌프 로스Adolf Loos(1870년생) 등을 들 수 있다. 그들이 디자인한 가구도 비슷하게 생겼다. 그들은 처음으로 기하학적 순수 형태로 가구를 디자인한 사람들이다. 하지만 그들은 본격적인 기능주의와 합리주의, 기계적 모더니즘으로까지 나아가지는 못했다. 페터 베렌스를 제외하고는 모두 부자 고객을 위해 디자인했다. 대중을 위한 민주주의적 디자인이라는 진보적인 생각에는 이르지 못했다. 그들의 전성기는 19세기 말과 제1차 세계 대전 사이에 있다. 헉스터블 역시 라이트의 첫 번째 전성기를 1895년부터 1909년까지로 정의한다. 그렇지만 라이트는 이들과 달리 제2차 세계 대전이 끝난 뒤에도 왕성하게 활동했다. 물론 살기도 오래 살았다는 점도 한몫했다. 그는 91세에 사망했다.

하지만 라이트도 초기 전성기를 지나 중반기의 긴 침체기를 걸을 때 모더니스트들의 공격을 받았다. 대표적인 인물이 필립 존슨Philip Johnson이다. 그는 자국에서 독자적으로 모던 건축을 발전시킨 라이트를 무시했다. 자신의 권력과 영향력을 발휘하기 위해 기성세대를 공격하고 배제하는 것은 자연스러운 현상처럼 보인다. 그런 상황에서 아마도 다른 건축가였다면 쓸쓸히 주류 무대에서 사라졌을 것이다. 라이트의 스승이었던 루이스 설리번Louis Sullivan처럼 말이다. 하지만 라이트는 정말 무시무시한 사람이다. 진부한 표현이지만, 그에게 나이란 정말 숫자에 불과했다.

1932년에 뉴욕 현대미술관은 〈현대 건축: 국제전〉을 개최했다. 이 전시는 26세의 젊은 큐레이터 필립 존슨이 기획했다. 당시 그는 현대미술관 건축 디자인 부서의 장으로서 미국 건축계에 막강한 영향력을 발휘하고 있었다. 유럽 모더니즘의 세례를 받은 존슨에게 라이트의 건축은 보수적으로 보였다. 당시 라이트의 나이는 65세였다. 라이트를 "19세기의 위대한 건축가"라고 비아냥거린 존슨은 라이트를 전시회에서 제외하려고 했다. 우여곡절 끝에 전시회에 참가하긴 했지만 라이트는 자존심에 커다란 상처를 입었다. 라이트는 유럽의 모더니즘에 반감을 표시했다. 그는 르코르뷔지에나 미스 반 데어 로에가 구사하는 건축 언어를 "비인간적 수술실"이라고 조롱했다. 이 표현을 읽는 순간 나는 비유가 굉장히 적절하다고 생각했다. 1920~1930년대 국제양식 International Style의 그 차가운 집들을 떠올려 보라. 순수한 사각 박스 형태, 아무런 장식이 없는 벽, 크롬 도금된 강철 파이프로 만든 가구들……. 라이트는 어떤 건축가보다도 문학적이다. 헉스터블도 인정하는 것처럼 라이트는 문학적 재능도 대단히 뛰어났다. 이 책은 군데군데 라이트가 남긴 정말 촌철살인과도 같은 문학적 비유를 만나는 재미를 선사한다. 그런 재능이 자신의 허황된 설계를 건축주가 받아들이도록 하는 데에도 큰 몫을 했다.

하지만 헉스터블은 라이트가 맹목적으로 유럽의 국제양식을 비판하지만은 않았다고 밝힌다. 라이트는 유아독존식의 태도와 타인을 인정하지 않는 것은 물론 공격하는 것을 즐기는 독설가로서 수많은 적을 만들었다. 그럼에도 그의 적들에게서 배울 점이 있다면 그것은 또 자기 것으로 만드는 융통성도 지닌 인물이었다. 라이트는 모더니즘의 국제양식이 판에 박은 듯이 순수 기하학적 형태의 문법을 구사한다는 점에서 기계적이라고 비판했다. 나도 국제양식 도록을 볼 때 그런 느낌을 받았다. 집들이 너무 세련되고 깔끔해서 오히려 불편해 보이는 집, 무균질의 공간에 갇힌 아름다운 집, 영구적으로 변화하지 않고 미술관이 보호해야 할 것 같은 그런 집 말이다. 그에 반해 라이트는 자신의 집이 무엇보다 유기적이라고 강조한다. 유기적이라는 것은 주변의 환경을 고려해 그것과 하나가 되는 집이다. 그런 양식은 환경에 따라 유동적으로 변화할 수밖에 없다. 무엇보다 차가운 국제양식의 집과 달리 아늑하고 편안하다. 유기적 건축을 구사하는 만큼, 또 경쟁자들에게서조차 그 장점을 자기 것으로 흡수하는 유연함으로 인해 그의 건축은 긴 생애를 통해 꾸준히 진화하고 발전할 수 있었다. 라이트는 결코 보수주의자가 아니지만 과거와 완전히 절연하는 과격한 근본주의 모더니스트도 아니었다. 그는 오히려 전통에서 좋은 것을 가려 뽑아낼 줄 알았다. 오랫동안 아주 건강하게 산 것 역시 그가 진화, 발전할 수 있게 해 준 배경이다. 80대의 나이에 그가 평생 한 건축 프로젝트의 3분의 1 이상을 해냈다는 대목을 읽었을 때 도대체 이 양반은 뭘 잡수시고 이렇게 건강했을까 감탄하지 않을 수 없었다. 물론 그보다 더 놀라운 것은 그 나이에 전성기를 맞이할 정도의 건축에 대한 그의 의지와 정신일 것이다.

3. 평생을 따라다닌 소유욕과 낭비벽

이 책은 '샤덴프로이데shadenfreude'의 보고다. 이 독일어 단어는 시기, 질투하는 인간의 본성을 잘 보여 주는데, 다른 사람의 허물이나 곤경, 실패를 볼 때 느끼는 기쁨을 말한다. 특히 크게 성공한 사람, 위대한 업적을 남긴 위인의 예상치 못한 비열한 모습, 악당 못지않은 행실을 볼 때 그 쾌감은 극에 달한다. 그런 점에서 프랭크 로이드 라이트는 많은 이들에게 샤덴프로이데를 줄 수 있는 위인이다. 헉스터블은 라이트의 집이 비가 샜다는 부분에서 잠깐 샤덴프로이데를 언급한다. 하지만 이 책은 각 장마다 샤덴프로이데를 즐길 만한 내용이 가득하다. '와, 이 위대한 건축가에게 이런 면이 있었구나. 정말 대책이 안 서는 사람이구나. 아니 이건 완전 치졸한데.' 책을 읽어 가면서 이런 감상을 하게 되는 것이다. 물론 그의 둘째 부인이 될 수도 있었던 여인이 당한 끔찍한 살인 사건은 예외다. 그것은 그의 성격적 결함이나 행실의 결과가 아니라 정말 그의 생애에서 우연히 발생한, 대단히 악마적인 사건이었기 때문이다.

독자를 흥미롭게 하는 것은 라이트가 엄청난 허세를 가진 인물이며, 그 허세로 인해 참을 수 없는 소비욕과 낭비벽에서 평생 헤어나지 못했다는 사실이다. 그가 위스콘신주의 시골 촌구석에서 상경해 시카고라는 대도시에 도착했을 때는 1887년으로, 그의 나이 스무 살 때다. 그가 태어난 해는 남북 전쟁이 끝난 지 2년 뒤로 여전히 서부 개척의 시대였다. 서부 영화의 장면들을 떠올려 보라. 라이트는 그런 시대에 태어나 스무 살까지 문명의 혜택을 누리지 못하고 살았다. 그는 시카고에서 처음으로 전깃불(당시는 아크등)을 보고 그 휘황찬란한 빛에 어리둥절했다. 그의 주머니에 든 것은 단돈 7달러. 그런 시골 촌놈이었지만 좋은 것, 고급스러운 것을 보는 눈은 도시 사람보다 높았던 것 같다. 시카고의 건축 사무소에 정착하고 월급을 받으면서 라이트의 사치벽은 시작되었다.

일단 멋쟁이로서 스카프와 모자, 타이 등의 패션에 돈을 마구 쓰는 것은 기본이다. 훌륭한 예술품, 특히 일본의 우키요에浮世繪 판화를 보면 소유욕을 참을 수 없었다. 신혼집을 자기 분수에 맞지 않게 사치스럽게 꾸미고 살았다. 헉스터블의 표현을 빌리면 "수입을 감안하지 않는 비용 초과는 평생 동안 그가 지닌 나쁜 버릇 중 하나가 되었다." 그러니까 나쁜 버릇이 한두 가지가 아니지만 그중에서 사치벽은 아주 중증의 병으로 그를 따라다녔던 것이다. 라이트는 마음에 드는 물건이 눈에 띄면 반드시 사야 했다. 돈을 빌려서라도 샀고, 그것을 갚는 일에는 책임감을 느끼지 못했다. 신혼집도 회사에 대출을 받아 지었는데, 빚이 많아서 퇴근 뒤에 늘 아르바이트를 해야 했다. 19세기 말 라이트는 엄청난 양의 주택 일을 했다. 충동구매를 참지 못했고, 그러면 그럴수록 빚은 쌓여서 더 많은 일을 해야 했다. 아마도 이런 악순환의 삶이 그로 하여금 젊은 시절 엄청난 양의 주택 설계를 하도록 만들었던 것 같다. 이는 말하자면 비틀스의 함부르크 시절에 비유될 수 있을 것이다. 비틀스가 무심한 노동자들 앞에서 하루에 열 시간 넘게 연주를 하면서 실력이 폭발적으로 상승한 것처럼 라이트도 자신의 낭비벽이 낳은 빚을 갚으려면 죽도록 설계를 해야 했던 것이다. 다행히 그는 젊은 시절 매우 인기가 많은 건축가여서 일이 부족한 적이 없었다. 곤경은 헤쳐 나갈 방법을 강구하게 만든다. 라이트는 의도한 바는 아니겠지만 곤경을 스스로 만들어 낸 사람이었던 셈이다.

4. 목적을 위한 수단의 정당화

사람들의 존경을 넘어 숭배의 대상이 된 예술가들이 있다. 조각가로는 미켈란젤로, 화가로는 반 고흐, 음악가로는 베토벤 같은 사람들……. 하지만 그런 부류의 사람들에게도 어느 정도 인간적인 결함이 있다. 그들은 기본적으로 괴짜이며 불안한 존재들이다. 그들의 작품을 사랑할 수는 있어도 그들과 함께 사는 것은 무척 힘들 것이다. 라이트의 삶을 보면서 그것을 확인할 수 있었다. 라이트에게 나타난 가장 큰 병은 욕망에 대한 자제력이 없다는 점이다. 이건 소유욕뿐만 아니라 성취욕도 포함하는 것이다. 그는 다른 사람들에게 마음의 상처와 물리적 피해를 주더라도, 또 거짓말을 해서라도 자신의 욕망을 실현해야 하고, 그에 수반하는 양심의 고통을 덜기 위해 그런 행위를 정당화한다. 그의 변명과 정당화, 합리화는 이 책 곳곳에서 볼 수 있다.

학벌도 변변치 않고 경력도 전무한 풋내기를 길러 준 첫 직장 실스비 건축 사무소를 버리고, 자신의 경력에 더 도움이 될 것 같은 애들러 앤드 설리번으로 직장을 얌체처럼 갈아탈 때 그랬다. "성장이 언제 고통을 강요하지 않고 원하지 않은 적이 있던가?

탁월함에 대한 추구와 성취는 불편과 고뇌의 산물이 아니던가?"라고 저자는 라이트가 자서전에 쓴 고백을 인용한다. 라이트는 이런 합리화를 타고난 듯하다. 결혼한 뒤 아이들을 줄줄이 여섯 명이나 낳은 그는 아들을 위해 값비싼 장난감을 사 주고 집 안을 고가의 예술품으로 장식했다. 물론 그것들의 지불 의무에 대해서는 무책임했다. 그러면서 그는 아이들이 아름다움을 체험하면서 성장하는 것이 더 중요하다고 합리화했다. 아이들을 위해 그토록 살뜰하게 집 안 환경을 꾸며 주었지만, 근본적으로 그는 아이들을 방치한 아버지였다. 이유는 일이 너무 바빠서. 이에 대해서도 죄책감을 느꼈던지 다음과 같이 정당화한다. "건축가가 아버지를 흡수했다." 건축 일의 신성한 의무에 밀려 아버지로서의 역할은 소홀히 할 수밖에 없었다고 변명한 것이다.

이 모든 것의 원인은 라이트의 과대망상에 있는 것 같다. 서두에서 언급한 것처럼 어떤 거대한 성취에는 재능뿐만 아니라 반드시 운이 따라야 한다. 그 운이란 무엇보다 부모의 능력, 그가 태어난 시대와 장소에 달려 있다. 라이트는 부모로부터 받은 능력이 없다. 학벌도 보잘것없었다. 인맥도 별로다. 그에 반해 시대와 장소는 잘 타고난 편이다. 미국이라는 나라가 어마어마하게 진보하고 있던 시절이었다. 그는 미국이 농업 국가에서 세계 최대의 산업 국가로 발전하는 그 시대를 관통해서 살았다. 하지만 그런 시대에 태어난 사람이 라이트뿐이겠는가. 따라서 그에게 따른 운은 그리 대단치 않았다고 볼 수 있다. 그렇다면 어떻게 그런 엄청난 성취를 이루었을까? 물론 뛰어난 재능이 있다. 하지만 같은 시대에 태어난 다른 건축가들에게도 그만 한 재능은 있었을 것이다. 그들에게 부족한, 라이트만이 가졌던 압도적인 능력이 있다. 그것은 바로 의지이다. 자신에 대한 엄청난 자신감이다. 그 자신감은 정말로 과대망상적이었다.

라이트는 스스로 세계 최고의 건축가라고 믿었다. 전 세대를 통틀어 자신이 가장 위대한 건축가라고 떠들어댔다. 물론 자만심이 큰 사람들에게 그런 경우가 없지는 않다. 하지만 그걸 속으로만 생각하지 겉으로 공공연하게 말하는 사람은 정말 드물다. 그것이 웃음거리가 된다는 것을 누구나 알기 때문이다. 언젠가 내 아들이 유치원 다니던 시절에 놀이터에서 한 아이가 이렇게 말하는 것을 들은 적이 있다. "나는 박사 천재야." 그 아이가 너무 웃긴 바람에 나와 아들은 그 순간을 잊을 수가 없다. 그래도 그 아이는 그야말로 철없는 아이였다. 하지만 프랭크 로이드 라이트는 아니다. 그의 과대망상 증상을 지적한 대목을 책 곳곳에서 볼 수 있다. "천재성이란 말을 그는 자신에게 적용하기를 주저한 적이 결코 없었다. 대개는 그 용어 앞에 '진가를 인정받지 못하는' 이란 말을 붙였다." 그가 정치인이 되지 않은 것을 다행이라 생각한다. 그렇지 않았더라면 세상은 좀 더 어지러웠을지도 모른다.

라이트는 또한 자신이 가는 길을 "세상에 맞서는 진실"이라고 비유했다. 물론 이 진실이란 순전히 주관적인 그만의 진실이다. 그것은 결코 객관화될 수 없는 진실이다. 하지만 바로 이런 유아독존적인 삶의 태도야말로 그를 성공시킨 비결이다. 재능은 뛰어나지만 우유부단한 사람들, 겸손한 사람들은 결국 자신을 더 높은 위치로 끌어올리지 못한다. 과거 역사에서 볼 때도 그런 사례를 찾는 건 어렵지 않다. 브루넬레스키Filippo Brunelleschi가 피렌체 성당의 돔을 자신 이외에는 아무도 건설할 수 없다고 호언장담할 때가 그랬다. 그 대책 없는 자신감과 우월감, 지나친 신념. 바로 그것들이 위대한 일을 그에게 맡기도록 만든다. 그것이 재능이 따르지 않는 허세가 아니라면 말이다. 그것이 또 다른 기회를 낳으며 계속해서 더 높은 곳으로 향하게 만든다. 그런 기회가 올 때마다 열정과 성실을 바쳐 일을 하면서 능력이 업그레이드된다. 이런 순환 과정을 거쳐 '위대함'이라는 경지에 이르게 되는 것이다. 이 책 10장의 제목처럼 '누구도 예측하지 못한 새로운 전성시대'가 라이트에게 온 것도 이런 순환 과정의 일환일 뿐이다. 거대한 성취에는 운이 따라야 한다. 하지만 프랭크 로이드 라이트에게는 분명 그 운 대신 거대한 자신감과 의지가 더 크게 작용한 것이 아닐까? 나는 운칠기삼을 믿는 편이지만, 이 책을 읽으면서 의지칠기산인 경우도 있다는 것을 일았다.

그런 자신감과 과대망상은 결국 수단을 정당화하게 만든다. 그 모습을 보는 것은 재미있기도 하지만, 한편으로는 위대한 예술가의 경지란 이처럼 처절하게 살아야 이르게 되나 하는 씁쓸함을 느끼기도 한다. 그리하여 헉스터블이 말한 것처럼, 그 위대한 예술은 그것을 만든 사람의 성격과 분리해야 한다는 말에 동의하게 되는 것이다. "예술가의 성취는 대체로 의지의 작용이다. 성격의 작용일 경우는 매우 드물다. 예술가의 행위와 판단에 대한 과실을 폭로하고 비난하려는 의도를 가진 비평가와 작가 들은 실제로는 예술 작품으로부터 예술가의 개인적 도덕성을 분리하려고 노력하는 모습을 보여 주었다." 이 책 역시도 그렇게 쓰였다고 볼 수 있다. 김원 선생의 간결한 평가처럼 나도 그렇게 감상을 요약할 수밖에 없었다. 헉스터블은 프랭크 로이드 라이트의 수많은 결점과 비열한 면 들을 보여 준다. 이것이 이 책의 큰 재미이다. 하지만 동시에 라이트가 건축가로서 얼마나 뛰어난 사람이었는지도 똑같이 보여 준다. "전통을 무시하고 일반적인 취향과 도덕규범을 부정하고, 20세기의 건축을 압도한 모든 운동이나 제도로부터 스스로를 격리시킴으로써 그는 자신이 바라는 대로 자유롭게 자기 자신이 되고, 살고, 믿고, 일했다." 어떤 예술가가 이처럼 자유롭게 살면서도 거대한 성취를 이룰 수 있었겠는가. 그 어떤 예술가보다도 드라마틱한 삶을 살다 간 건축가의 이야기에 독자들도 나처럼 푹 빠져 보기를 바란다.

머리말

프랭크 로이드 라이트에게는 두 개의 삶이 있다. 하나는 그가 지어 낸 것이고, 다른 하나는 그가 실제로 산 것이다. 지어 낸 인생은 그가 스스로 윤색한 표준적 라이트 신화이다. 여기에는 독불장군식 천재로서의 건축가, 세상 사람들로부터 공격을 당하여 곤경에 처하고 오해받는 외톨이, 보통 사람들과 어울리지 못하는 이상적인 개혁가로서 "세상에 맞서는 진실"의 깃발을 높이 든 그가 있다. 말하자면 황금시간대 다큐멘터리 드라마의 주인공이 될 만한 성격과 인생 시나리오를 가진 셈이다. 라이트는 스스로 그렇게 되기를 원했고, 실제로 그렇다는 확신에 입각하여 여러 가지 사실을 조작했다. 그가 자신의 삶이라고 남들에게 보여 준 것 자체가 하나의 창조적인 행위였다.

라이트가 서거한 지 거의 30년이 지나 '프랭크 로이드 라이트 문서 보관소'가 개소하면서 학자들에게 더 많은 문서와 상세한 내용 들이 알려지게 되자, 터무니없는 주장과 수치스러운 행동으로 가득한 그의 긴 생애를 분류하는 데 전력을 쏟은 일련의 서적들이 출간되었다. 의심스럽거나 수치스러운 구석을 지닌 모든 자료가 수정주의 역사가나 성격 분석가 들의 손에 흘러 들어갔다. 그 자료들은 위대한 예술가도 그보다 재주가 못한 사람들과 마찬가지로 나쁜 짓을 저지를 수 있음을 증명해 주는 폭로성 짙은 문헌들이었다.

끊임없이, 그리고 다량으로 기록들이 수정된다. 그러나 가장 중요한 발견은 라이트의 창조적 행위에 대한 우리의 이해가 늘어났다는 점이다. 라이트를 연구하는 학자들은 무엇이 진실이고 허위인지를 넘어서 무엇인가 다른 제3의 것을 찾고 있다. 그것은 논란의 여지가 있기는 하지만 미국의 가장 위대한 건축가인 한 비범한 인간에 대한 실체적 진실이다. 그의 작품과 영향력은 놀랍게도 19세기부터 21세기까지 3세기에 걸쳐 예술과 사상과 기술상의 급진적인 변화에 큰 족적을 남겼다. 남북전쟁 직후 목가적인 마차 시대에 태어난 라이트는 우주 시대가 막 시작되던 1959년(92세) 생일을 앞두고 서거했다. 그의 긴 경력과 그가 활동한, 장장 60년에 걸쳐 일어났던 혁명적인 변천사를 모두 파악하기란 여간 어렵지 않다. 그는 젊은 시절 취직하기 위해 시카고로 가서야 겨우 전깃불을 보았다. 제도製圖 방법이 매직펜의 빠르고 굵은 필법을 거쳐 교묘하고 비인간적인 컴퓨터 이미지로 발전하는 와중에도, 그는 날카롭게 깎은 연필로 채색 투시도를 작성했다.

그는 19세기의 견해를 고수했는데, 특히 에머슨과 러스킨이 주장한 낭만적 도덕 신조를 완고하게 고집하면서 성장했다. 그러나 작품에 있어서만큼은 당대의 모든 관습으로부터 완벽하게 떠나왔다. 따라서 이러한 역설을 설명하기에는 그의 삶에서 얻은 사실들만으로는 충분하지 않다. 도대체 20세기 초에 이미 한물간 철학을 일생 동안 간직하고서, 현재(21세기)까지도 의미가 있고 동시대적이며 약동적인 건축물을 지을 수 있었다는 사실을 어떻게 설명할 것인가?

라이트의 천재성은 시대를 초월하며 예언자적 성격으로 남아 있다. 그 스스로도 목청 높여 자주 자신의 천재성을 주장했지만, 시간이 흘러 역사적으로 재고할 때 그의 행동은 과장된 허세라고만 볼 수 없다. 뒤따라오는 세대마다 항상 그의 작품에서 자신의 세대와 관련되는 분야를 찾아낸다. 라이트는 아직도 우리에게 가르칠 것이 있다.

사실들이 드러남에 따라, 이미 세월 속으로 가라앉은 신화들의 허구가 아주 확실해졌다. 아무리 뛰어난 소설가라도 라이트의 생애 같은 스토리를 구상하지는 못할 것이다. 그의 생애는 한 편의 멜로드라마이다. 그는 스캔들, 살인, 화재, 이혼, 파산, 사회적 매장, 연방 수사국의 추적 등을 견뎌 냈다. 연방 수사국이 혐의로 삼은 사안 중 첫 번째는 여자를 비도덕적 목적으로 주 경계선을 넘어 이송시켰다는 것이다(그것도 두 번씩이나 유사한 과정을 밟았으며, 매번 '희생자'는 그의 아내였다). 두 번째는 제2차 세계 대전 중 군 복무를 거부하도록 도제徒弟들을 부추겼다는 것이다. 이 때문에 그는 반정부 선동죄로 고소를 당했다. 그는 선이 굵게, 그리고 주류에서 벗어나 변방에 살며 운명의 혹독한 시련을 자초

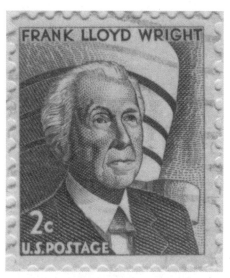

1966년 발행된 미국 우표. 인생의 후반부부터 현재까지
프랭크 로이드 라이트는 미국을 대표하는 한
위대한 건축가로 인정받는다.

했다. 실패하고 재난을 당할 때마다 삶과 사업을 다시 일으키던 그 힘과 불굴의 정신은 가공할 만하다. 그는 개인적 평판을 잘 다스리지 못했으나 따돌림받은 자나 아웃사이더로서의 역할을 즐기거나 심지어 과시하는 듯했다. 그러기 위해서는 남보다 몇 배나 큰 자존심이 필요했다. 대부분의 사람들이 은퇴할 나이에 그는 노년을 웅장하고 창조적인 시기로 꽃피워 냈다.

동시대인을 표준으로 삼으면 그는 놀랍도록 관례에서 벗어난, 철저히 손가락질당할 삶을 살았다. 그는 도덕적으로 그리고 금전적으로 무책임했다. 사회적으로 인정받지 못할 낭만적인 불륜 행위를 저지르거나 대금 청구서를 아예 갚지 않음으로써 나쁜 평판을 더욱 조장했다. 필요에 따라 그는 어떤 약속이나 타협도 서슴지 않고 했다. 그의 정서 속에는 수치심이 들어설 자리가 없었다. 그는 고객의 호의를 악용하여 그들의 호주머니에서 지속적으로 선수금을 얻어 냈다. 고객을 감언이설로 달래고 비위를 맞추는 서신들을 써 댔다. 그런 와중에 건축 공사는 예산을 초과하고 통제 불능의 지경에 이르기 일쑤였다. 지불 능력을 아랑곳하지 않는 생활인이었기에 음흉한 꾀가 필수적이었다. 그러나 한편으로 건물을 완공시키기 위해서는 바로 그런 꾀가 필요하기도 했다. 1900년대 초에 그의 건물이 얼마나 이상하게 보였는지 말로 다 표현하기 힘들 정도다. 다른 건물들과 크게 다르고 당시 유행하던 취향에서도 아주 벗어났다. 그의 건물이 있는 교외 부지에 살던 보수적인 이웃들은 그의 집들이 하도 괴상하게 보여 "하렘"[1]이라고까지 부를 정도였다. 그러니 당대의 라이트 주택들이 얼마나 일반인들의 비위에 거슬렸을까?

그는 고객이 많은 편은 아니었다. 그 고객들 중 대부분은 그에게 매혹된 사람들이었다. 그들은 자신이 선택한 건축가처럼 대담한 공상가가 되거나 아니면 건축가의 감언에 속아서 그의 후원자가 되어야만 했다. 그는 고객을 능란하게 다루는 재주꾼이었다.

자신의 고유한 아이디어 외에 그 어떤 영향도 받지 않았으며, 자신의 아이디어에 어떠한 정보의 원천도 없다고 줄기차게 주장하는 것은 사실 왜곡이고 속임수였다. 학자들은 그가 선사 시대로부터 전위파에 이르기까지 예술과 건축상의 문화들을 열심히 받아들였음을 밝혀 놓았다. 우리는 그가 일찍부터 유럽에 있는 동료들과 활발하게 정보를 교환한 사실을 알아냈다. 하지만 그는 평생에 걸쳐 자신이 모더니즘의 유일한 발명자라고 주장했다. 그는 국제양식에 적대적인 태도를 취했다. 그 이유는 부분적으로 국제양식의 이론을 받아들이지 않았거나 혹은 그 독단적인 원리에 순응하지 않은 탓도 있지만, 더 근본적인 까닭은 국제양식에 반대하는 것이 자기 방식에 썩 잘 들어맞았기 때문이다. 그는 스스로를 좀 더 고등한 건축적 진리의 유일한 소유자 내지 변호자라고 생각했다. 그리고 그러한 역할을 평생 동안 철저히 수행했다.

사실들만으로 밝혀 낼 수 있는 것에는 한계가 있는 법이다. 수

---

1. 이슬람권의 여자들이 거주하는 방.

정되거나 조작된 삶의 모습들이 모두 필요하다. 그래야만 신중하게 꾸며 낸 태도나 교묘하게 수정된 사건들 뒤에 숨은, 재주는 많지만 실수가 지나쳤던 한 인간의 전체 상像을 얻을 수 있다. 성격에 의해서거나 아니면 상황적 필요에 의해서 라이트는 교묘한 술책에 자주 의존했다. 그럼에도 불구하고 그의 예술은 그의 인생과 분리된 별개의 것이 아니다. 그의 건축 예술은 부정할 수 없고 또 그 지속적인 성실성을 의심할 수 없다. 그에게 달라붙은 신화들을 해체하는 일도 이러한 궁극적 진실을 드러낼 수 있을 때 그 의미를 획득한다. 너무 장중한 격언처럼 들릴지 모르나 솔직하게 털어놓고 말하면, 결국 예술은 진실이다. 그리고 인간의 진실은 그의 작품에 들어 있다. 건축물은 예술가의 깊은 확신과 진정한 표현력을 전해 준다. 거기에는 어떤 거짓도 끼어들 수 없다. 건축물은 삶의 의미와 목적이 무엇인지 말해 준다. 이러한 나의 개인적인 견해는 인간(라이트)과 작품을 종합하려는 나의 이야기 속에 반영되었다. 이 책은 긴축과, 더 나아가 우리가 건축을 보는 시각을 영원히 변화시킬 목적으로 그가 그토록 눈부시게 융합한 예술과 인생의 흐름을 탐구하려는 시도이다.

일러두기

1. 본문의 각주는 옮긴이 주이다.
2. 책, 잡지, 신문의 제목은 『 』로, 음악과 미술 작품은 「 」로,
   영화나 전시 제목은 〈 〉로 표기했다.
3. 인명과 단체명 등의 고유 명사와 중요한 책이나 잡지,
   예술 작품의 제목은 처음 나오는 경우에 한하여 원어를 병기했고,
   원어의 한글 표기는 가급적 국립국어원의 표기 원칙을 따랐으나
   불분명한 경우 해당 국가의 원어 발음에 가깝게 표기했다.

차례

1
라이트 스스로 재구성한
어린 시절

그의 삶은 거짓과 함께 시작된다. 그는 출생 연도를 1867년에서 1869년으로 바꾸었다. 악의는 없는 하얀 거짓말이었다. 연령 낮추기는 보통 여자들이 곧잘 저지르지만 남자들도 흔히 저지르는 거짓이다. 대부분의 나이 속임이 그렇듯이 그의 나이도 생애 후반에 고쳐졌다. 나이를 속임으로써 빚어지는 연대기상의 모든 혼잡을 감당해야 하는 고충을 생각하면 2년의 간극은 그럴 만한 가치가 있다고 보기 어렵다. 하지만 프랭크 로이드 라이트의 경우는 바라던 효과를 냈다. 나이를 2년 줄임으로써 1890년대에 시카고에서 매우 젊은 나이에 일찍 성공을 거둔 유망한 건축가가 되었다. 또한 1950년대 인생의 말년에 눈부신 활약을 펼치던 시기에 와서는 자신의 나이가 90대란 것을 늘 꺼림칙하게 생각했는데, 92세 생일을 두 달 앞두고 1959년 4월에 숨을 거두면서 90세가 되기 직전에 사망한 셈이 되었다. 설사 정확한 나이를 아무도 몰랐다 하더라도, 학자들이 연구를 시작하자 진짜 날짜는 쉽게 들통났다. 나이 속임이 아무에게도 해를 끼치지는 않았지만 그래도 그의 여동생 제인Jane에게는 평생 불편한 일이었다. 왜냐하면 그녀의 출생 연도를 라이트가 제멋대로 가져갔기 때문이다. 심지어 그의 이름에 대해서도 약간 모호한 구석이 있다. 가족 기록에는 그가 1867년 6월 8일 위스콘신주 리치랜드 센터에서 태어났으며, 세례명이 프랭크 링컨 라이트Frank Lincoln Wright라고 표시되어 있다. 하지만 외가 쪽 집안의 이름인 로이드Lloyd로 곧바로 대체된 듯하다. 링컨이란 이름은 그 당시 미국에서 매우 흔한 이름이었다. 그의 어머니 집안인 로이드 존스Lloyd Jones 가家는 1840년대에 웨일스인 이주자들에 끼여서 토지와 종교적 자유를 찾아 위스콘신주로 왔다. 이들은 대부분의 웨일스인 공동체와 마찬가지로 북부연합과 노예 제도 폐지에 찬성했다. 그리하여 잠시나마 당시의 대통령 이름을 따라, 라이트에게 링컨이라고 이름 붙였을 가능성도 있다. 프랭크는 애나 로이드 라이트Anna Lloyd Wright와 윌리엄 러셀 캐리 라이트William Russell Cary Wright 사이에 태어난 세 아이 가운데 첫째였다. 아버지는 결혼 당시 홀아비였으며 전처로부터 얻은 세 아이를 데려왔다. 애나와의 재혼은 결국 1885년 이혼으로 끝났다. 라이트의 두 여동생 제인(후에 제니Jennie로 알려졌다)과 매기널(마거릿 엘런Margaret Ellen이 본명이며, 매기 넬Maggie Nell이 되었다가 후에 매기널Maginel로 이름이 바뀐다)은 애나와 윌리엄의 부부 생활이 아직 원만할 때 태어났다. 그러나

유년기의 프랭크 로이드 라이트

프랭크 로이드 라이트의 외가 식구들. 아랫줄 가운데가 어머니 애나 로이드 라이트.

그 후 애나는 아들을 돌보는 데 집중하려고 부부 관계와 집안일을 거부하기 시작했다. 애나는 아들이 위인이 될 운명을 지녔다고 철석같이 믿었다. 올바른 태교부터 시작하여 평생 동안 지원과 희생을 아끼지 않으며 라이트가 위업을 달성하도록 애썼다.

1866년에 있었던 애나와 윌리엄의 결혼은 애나로서는 늦은 나이에 절박한 상태에서 이루어진 것이었다. 애나는 리처드 로이드 존스Richard Lloyd Jones와 메리(맬리) 토머스 로이드 존스Mary (Mallie) Thomas Lloyd Jones 사이에 태어난 열 명의 아이 가운데 하나였다. 존스 부부는 1844년 미국 대륙 중서부의 값싸고 풍부한 토지를 얻을 희망을 안고 웨일스를 떠났다. 애나는 30세 생일을 얼마 남겨 두지 않은 때 윌리엄을 만났다. 30세가 넘으면 그녀는 19세기에 여자들이 주로 맡던 교사로 여생을 살아야 했다. 당시 가르치는 일은 여자가 생계를 꾸려 갈 수 있는 극소수의 존경스러운 방도 가운데 하나였다. 애나는 위스콘신주의 여러 공동체를 돌아다녔다. 말을 타고 시골 학교들을 전전하던 그녀를 두고, 머리가 숱이 많고 색이 짙으며 날씨가 나쁘면 주석 단추를 단 군인 코트를 입었다고 기억하는 사람도 있었다. 들리는 바에 따르면 그녀는 키가 컸으며 남자처럼 활달하게 걸었다.

애나는 결혼하기를 원했고, 윌리엄 라이트는 엄마 없는 아이들을 돌볼 사람이 필요했다. 잘생기고 붙임성 좋고 호리호리한 체격에 세련되고 섬세한 모습의 윌리엄 라이트는 타고난 음악가에다 웅변가였고 때때로 설교자이기도 했으며 1857년에는 변호사 자격을 얻기도 했다. 그는 가는 곳마다 따뜻한 대접을 받았으며 거처를 자주 옮겼다. 그는 침례교 교회에서 목사로 활동하기 위해 법조계를 떠난 듯하다. 교회가 자리 잡은 공동체에 들어갈 때마다 그는 사회적, 정치적 역할을 적극적으로 맡았다. 지방 신문들은 변함없이 그의 재능과 사회적 수완 들을 칭송했으며 그가 고장을 떠날 때는 정말로 서운해했다. 로이드 존스 가는 교육을 중히 여겼는데, 애나는 윌리엄이 음악과 문학과 법률 등에 박식한 사람이어서 더 마음에 들어 했다. 윌리엄은 아내보다도 키가 작았다. 애나는 키가 크고 신체가 건장하며 신앙심이 깊고 열심히 일하는 농부, 그리고 설교자 집안 출신이었다. 윌리엄은 건실한 몸 대신 지식과 잘생긴 외모를 가지고 있었다.

1859년, 뉴잉글랜드로부터 여러 곳을 거치는 여정을 밟은 뒤에 윌리엄은 첫 번째 아내 퍼멜리아Permelia와 위스콘신에 정착했다. 퍼멜리아는 세 번째 아이를 낳은 직후 세상을 떴다. 당시 애나는 그 지역의 학교에서 아이들을 가르치며 부모 밑에서 살았다. 윌리엄의 상처로 인해 로맨스의 길이 열렸다. 결혼한 후 윌리엄 일가는 이제 아이가 여섯 명으로 불어났고, 가족 모두 뉴잉글랜드로 옮겨 갔다. 그러다 일련의 야망이 꺾이고 불운한 목사 생활이 이어지면서 이들 가족은 여러 곳을 전전했다. 1869년에는 아이오와주 맥그레고, 1871년에는 로드아일랜드주 포터킷, 1874년에는 매사추세츠주 웨이머스, 그리고 1877년에는 다시 위스콘신주의 매디슨으로 돌아왔다. 1870년대가 전국적으로 깊은 경기 침체를 앓는 시기였다는 상황도 윌리엄 부부의 결혼 생활에 피해를 주었다. 목사로 활동하던 남편은 제때에 봉급을 받지 못했다. 다재다능했음에도 불구하고 생활비도 벌지 못했다. 그는 돈을 벌지도 못했지만 잘 간수하지도 못했다. 나중에 라이트는 돈이나 먹을거리가 없이 지낸 때를 자주 회상했다. 당시 윌리엄이 맡은 가난한 교회에서 신도들이 '기부금 모금 파티'를 열곤 했는데, 그때마다 참으로 보잘것없는 것들이 모였을 뿐이다. 프랭크의 회고에 따르면 한번은 스물아홉 개의 호박파이만 쌓였다고 한다. 각 교회의 신도들은 윌리엄이 떠나지 말기를 간청했다. 하지만 그가 부임하는 교회마다 형편이 좋지 않았다.

위스콘신으로 돌아오게 된 것은 아마도 애나의 친정 집안에서 권해서였던 것 같다. 어쩌면 도움을 받기로 되어 있었는지도 모른다. 그녀의 친정은 위스콘신 강변의 힐사이드와 스프링 그린 지역 근처에서 이익을 내는 작은 농장을 운영하며 안락한 생활을 꾸려 가고 있었다. 가족들(라이트의 외삼촌과 이모 들)과의 유대가 긴밀했던 애나는 친정집과 다시 합류했다. 잘 알려진 대로 라이트는 외가에서 유년기를 보내게 된다. 살면서 외삼촌네 식구들은 신중하고 실용적인 사람들이 되어 갔다. 이 집안은 웨일스로부터 느리고 힘든 여행을 하며 이주하는 동안 가난, 굶주림, 비극적인 사건 들을 겪었다. 이주하는 동안에도 일을 해야 했기 때문에 여정은 지연되고 지장을 받았다. 가족 중 한 아이가 병에 걸려 도중에 죽었고 길섶의 외딴 묘지에 묻혔다. 이처럼 강인하고 부지런한 웨일스 출신 집안사람들은 사위 윌리엄의 불행을 변명의 여지가 없거나 참아 주기 어려운 것으로 받아들였다. 애나의 가족이 웨이머스에서 위스콘신으로 돌아오자, 제임스 외삼촌은 마차를 몰고 농장에서 매디슨에 있는 라이트네 집까지 암소 한 마리를 끌고 왔다. "애나의 아이들이 신선하고 질 좋은 우유를 마시도록 하기 위해서였다." 로이드 존스 가의 신앙인 유니테리언교Unitarianism[2]로 개종한 윌리엄은 유니테리언 교회의 목사직을 맡았던 적도 있지만 이전과 마찬가지로 성공적이지는 못했다. 오늘날의 비판적인 평가와 외삼촌들의 차가운 시선에서 볼 때, 두말할 나위 없이 윌리엄은 낙오자였으며, 애나는 그 없이 사는 편이 훨씬 나았다.

결혼 생활은 그 후에도 7년 동안 스트레스 상태로 지속되었다. 더구나 윌리엄이 실의에 빠짐에 따라 생활 환경은 더 악화되었다. 라이트가 자서전에서 밝힌 바에 따르면 윌리엄은 "실패에 실패를 거듭했으며" 그로 인하여 "절박한 심정에서 상습적으로 가족들을 멀리하고 서재에 파묻혀 책과 음악에 몰두하고 나머지 것들은 모두 내팽개친 채 무미건조한 생활을 이어 갔다." 집 안에서 은둔자처럼 지냄으로써 그는 소원한 아내로부터 도피할 수 있었다. 애나는 자신의 꿈이 사라지는 것을 보면서 더 이상 참지도 않고 고통을 감수하지도 않았다. 부부가 끝내 갈라서게 되었을 때 라이트는 18세였다. 라이트 자신의 설명에 기인한 라이트 신화에 따르면 윌리엄이 애나를 저버렸다. 그러나 라이트 탄생 100주년이 되던 1967년에 역사가 토머스 S. 하인스Thomas S.

---

2. 삼위일체를 부인하고 그리스도를 신격화하지 않으며 신은 하나뿐이라고 주장하는 신조를 가졌음.

Hines가 매디슨에서 발견하여 『위스콘신 역사 잡지*Wisconsin Magazine of History*』에 수록한 이혼 법정 기록은 그것과 다른 이야기를 전한다. 로이드 존스 가는 결혼 생활을 구제할 수 없다는 것을 깨닫고 윌리엄이 떠날 경우 애나와 아이들을 돌보겠다고 제안했다. 반대하기 어려운 입장에 처한 윌리엄은 애나에게 집과 살림살이를 주고 떠나는 것에 합의했다. 그는 어쩌면 속으로는 시원했을지도 모른다.

재판 기록에 라이트의 실제 생년월일이 기록되어 있으며, 인구 조사 서류 및 고등학교 서류와 가정 불화에 대한 슬프고도 처참한 설명 등이 담겨 있다. 법정 기록은 이혼 소송을 제기한 쪽이 윌리엄이었다고 밝히고 있으며, 그 안에는 수년 동안 아내로부터 받은 학대의 구체적 내용들(윌리엄의 진술)이 들어 있다. 윌리엄의 주장에 따르면 그는 버림받은 배우자였다. 애나는 그와의 잠자리를 거부했다. "그녀는 2년 동안 부부로서 가져야 할 성관계를 거부했다." 뿐만 아니라 그녀는 "내가 조달할 수 있는 이상의 돈을 원했다." 절박한 재정 문제를 두고 의논할 때마다 그녀는 "미친 듯이 화를 냈다." 곤경에 처한 윌리엄이 그녀의 사치에 반대하기라도 하면 "그녀는 집안 살림에 간섭한다며 분개했다"(어려운 살림 형편을 고려할 때 그녀가 얼마나 사치를 부릴 수 있었겠는지 의심스럽다). 아내로서 해야 할 여타의 의무들을 그녀는 묵살했다. "옷을 수선하는 일도 대부분 나 스스로 하게 만들거나 내버려 두었다. 내가 그녀에게 요청하면 소홀히 하기 일쑤였다. 설사 그녀가 수선하더라도 내 얼굴이나 마룻바닥에 던져 버리곤 했다. 그녀는 '당신이 걷고 있는 그 땅바닥조차 혐오스럽다'고 말했다." 법정의 판결에 따르면 애나가 인정하는 것처럼 "그녀는 남편에 대한 사랑이 없으며 남편이 주장하는 불평불만은 모두 사실이다." 윌리엄이 이처럼 수치스럽게 궁상을 떤 것은 그녀로부터 벗어나기 위한 계략의 측면도 있었을 것이다.

분명히 애나는 남편을 비참하게 만들고 밉살맞게 대했다. 그러나 설사 그녀보다 더 상냥하고 이해심 많은 여자가 그 자리에 있었을지라도, 불안정한 생활 형편과 항상 쪼들리는 살림, 헤어날 길 없는 가난과 여생에 대한 걱정으로 녹초가 되고 절망감에 빠졌을 것이다. 교육받은 여자로서 애나는 야망이 있었으며 따분한 가정 살림을 뛰어넘어 문학적이고 문화적인 갈망을 한껏 지니고 있었다. 그녀는 여섯 아이를 키우느라 잡다한 가사 노동에 옴짝달싹할 수 없이 갇혀 허리가 부러질 듯 고단했다. 게다가 그것을 보상할 즐거움이나 안정감도 없이 늘 극빈 상태를 견뎌야 했다. 남편의 매력적인 용모나 음악 혹은 멋진 웅변 따위로는 이것을 극복할 수 없었다. 그녀는 분명히 자신의 삶을 증오했을 것이다. 인내의 한계를 넘는 스트레스를 겪었으며 자제력을 자주 잃었다. 윌리엄의 옷을 수선하는 일은 하루의 잡다한 가사에서 그녀의 인내력을 시험하는 것이었다. 비록 그녀의 행동들이 그녀의 본성에 숨겨진 차갑고 심지어 잔인하기까지 한 성정을 대변하는 것이기는 하지만, 그녀는 분명 결혼 생활에 뼈저리게 실망했고 아이를 더 낳고 싶지 않았다. 연이은 이사도 가정의 살림 형편을 개선해 주지 못하자 희망을 품는 것조차 시들해졌다.

그녀의 폭력적 행위나 남편과 아이들에 대한 차가운 태도 등도 이해하기 어려운 것이지만, 전처소생의 아이들을 차별하고 자신의 아들(라이트)에게만 온 정성을 다 바친 것도 쉽게 이해하기 어렵다. 아들을 임신했을 때부터 애나는 그가 건축가가 될 것이라고 단정했다. 태어나지 않은 아이에게 좋은 영향을 주기 위해서 그녀는 바른 그림을 걸었고, 바른 음악을 연주했으며, 바른 생각을 했다. 태어날 아들이 자신을 절망과 고난의 삶으로부터 건져주고 좌절된 야망을 보상해 줄 것이라고 믿었다. 모자가 함께 멋진 미래를 누릴 것이라고 생각했다.

모친이 별세한 후 수년이 지나서 부모의 결혼 파탄에 대하여 라이트가 쓴 글에 따르면, 그는 남편으로부터 버림을 받았다는 모친의 주장을 지지했다. 하지만 실제로 무슨 일이 있었는지 분명히 알았을 것이다. 이혼한 여자의 사회적 입지가 점잖은 사회적 따돌림과 전적인 불명예의 중간쯤에 해당하는 그 당시 상황 아래서, 그녀의 주장은 그나마 용납될 수 있는 유일한 설명이었다. 그가 진실을 알았다면 모친이 사망한 지 근 10년이 된 시점에서도 어째서 진실을 말하지 않았을까? 매우 불안하고 불행하던 어린 시절의 기억을 떠올리기가 너무 고통스러워서였을까? 그 동기가 무엇이든 간에 라이트는 상처 깊은 청소년 시절을 기꺼이 밝히려 들지 않았다. 과거에 대해 이야기하는 형식을 조심스럽게 선택했고 현재의 명성을 지나치게 의식했다. 아직 대중을 향해 진솔하게 고백하고 가장 소중한 어머니에 대하여 불쾌한 사실을 털어놓을 때가 아니었다. 그는 자서전에서 부모의 이혼에 대하여 "그런 어려운 문제를 좀처럼 분명히 이해할 수 없었다"고 기술했다. 이것은 일부 사람들이 주장하는 것처럼 일부러 둘러대는 것이 아닐 수도 있다. 쓰라린 부모의 이혼을 겪는 아이들은 부모 중 누구에게 정을 주어야 하는가 하는 혼란과 슬픔과 죄책감의 짐을 걸머지게 된다. 그 아이들은 결코 "어려운 문제를 분명히 이해할" 수 없다. 그는 이혼에 대하여 어머니의 설명을 그대로 받아들인다. 그것에 대해서 일부러 아무 의심도 하지 않는다. 아마 여기에는 기회주의적인 면도 끼어 있을 것이다. 아무튼 그렇게 설명하는 것이 가장 그럴듯했을 것이다. 그는 아버지와의 소원했던 관계를 내세워 그 설명을 더욱 진실인 것처럼 만들었다.

늘 그렇지만 진실은 이보다 더 복잡하게 마련이다. 어머니의 울화와 분노가 집안의 분위기를 장악하고 있는 판에 아버지와 어머니 양쪽 편을 다 든다는 것은 힘들거나 무모했을 것이다. 어머니의 편애와 보호를 받던 그는 아버지와 친밀하고 지속적인 관계를 형성할 수 없었다. 더구나 아버지는 아내의 학대로부터 피난처를 찾을 양으로 가족을 멀리했다. 로이드 존스 집안은 애나를 실패한 결혼으로부터 구제하기 위하여 굳게 결속했다. 그런 상황에서 라이트가 홀로 그들과 맞선다는 것은 생각조차 할 수 없었다. 그가 부모 중 어느 편을 들었는지에 대해서는 의문의 여지가 없다. 아버지 윌리엄은 자신의 옷가지와 바이올린만 가지고 떠나갔다. 이후로 아버지와 아들 간에 다시는 어떤 접촉도 없었다.

이혼 후 윌리엄은 계속 떠돌이 생활을 한 듯하다. 네브래스카주에서 미주리주와 아이오와주로 이리저리 오가다 마지막에는 피츠버그 근처에 사는 전처소생의 아들 집에서 살았으며, 그곳에서 1904년에 숨을 거두었다. 생애 말년에 그는 일곱 개 주의 스무 개 도시를 전전했다. 전처소생의 아이들은 인자하고 활기차던 아버지가 계속된 실패로 인하여 의기소침과 낙담 속으로 전락한 것을 기억했다. 애나를 잘못된 결혼의 불운한 희생자로 여기는 사람들은 윌리엄을 개인적 야망을 추종하던 자기중심적인 몽상가로 폄하했다. 하지만 그와 다른 설명도 가능하다. 그는 용모가 수려하고 실용적이지 못한 사내로서 그의 진정한 장기와 능력은 그가 좋아한 음악과 문학에 있었다. 그는 경제가 어려운 시대에 수지가 맞지 않는 직업으로 생계를 꾸려 가기가 막막했다. 그의 아들은 돈이 없어도 잘만 살아가는 기술이 있었으나 아버지는 그런 기술이 전혀 없었다. 윌리엄이 전처의 무덤이 있는 위스콘신에 묻혔을 때 프랭크는 장례식에 참석하지 않았다. 그러나 그는 말년에 혼자서 아버지의 묘지를 찾곤 했다고 알려졌다. 라이트의 회고록에서 갈수록 멀어진 아버지에 대한 착잡한 기억을 읽을 수 있다. 부자는 오직 그들이 함께 즐기던 음악 속에서만 결합할 수 있었다.

그러나 프랭크는 확실히 윌리엄의 아들이었다. 그는 아버지의 잘생긴 용모와 작은 체구를 지녔다. 그는 항상 174센티미터라고 주장했지만 약간 부풀린 키였다(그는 170센티미터에 가까웠으며 때때로 뒤축을 짜 맞춘 신발을 신었다). 그의 수려한 용모는 아버지에게서 물려받은 것이었다. 음악적 재능과 음악에 대한 지속적인 사랑도 마찬가지였다. 그는 녹초가 될 때까지 오르간에 바람을 넣던 일을 얘기했다. 아버지는 아들의 피로는 잊어버린 채 연주를 계속했다. 아들에 대한 이러한 소홀함이 애나와 싸우는 빌미가 되기도 했다. 유년기에 그에게 무엇이 부족했든 간에─아마도 모든 것이 다 부족했겠지만─그래도 피아노는 항상 있었다. 그리고 앞으로도 프랭크는 언제나 피아노를 곁에 둘 터였다. 제국호텔을 건설할 당시 도쿄에서도, 겨울철 별장으로 지내던 애리조나주 사막에서도, 구겐하임 미술관 건립 중 뉴욕의 플라자 호텔 특별실에서도 그랬다.

예술가·사진가·가구 설계가로서의 기질, 그래픽·서적·건축물의 모든 요소들에 대한 탐미, 중국과 일본 예술품에 대한 후원, 주변 환경의 모든 면에 대한 집착, 아름다운 것들의 수집에 대한 몰두 등 다방면에 걸친 그의 감각의 많은 것이 실은 그의 아버지로부터 물려받았다고 생각하는 사람도 있다. 하지만 그의 아버지는 고작해야 서적들이나 구입할 수 있었고, 좌절의 시기에 그 책에서 피난처를 찾았을 뿐이다. 라이트의 형편으로도 이것들을 모두 살 수는 없었다. 그의 수입은 언제나 허랑방탕한 생활로 다 날아갔다. 하지만 어떻게 해서든지 그는 그런 사치품들을 사들였으며 막대한 빚을 지면서도 개의치 않았다. 그는 대금 청구서를 결제할 돈으로 예술품을 사들이곤 했다. 아들이 일생을 통하여 보여 준 아슬아슬한 재정상의 벼랑 술책은 아버지의 경제적 무능력과 맞먹는 재앙 혹은 그 이상의 것이었다. 하지만 라이트는 사치를 일종의 예술로 만들었다.

라이트와 어머니의 관계는 상호 의존적이었다. 그녀는 아들의 일탈 행위를 용납하고 과실을 눈감아 주고 죽을 때까지 아들 가까이 머물려고 했다. 라이트는 그녀가 항상 "이해해 주었다"고 여러 번 말했다. 어린 시절, 과장된 상상력이 발동한 라이트가 있지도 않은 파티에 학교 친구를 초대했을 때, 그녀는 당황하지 않고 당밀 캔디를 만들고 팝콘과 과자를 구워 주었다. 추후에 훨씬 더 심각한 무분별한 행위를 저질렀을 때도 그녀는 암묵적으로, 그리고 전적으로 그를 용서했다. 그녀는 아들을 위해 첫 번째 탤리에신Taliesin 부지를 구입했다. 탤리에신은 라이트가 첫째 부인을 저버린 뒤 애인 마마 체니를 위해 지은 집이었다. 어머니의 관용에 힘입어 그는 외가 집안이 자리 잡은 계곡으로 되돌아갈 수 있었다. 그가 그곳에 지을 집에는 필수적으로 어머니를 위한 공간이 포함될 터였다. 어머니는 차후에도 아들의 애인과 부인 들을 받아 주고 같이 살았다. 그녀는 아들이 병에 걸리자 그를 돌보기 위해 80대의 노령에도 일본을 여행했다. 라이트가 애인을 동반했지만 개의치 않았다. 세상 모든 사람들이 그를 버림받은 자로 여겼을 때도 어머니는 한결같이 아들 편에 섰다. 그녀는 항상 그의 곁에 있었다. 때로는 엉큼한 꾀를 써서, 그리고 고집과 무비판적인 헌신과 순전한 결단을 통해서 그를 지켰다. 그것은 영구히 동기를 부여하는 여러 가지 요소가 혼합된 것으로서 통틀어 모성애라고 하는 것이다. 그녀는 변함없는 소유욕과 지원을 통하여 그의 효성을 차지했다.

라이트는 어린 시절 불안정하고 궁핍하고 불운한 가정으로 인해 깊이 상처를 입었음에 틀림없다. 비록 매디슨에 살던 시절 부모가 이혼하기 전 저녁 시간에 피아노 주위에 가족들이 둘러앉아 함께 웃고 당시에 크게 유행하던 길버트와 설리번의 노래를 부르던 광경을 기술하기도 했지만, 그래도 불행했다. 자서전에서 그는 심각한 문제를 안고 있는 가정에 대하여 객관적으로 기술하는 것과, 19세기 구식 가정의 즐거움을 따뜻하게 그려 내는 것 사이에서 줄타기를 한다. 그러나 윌리엄의 전처소생 엘리자베스는 당시의 가정생활을 비판적으로 회상한다. 엘리자베스는 애나를 잔인하고 학대하는 계모라고 일컬었다. 그녀는 일기에서 계모로부터 겪은 무서운 경험을 얘기한다. 스토브 옆에 섰다가 애나가 홧김에 자신을 때리고 불에 데게 했으며 비명에 달려 나온 아버지가 구해 주었다는 것이다. 윌리엄은 결국 전처소생의 아이들을 친척집으로 보냈다. 애나가 하도 격렬하게 화를 내서 윌리엄은 그녀의 정신 상태에 관하여 처가에 문의했을 정도다. 후대의 평자들 중에는 애나가 정서적으로 불안정했다고 믿는 이들도 있다. 그녀를 가장 혹독하게 비판하는 라이트의 전기 작가 브렌던 길Brendan Gill은 애나가 약간 정신이 돌았다고 확신했다. 그녀의 성격과 좌절된 이상, 정서적, 재정적으로 불운한 결혼생활을 감안한다면, 그녀가 실의와 극도의 피로 때문에 극심하고 격렬한 흥분 상태에 빠져 있었다는 것이다.

그래서 우리는 이렇게 생각해 볼 수 있다. 라이트가 자서전에서 어머니를 성모 혹은 수호천사로 묘사한 것은, 그런 어머니였으면 좋겠다는 나중의 희망 사항이 투영된 낭만적 처사였을 것이다. 가령 아들이 "Architect"〔건축가, 자서전에서는 "Mother(어머니)"와 마찬가지로 항상 대문자를 써서 표기한다〕가 되어야 한다는 생각에서 그녀는 아이 방 벽에 고상하게도 영국 성당을 그린 판화를 참나무 액자 틀에 넣어 걸어 놓는 식으로 태교를 했다고 한다. 라이트 신화에 의구심을 갖는 사람들은 애나가 그 같은 일을 했을까 의심한다. 당시의 곤궁한 상황 속에서 신생아의 요람은 그저 부모의 방 안에 놓였을 가능성이 많다는 것이다. 또한 1930년대에 라이트에게 낙수장의 설계를 의뢰한 코프먼의 아들 에드거 코프먼 2세Edgar Kaufmann Jr.는 참나무 액자 틀을 살 돈이 과연 있었겠는가 의심한다. 애나가 건 판화는 당시에 쉽게 구할 수 있던 『하퍼스 위클리Harper's Weekly』에서 오려 낸 것인지도 모른다. 아무튼 '진실'을 밝히고자 하는 학구적인 열기는 애나를 실제보다 낮게 평가한다. 그녀가 그런 생각을 품었을지 모르지만 실제로 행동에 옮기지는 못했으리라 판단한다. 하지만 프랭크가 어린 시절 집에 그런 액자가 있었다고 기억하니 어찌겠는가. 그녀는 어쩌면 그런 액자 틀을 마련하여 걸어 놓았을지도 모른다.

가족이 매디슨으로 돌아온 뒤, 애나는 신중하게 길러 낸 아들의 예술적 감각이 너무 과도하다고 생각한 것 같다. 체구가 크고 다부진 로이드 존스 가 사람들과 달리 프랭크는 체구가 작고 독서와 그림 그리기, 음악 듣는 일과 "물건 만드는 일"을 즐겨 하며 백일몽이나 꾸고 자기 취미에 몰두하는 외로운 소년이었다. 그녀는 아들의 미적 흥미를 북돋워 주고 비로드 천으로 지은 옷을 입혔으며 실수로 그의 머리카락을 잘랐을 때는 울기도 했다. 하지만 그녀는 아들의 남성성이 부족하지는 않을까 일종의 두려움을 느꼈을지도 모른다. 비록 건축가일지라도 약간의 힘든 노동과 현실 감각이 필요하다고 생각했을 수도 있다. 그가 11세가 되었을 때, 그녀는 약간의 교정이 필요하다고 결정했다. 애나는 프랭크의 외삼촌들과 상의한 뒤 해결책을 찾았다. 제임스 외삼촌 농장에서 일을 도우며 여름철을 보내게 한 것이다. 제임스 외삼촌이 지적한 대로 소년은 "다리 근육이 찌르레기 정도밖에 되지 않았다."

당시 프랭크는 여름철을 몹시 무서워하고 싫어했다. 그의 기억은 힘든 일들로 가득했고, 그는 가축 다루는 일을 혐오했다. 들판과 숲에는 위로받을 거리들이 많았고 하던 일로 복귀하도록 재촉받을 때까지 몰래 짬을 낼 수도 있었지만 그는 농장 생활이 비루하고 불쾌하다고 여겼다. 다섯 번의 여름철 동안 그는 중노동의 지옥이라고 묘사한 고역을 참아 냈다. 그곳에서 그는 엄격한 로이드 존스 가의 기준에 따라 "일하고 또 일해라"라는 식으로 노동을 했고 "피로에 피로를 가중시키는 법"을 배웠다. 얼른 9월이 되어 매디슨의 학교로 돌아갈 날을 손꼽아 기다리는 하루하루였다. 그러는 사이, 일하는 습관과 완력이 길러졌다. 50대, 심지어 80대에도 그는 젊은 직원들에게 "피로에 피로를 가중시킬" 것을 강요하며 그들을 기진맥진하게 만들었다. 남은 삶을 사는 동안 그는 스스로를 농부라고 부르곤 했다. 비록 고향 위스콘신에 세운 집 탤리에신의 농사일을 다른 사람들을 시켜서 했지만. 그가 1930년대에 설립한 펠로십의 입주 도제들은 이 위대한 건축가의 스튜디오에서 교육을 받으며 그 대가를 지불했고, 더불어 농작물을 기르고 거두었다. 이때 당당하게 말을 타고 달리는 라이트의 모습은 전형적인 농장주였다.

그는 자서전에서 40년도 더 된 그 옛날의 지겹던 여름철 일상을 거의 빠짐없이 묘사했다. 그는 그런 얘기를 썩 잘 기술한다. 3인칭으로 서술했지만 어조는 내내 직접적이다. 그가 하는 말을 그대로 옮겨 보자. 소년은 농장에 올 때마다 언제나 똑같이, 작은 창문이 있고 아래에 있는 연통으로 난방이 이루어지는 하얀 다락방을 거처로 배정받았다. 아침 4시가 되면 "연통을 날카롭게 두드리는 소리가 났다. 그것도 크게. 다시 한 번 더 날카롭고 큰 소리가 났다." 그러면 제임스 외삼촌이 마련해 준 작업복을 끌어당겨서 연통 두드리는 소리에 맞춰 입었다. "히코리 원단 셔츠에 파란 목면 멜빵이 달리고 가슴받이가 붙은 블루진 작업복, 낡아 빠진 파란색 면양말, 가죽 술이 달린 뻑뻑한 쇠가죽 신발, 그리고 모자." 신발과 보기도 싫은 모자는 이내 벗어 버리곤 했다. 밧줄에 매인 양동이로 물통의 물을 퍼서 대야에 담아 재빨리 세수를 하고 나서 외양간으로 갔다. "그곳에서 소년은 외삼촌이 시범을 보여 준 대로 손이 저릴 때까지 착실하게 젖을 짜기 시작했다." 그러자 "야릇한 냄새에 욕지기가 났다."

그는 시골 생활의 위험 요소를 깨우쳤다. 암소들은 "몸을 구부렸다가 사람을 외양간 벽으로 밀어붙여 깜짝 놀라게 한다. 젖 짜는 도구로 등을 때려 봤자 도리어 더 세게 밀어붙일 뿐이다." 쇠

똥을 맨발로 밟기 십상이었다. 일꾼이 가르쳐 준 대로 젖꼭지에 묻은 똥을 씻어 내고 젖을 양동이 안으로 짜 내는 중에 가끔은 입 안으로 젖이 튄다. 아침 식사는 농장에서 직접 지은 농작물로 만든 요리로 가득한데, 입이 까다로운 어린 미식가에게는 역겨울 뿐이다. "튀긴 감자, 옥수수죽, 튀긴 돼지고기, 녹색 치즈, 옥수수빵, 팬케이크와 사탕수수 시럽, 버터밀크[3]와 우유, 커피와 차. 그러나 소년에게는 주지 않았다." "얼굴이 붉고 머리털이 노란 일꾼 고틀리프가 두툼한 돼지고기 덩어리에 수수 시럽을 부어 넣는 것을" 보면 입맛이 싹 가시곤 했다.

다음으로, 로라 외숙모와 함께 송아지에게 먹이를 준다. "송아지들이 우유 통에서 목을 축이도록 통을 단단히 잡고 있는 것은 아주 어려운 일이었다. 무엇보다도 그놈들이 이리저리 몰려들고, 서로 밀치고, 머리로 통을 들이받기 때문에 더 힘들었다." 그 다음에는 "땔감을 동가리톱 앞으로 들이대어 자르는 일이다." 점심 식사. "신선한 쇠고기 수육, 삶은 감자, 당근, 순무, 집에서 만든 빵과 버터, 잼, 피클, 자두, 사탕수수 시럽, 벌꿀, 녹색 치즈, 파이 혹은 케이크." 오후 시간. "소년이 갈라진 참나무 가지들을 꼭 쥐고 있으면 삼촌이 기다란 나뭇조각으로 그것을 울타리 말뚝에 고정시켰다. 오후 5시에는 방목 중인 소를 데리러 갔다. 6시에 저녁을 먹으러 집으로 돌아온다. 해가 매일 지듯 언제나 빠지지 않는 튀긴 감자, 집에서 만든 빵과 버터, 옥수수죽, 우유, 벌꿀, 집에

---

3. 우유에서 버터를 분리한 뒤에 남는 신맛 나는 액체.

서 만든 잼, 튀겨서 소금으로 간한 돼지고기 또는 훈제 쇠고기에 크림을 발라 먹었다." 저녁 식사 후 다시 젖 짜기. "7시 반경 침대에 든다. 너무 피곤해서 손 하나 까딱할 힘도 없다."

"또다시 연통을 난폭하게 두드리는 소리. 옷가지들이 땀에 절어 빳빳했다. 그렇게 빳빳해진 옷은 일을 하면서 몸을 움직이자 부드러워졌다. 끊임없이 가축들을 돌본다. 말, 암소, 돼지, 양." "짐말의 밑이나 뒤에서" 빗질하여 긁어 주고, 마구간을 청소한다. 수레에 말들을 매기도 하고 풀기도 하며 "그들을 쟁기, 써레, 파종기, 표시기, 평탄기, 경운기, 목재 운반 마차 등에 붙잡아 매서 일을 시켰다." "수돼지에게 줄 사료를 운반하고 먹이용으로 무엇인가를 삶는다. 무거운 암돼지를 새끼들로부터 떼어 놓는다." "새끼돼지들의 비통하고 지독한 비명에 깜짝 놀랐다." "도살을 도울 때는 욕지기가 치밀어 올랐다. 날이 선 칼로 두툼한 먹을 깊숙이 따면 가족 식사용 표시가 붙은 '돼지'로부터 선혈이 분출하여 나오는 광경을 지켜본다. 돼지우리의 냄새는 또 어떤가. 코가 막힐 정도로 지독했다!" 닭은 어떠한가. "못된 암탉에게 쪼이기도 하고 이가 옮기도 했다. 잡아먹을 차례가 온 여분의 어린 수탉들은 머리를 칼로 쳐서 잘라 버린다. 아직도 퍼덕이며 경련하고 있는 몸뚱이를 현관 앞마당의 장작더미 위에 머리가 없는 채로 던져 놓으면 몇 번 미친 듯이 경련하다가 죽는다."

곡물의 수확, 곡식의 단 묶기, 운반하기, 그리고 건초 쌓기는 작업을 하는 동작의 리듬까지 아직도 느낄 수 있고 "아침에 일어날 때 온몸의 근육이 쑤실 지경이었다"고 기술했다. 다음으로 모기는 "소년을 성가시게 하고 파리는 암소를 괴롭힌다. 톱니 같은 잎을 가진 풀, 쐐기풀, 독이 있는 덩굴옻나무도 상당히 많았다. 말벌과 호박벌도 대단했다. 눈에 띄지 않는 나뭇가지와 그루터기가 발가락을 찔러 댔다. 시냇물 속의 유사流砂[4]가 있는 곳은 특히 조심해야 했다. 외양간 서까래에서 말벌집을 발견하기도 했다."

그러나 이것 말고도 배울 것들이 있었다. 암소를 몰고 올 때 그는 하도 피곤해서 꼬리가 가장 긴 놈 위에 올라탔다. 혹은 초원을 질러오거나 숲 속에서 어정거렸다. "소년은 개불알꽃이 자라는 곳을 알았고, 숲 속 으슥한 그늘진 곳에 천남성이 자라고 있다는 것도 알았다. 언덕 위의 양지바른 개활지에 산딸기가 자라는 곳을 확실히 보여 줄 수 있었다. 산비탈의 샘에서 흘러내려 오는 차가운 시냇물 속에 물냉이가 자란다는 것도 알게 되었다. 그는 목초지의 풀 위로 고개를 비죽 내민 키 큰 붉은색 나리꽃이 어디에 있는지도 알았다. 꽃을 늘어뜨린 산벚나무와 목을 오므라들게 하는 검은색 버찌들이 열려 있는 곳은 어디든지 달려갔다. 화사한 자작나무가 있는 곳도 훤히 꿰고 있었다. 꽃이 핀 산포도가 나무와 울타리 들을 휘어 감고 있는 것도 보았다. 오돌토돌하고 검붉은 반점이 있는 리본 형태의 잎을 무성히 달고 있는 옻나무. 빗속에서 물방울을 뚝뚝 떨어뜨리는 허브잎들. 들판에는 밀크위드(흰 유액을 분비하는 풀)가 꽃을 피우고 얼마 지나면 털 모양의 꽃씨를 바람이 불 때마다 흩어 버린다. 괭이밥은 들판을 붉은색으

---

4. 땅이 꺼지면서 사람, 동물 따위를 빨아들이는 곳.

로 물들인다." 그리고 소년의 호기심을 자극하는 것들. "소년은 미끌미끌한 개구리를 잡으러 가거나 혹은 멍청한 두꺼비를 쿡쿡 찔러 대곤 했다. 별나게 생긴 메뚜기들을 잡기도 하고. 밤에는 목청 좋은 개구리 울음소리에 귀를 기울였다. 그는 실잠자리와 민물거북을 보면 기뻐했다."

그는 유년 시절에 겪은 여름철의 소리, 광경, 빛깔, 아름다움, 경이로움을 애조 띤 즐거움으로 회상한다. 그 묘사는 예전에 어머니가 그에게 읽어 준 휘티어J. G. Whittier[5]나 로웰J. S. Lowell[6]의 시구와 잘 어울린다. 한편 미래의 건축가는 그 모든 추억을 장차 건축가가 되기 위한 이야깃거리로 바꾸고자 하는 유혹을 이겨 낼 수 없다. "소년은 차후에 스스로 'Style(양식)'이라고 부를 것을 무의식적으로 연구하고 있었다." 그다음으로 그는 자연을 건축과 섞는 데 거리낌 없이 강력한 확신을 갖고, 물질적인 세계와 자연적인 세계를 연결시킨다. "소년은 훗날 건축에서 인간적인 모든 양식에 숨은 비밀이 실은 나무들에 저마다의 특징을 주는 비밀과 똑같다는 것을 배울 터였다."

그는 농장에서 두 번 도망쳤다. 그중 한 번은 연락을 받고 그를 찾아 나선 에노스 외삼촌한테 붙잡혀 되돌아왔다. 소년은 외삼촌에게 피로, 고통, 분노 등을 눈물을 섞어서 쏟아 놓았다. 또 한번은 제임스 외삼촌에게 잡혀서 돌아왔다. 사람들이 그를 찾으

---

5. 1807~1892. 미국의 시인이자 작가. 뉴잉글랜드 사람들의 삶을 생생하고 진솔하게 묘사한 것으로 유명.
6. 1819~1891. 미국의 시인으로 노예 제도에 반대함.

며 이름을 부르는 동안 그는 건초를 쌓아 두는 헛간에 밤새 숨어서 자신의 고통에 대하여 남들의 관심을 끈 데 대해 만족감과 아울러 죄책감을 느꼈다. 어머니가 농장을 방문하자 그는 울음을 터뜨렸다.

그리고 일요일, 축복받은 일요일이 찾아온다. "'피로에 피로를 쌓은' 한 주간의 노동으로부터의 해방이다." 토요일 밤에 물통에 물을 받아 얼마간 난로에 데워 목욕을 한다. 다음 날 아침 그는 도시에서 입는 옷으로 갈아입는다. 이모들, 외삼촌과 외숙모 들이 지붕을 널빤지로 인 아담한 목조 가족 예배당에 있는 흔들의자에 앉는다. 비로드 천을 씌운 연단은 아이들이 꺾어 온 야생화로 장식했다. 아이들은 아침 일찍 나가서 마차 짐칸에 가득 꽃이나 나뭇가지 들을 모아서 돌아왔다. 소년은 연단을 장식하는 것을 기쁘게 생각했다. "연단은 꽃과 초록의 가지로 풍성하게 장식되었다. 시간이 갈수록 초록은 더 짙어졌기 때문에 더욱 근사한 광경이 되었다."

라이트는 교회에서 일요일마다 느끼던 즐거움과 가족 생활의 연대감을 결코 잊지 못했다. 이른 아침, 아직 선선한 숲 속으로 가서 그는 "굉장히 풍요로운 것들"을 모아 연단에 진열해 놓는다. 예배를 드리는 가족들의 모습과 아름다운 꽃 장식은 하나의 의미로 굳건하게 연결된다. 이 추억은 예배 후 뒤따르는 가족 소풍으로 더욱 견고해졌다. 각 가족의 마차는 일일 표준 식단보다 훨씬 풍성한 음식이 담긴 바구니들로 가득 찼다. 배 속에 소스를 넣은 닭 요리, 푹 삶은 달걀, 굽기 위해 옥수수 속대 위에 얹힌 옥수수, 샌드위치와 피클, 신선한 토마토, 소금과 함께 손으로 먹을 오이, 설탕 뿌린 도넛, 잼을 넣고 반원형으로 접은 파이, 쿠키, 생강빵, 각종 파이와 케이크 등. "시원한 풀밭 위에 각자 자리를 골라잡은 밝은색 옷들이 흩어져 있었다." 꼭 샘물이나 시냇물 근처에 자리를 잡고 신선한 우유를 넣어서 차게 만들었다.

그 후 반세기가 지나 라이트는 탤리에신에서도 소풍을 마련하곤 했다. 제도판에서와 마찬가지로 부엌에서도 많은 시간을 보내던 도제들이 그 옛날과 똑같이 화사한 빛깔의 옷을 입고 옛날과 똑같은 목초지와 산비탈에 옛날처럼 풍성한 음식을 펼쳐 놓기를 기대했다. 그것은 유년 시절의 즐거움과 가족생활에 대한 애정 어린 향수의 표시였다. 하지만 정작 라이트 자신은 결코 훌륭한 남편, 훌륭한 아버지가 아니었다. 그가 회상하던 삶의 방식은 영원히 이루어지지 않았다.

2
프뢰벨과 러스킨,
그리고 에머슨

애나가 친정의 품으로 돌아온 때부터 프랭크는 친가와 외가 중 어느 쪽을 선택해야 하는지 분명히 깨달았다. 그는 엄격하고 의로운 로이드 존스 가문의 일원이 되었다. 그는 외가 소유의 땅에 대한 세세한 지형적 사항들을 모두 알고 좋아하게 되었다. 그가 청년이 되어 처음 한 일은 새로운 가족 예배당 건축을 돕는 것이었으며, 전문 건축가로서 처음으로 지은 빌딩은 이모들이 설립하고 운영한 힐사이드 홈 스쿨 건물이었다. 후에 그는 그 학교에 풍차를 추가로 건축했다. 작고 화려하게 설계된 것으로 두 개의 구조가 대담하고 낭만적으로 포옹하고 있는 인상을 주었기 때문에 로미오와 줄리엣이란 이름을 붙였다. 외삼촌들은 비전통적인 디자인에 강하게 반대하면서 그것이 무너져 내릴 것이란 염려를 떨치지 못했지만, 풍차는 외삼촌들이 세상을 뜰 때까지도 꿋떡 없었다.

보수적이고 도덕적이며 매우 낡은 그의 가치관은 로이드 존스 가문으로부터 직접 물려받은 것이었다. 그러한 가치관은 그 지역의 웨일스 출신 이주자들에게서도 흔히 볼 수 있었다. 단결심이 강하고 경건한 그들은 고유성과 '남들과 다르다'는 긍지를 공유했다. 대부분의 이주자들과 달리 웨일스 출신 이주자들은 널리 흩어져 살지 않았다. 대개 농부들은 위스콘신주에, 광부들은 펜실베이니아주에 정착했다. 게다가 그들은 영어나 현지의 풍습을 습득하려고 서두르지 않았으며 미국의 주류에 흡수되기를 추구하지도 않았다. 숫자적으로 훨씬 더 많은 독일과 스칸디나비아 이주자 그룹들에 둘러싸여 있으면서도, 그들은 규모가 작고 유대가 견고한 실체적 단체를 이루었다. 그들 중 다수가 영국 국교회에 반대하는 유니테리언 교도들로서, 비정통적인 신앙 때문에 이단자로 박해받았다. 이들은 현지의 교회에 참여하지 않았다. 그들은 자신들만의 예배당을 짓고는 그 주위에서 농사를 짓는 가족들끼리 모여 살며 긴밀한 공동체를 이루었다. 20세기까지도 그들은 웨일스 언어인 킴릭어Cymric로 설교하고 찬송을 불렀다. 그들은 노예 제도 폐지론자들이었으며 금주법 찬성자들로서 정직한 품성, 독립심, 개인적 자유 등을 신봉했다. 또한 반反영국적인 성향을 영국에서부터 지니고 왔으며, 라이트도 두 번의 세계 대전을 겪는 내내 이성적이기보다는 반사적인 방식으로 그런 경향을 흡수하고 유지했다.

위스콘신주의 웨일스인들에 관해서는 역사학자 필립스 G. 데

이비스Phillips G. Davies가 잘 설명해 준다. 그는 연방 정부가 그곳의 땅에 대한 점유와 경작을 권장한 역사를 소상하게 밝혔다. 측량을 마친 서부 지역에서 기존에 정착했거나 자리 잡을 계획이 있는 정착민들에게 땅을 소유할 수 있도록 허용하는 1841년의 선매권先買權법이 발효되어, 등록비 18달러만 내면 1에이커[7]당 1달러 25센트에 160에이커의 땅을 구입할 수 있었다. 말하자면 200달러만 있으면 미국에서 든든한 밑천을 잡을 수 있었던 것이다. 후에 발효된 1862년의 홈스테드법[8]은 정착민들에게 160에이커의 땅을 좀 더 좋은 조건으로 제공함으로써 서부로의 경작지 확대를 계속 권장했다. 웨일스인들은 고향을 상기시키는 땅을 선택했으며 농장에 웨일스어로 이름을 붙였다. 예를 들면 Pen y Daith(여행의 끝), Bryn Mawr(큰 언덕) 등이다. 로이드 존스 가는 위스콘신주 아이오와 카운티의 헬레나 밸리에서 몇 개의 농장을 획득했다. 그들은 그 땅을 자신들만의 고유한 방식으로 소유했다. 라이트의 여동생 매기닐 라이트 바니Maginel Wright Barney가 말년에 회고록에서 그 땅을 "Valley of the God-Almighty Joneses(아주 능력 있는 존스 가의 골짜기)"라고 부른 것에서 알 수 있다.

로이드 존스 가는 웨일스에 살던 당시 국교에서 이탈한 유니테리언파의 지도자 계층이었다. 그들은 국교에 반대하는 신앙과 함께 옳음과 그름에 대한 그들만의 특별한 확신을 지니고 신

---

7. 약 4,047제곱미터.
8. 미국 서부의 공유지를 개척 입주자에게 불하하도록 한 공유지 불하법.

세계로 왔다. 라이트 역시 자기 견해의 고유성과 존엄성에 대한 믿음이 확고했다. 그는 사회적으로 용인된 규범으로부터 일탈한 자신의 행위에 대하여는 항상 그럴듯하게 합리화했다. 예를 들어 다른 여자를 위해서 첫 번째 아내를 저버린, 심히 파렴치한 행위를 설명하는 데도 매우 고상한 어구를 구사하여 자신을 정당화했다. 그의 행위는 "정직했다." 그는 "위선적인" 관습들을 멸시했다. 그는 자신만의 도덕적 규범을 손쉽게 만들어 냈다.

어떤 계기에, 존스 가는 "세상과 맞서는 진실"이라는 일종의 가훈을 채택했다. 그들은 하나같이 자신들만이 신으로부터 어떤 고등한 진리를 받았다고 생각했다. 그 진리를 중심으로 그들은 계몽이 덜된 사회의 하등한 사람들이 저지르는 어리석고 나쁜 행위에 맞서서 결속했다. 어떤 특별한 지혜나 비전의 소유자 및 수호자라는 확신에 근거하는 근본적인 신념이 라이트 인생의 한 기준이었으며 말년의 여러 언행의 발단이기도 했다. 그는 자신이 진리를 가졌고 그 수호자임이 심미적으로나 도덕적으로나 옳다고 확신했다. 그리하여 세상 사람들의 무지와 반대에 맞서 자신만의 진리에 이르는 길을 닦는다는 오만함에서 아주 방자한 행위를 일삼았다. 인간의 행위가 사회적 소통의 일반적 도구라는 생각은 그에게는 통하지 않는 얘기였다. 그가 한 가장 유명한 말 중 하나로, "위선적인 겸손과 정직한 오만"이라는 말이 있다. 그는 일찍이 이 둘 중 후자를 선택했으며 결코 후회한 적이 없다. 자신의 재능에 대한 확신과 재능이 덜한 자 및 반대자 들에 대한 완고함으로 그의 오만방자함은 하늘을 찔렀다. 말년에 그의 오만함은 세상과의 예정된 대결, 다시 말해 괴짜다운 과도한 외고집으로 굳어졌다. 그는 객관적 사실들을 아예 무시하거나 파렴치하게 조작했다.

태생적으로나 성장 배경으로나 성격적으로나 라이트는 젊은 시절의 급진적인 문화 분위기에 잘 어울렸다. 그의 어린 시절은 예술계에 혁명이 일어난 시대와 일치했다. 창조성이 고양되고 기존 체제를 뒤엎으려는 예술 분야의 개혁 의지가 열정적이었으며 과거의 양식들을 거부하는 풍조가 한창 풍미하던 시대였다. 19세기 말은 18세기 이성주의에 대항하는 낭만적인 반란의 정점이었다. 라이트가 평생 지니게 될 당대의 사상들은 급진적이고 낭만적이었다. 19세기 사상가들의 주장에 따르면, 계몽주의 시대가 추구하던 종류의 합리적인 확실성은 영감에 의하거나 뜻밖의 발견을 일절 허용하지 않았다. 예술과 인생의 의미를 뜻하는 진정한 계몽은 이성의 법칙을 통해서가 아니라 충동과 주관적인 개인적 경험을 통해서 추구해야 하는 것이다. 자신을 자연과 그 배면에 있는 힘에 열어둠으로써 진리와 아름다움이 새롭게, 그리고 영적으로 강력하게 나타나게 된다.

로이드 존스 가는 종교적 확신처럼 정신의 수양에 대한 믿음도 확고해서 동부 해안으로부터 새로운 개척지로 이동하는 지적인 열기를 예리하게 감지했다. 그들은 성경은 물론이려니와 미국 시인 로웰과 롱펠로의 작품도 읽었다. 애나는 웨이머스에 살던 시절 그들의 시를 아이들에게 읽어 주었다. 그때 그녀는 콩코드시와 미국 지적 삶의 권위자들 가까이에 살았다. 그녀는 쪼들리는 살림에도 윌리엄 엘러리 채닝William Ellery Channing,[9] 시어도어 파커Theodore Parker,[10] 소로Henry David Thoreau 등의 책을 사서 위스콘신으로 보냈다.

그렇지만 라이트에게 감명을 준 것은 당대 문학의 영웅 에머슨 Ralph Waldo Emerson[11]의 글이었다. 에머슨의 웅장한 낭만주의는 그의 유명한 1836년도 에세이 『자연Nature』에 집약되었다. 이 글은 자연과 인간의 관계를 복음주의적으로 해석한 것으로서 출간 후 수십 년 동안 읽혔다. 미국 문학에서 명문으로 꼽히는 이 글에서 에머슨은 강렬한 정서적 직각直覺인 자연을 통하여 우주와 하나가 되는 신성한 경험을 기술한다. "맨땅 위에 서서, 나는 유쾌한 공기로 머리를 씻고, 무한한 공간으로 올라간다. 그때 모든 비천한 이기심은 사라진다. 나는 투명한 눈동자가 된다. 나는 무nothing이다. 나는 모든 것을 본다. 우주적 존재의 흐름이 나를 통해 순환한다. 나는 신의 본질적인 부분이다." 이러한 환상은 오직 자연과의 고독한 소통을 통해서만 경험할 수 있다고 에머슨은 믿었다. 에머슨의 영향을 받고 소로는 황무지로 달려갔다. 지금은 21세기. 그때로부터 150년이나 지나 내부의 의식을 중시하여 내부의 모든 것을 파헤치려 하는 현대에서는, 이러한 초월주의적 사상들이 지녔던 위력을 제대로 이해하기란 쉽지 않다.

---

9. 1780~1842. 미국의 작가, 도덕주의자, 신학자이며 유니테리언 교회의 성직자.
10. 1810~1860. 미국 유니테리언 교회의 목사, 신학자, 학자. 사회 개혁가로 노예제 폐지 운동을 활발히 전개.
11. 1803~1882. 미국의 시인이자 사상가.

랠프 월도 에머슨. 미국 문학의 명문으로 꼽히는 『자연』은
헨리 데이비드 소로의 『월든*Walden*』과 프랭크 로이드 라이트의
'유기적 건축론'에 깊은 영향을 미쳤다.

이런 지적 운동의 중심점에는 뉴잉글랜드의 초월주의자들이 자리 잡고 있었다. 그들은 유사 종교적 자연 숭배를 전파했는데 자연, 영성, 신이라는 신비한 삼위일체 속에서 숭고한 것과 신적인 것을 결합했다. 매사추세츠주의 브룩 농장 및 인디애나주의 뉴하모니 등과 같은 대담한 사회적 실험도 있었다. 이곳에서는 이상적 사회주의를 시행했다. 존 러스킨John Ruskin[12]과 윌리엄 모리스William Morris[13]가 인공적인 것에 대항하여 자연적인 것을 신봉하는 심미적 전위파의 지도자들이었다. 러스킨은 학계를 인정하지 않으며 모리스는 기계주의를 부정했다. 영국의 워즈워스로부터 미국의 휘트먼에 이르기까지 열정적이고 화려한 문학적 양식이 자연을 찬미했으며 자연에 포괄적이고 교훈적인 도덕성을 부여했다.

로이드 존스 가의 여자들은 교사였기 때문에, 1876년 필라델피아에서 개최된 100주년 기념 세계 박람회를 보러 간 애나가 프뢰벨의 '선물'을 발견한 것에 열광하고 웨이머스에 있는 집으로 돌아온 것은 그리 놀랄 일이 아니었다(그녀는 자신만의 삶을 즐길 여유도 용케 마련했던 것 같다). 프뢰벨의 '선물'이란 나무 블록, 나무 못, 밝은색의 종이 등으로 당대에 유행하던 독일 교육가 프리드리히 프뢰벨의 발전된 유아 교육용 학습 재료였다. 그녀는 미래의 건축가 아들을 위한 학습 재료들의 가능성을 보았을 것이

---

12. 1819~1900. 영국의 작가, 비평가, 예술가. 그는 건축에서 장식과 고딕 양식의 부활을 지지했다.
13. 1834~1896. 영국의 예술가, 공예가, 작가, 사회 개혁가. 그는 사회주의자로서 대량 생산 방식에 반대했으며 전통적인 제조 방식을 옹호했다.

다. 자서전에서 많이 인용되는 대목에서 라이트는 이렇게 기술한다. "한쪽은 광택이 있고 한쪽은 '광택이 없는' 표면, 선명하고 화려한 색깔. 구 모양의 조각과 작은 직선형 막대를 갖고 만드는 구조적인 형태. 쌓기 놀이를 하기 좋게 만들어진 단풍나무 블록. 그것들의 감촉이 훗날에도 손가락을 떠난 적이 없다. 순전한 주홍색—그토록 멋진 주홍색이라니!—판지로 만든 여러 가지 재미있는 모양들. 마음먹은 대로 자연스럽게 만들 수 있는 형태들."

라이트는 여러 차례 이들 교육용 장난감이 자신의 건축적 형태를 발생시킨 원천이라고 치켜세웠다. 그랜트 맨슨Grant Manson은 라이트의 유년 시절과 작품을 설명하면서 그가 삼각형과 바람개비 모양의 공간 배치에 매료된 까닭은 유년 시절 '선물'이 주입시킨 학습 효과라고 그럴듯하고 중요한 주장을 했다. 최근 수정론자들의 연구는 유년 시절의 통찰이 이루어 냈다는 이러한 기적에 관하여 의구심을 표했다. 왜냐하면 프뢰벨의 방식은 1850년대에 미국에서 일찍이 사용된 것으로 경험 많은 애나는 아마도 프뢰벨에 관하여 잘 알고 있었을 것이기 때문이다. 그러므로 라이트 혼자만의 깨달음이나 통찰이 따로 있었던 것은 아니라는 주장이다. 그러나 '선물'이 준 영감에 대한 라이트의 설명은 위력적이다. 그 후에 진 S. 루빈Jeanne S. Rubin이 연구하여 결론을 내린 바에 따르면, 애나는 그 학습 재료와 방식에 이미 익숙했을 뿐만 아니라 그것들을 사용하는 데에도 전문가적 기술을 지니고 있었다. 루빈은 애나가 어떻게 하여 '선물'이라고 불린 초기적 장난감 놀이 수준을 넘어서 프랭크를 대상으로 '몰입'이라는 높은 단계의 프뢰벨 훈련 방법으로 넘어갔는지를 보여 준다. 그 훈련 방법은 기하학적 형태를 다루어 좀 더 복잡한 실험을 해 보는 체험 학습을 포함했다. 유치원 활동과 유사한 명칭으로 통하게 된 프뢰벨의 "유치원"은 유치원생보다 더 나이가 많은 학생들에게도 해당되는 학습 방법이었다. 프랭크는 당시 9세로 그 학습 재료에 포함된 학습을 다루고 이해할 수 있었을 것이다.

루빈의 매우 의미심장한 발견에 따르면 프뢰벨은 교육가가 되기 전에 결정학자結晶學者였다. 결정학자들은 모든 형태들이 사용되는 방식은 결정학에 기초한다고 주장했다. 우리는 라이트의 전체 건축 경력을 통하여 그가 만든 설계의 원천이 이것(프뢰벨의 '선물'을 통한 학습 방식)이었음을 알 수 있다. 예를 들면 회전식 공간 배치, 거꾸로 된 거울 영상, 육각형 모듈, 전형적인 결정형 고리로 설계된 일련의 건축물 등에서 그것을 알 수 있다. 그는 '선물'과 '몰입'으로부터 배운 교훈과 원칙 들로 점점 더 회귀했다. 이것은 그의 손에 남아 있는 부드러운 나무 블록의 감각적인 기억을 훨씬 뛰어넘는 것으로, 라이트 후기 작품의 복잡한 기하학적 설계에서 엿볼 수 있다. 기하학이 끝나는 시점에 상상력이 그것을 이어받는다. 점점 대담하고 환상적인 모습을 띠게 되는 형태들은 대부분 프뢰벨의 결정학에 기초한 사례에서 끌어온 것들이었다. 엄격한 모더니스트의 법칙과 제한이 사라진 후에 라이트 건축물들은 실제적으로 무한 가능성을 지닌 컴퓨터에 의해 발명된 형태를 미리 예시한 것으로 평가되기도 했다. 컴퓨터에 의해서 창조된 형태들은 21세기 건축가들의 상상력을 부추긴다.

그러나 라이트의 '유기적 건축'의 철학적 원천은 에머슨과 러스킨의 사상이었다. 다수의 사람들은 그의 유기적 건축을 무의미한 신비주의 혹은 오해의 여지가 많은 신비주의라고 경시했다. 에머슨과 초월주의자들처럼 라이트는 물질적이고 정신적인 성취의 원천이 자연 세계라는 믿음을 고수했다. 자연이 지닌 덕성과, 자연과 예술과 도덕성의 관계—19세기 사람들과 불가분의 개념들—는 라이트의 언명에 반복적으로 나타난다. 그 자신의 정의에 따르면 유기적 건축이란 인간과 그가 만든 세계를 자연, 인간 정신, 우주 등과 결합시키기 위하여 "건축 재료의 특성에 따라서" "자연스럽게" 건축하는 방식이었다. 그 개념대로 유기적 혹은 자연적인 전체를 성취하기 위해서 건축가는 건물, 시공, 토지의 특성 등을 감안하여 작품을 완성해야 한다. 라이트 사상의 모든 것을 특징짓는 자연과 자아의 결합은 19세기에 활약하던 매우 영향력 있는 예술가, 작가, 철학자 들이 시적이고 감동적인 작품을 통해서 전해 주던 이상이었다. 라이트의 철학은 그의 장황한 언명 속에서 애매하고 현학적인 성격을 띠었고, 더불어 현대의 기계주의 예술과 냉철한 합리주의적 건축의 시대 속에서 뒤떨어진 사상이 되었다. 그러나 아무리 그렇다 할지라도 라이트 철학은 그의 멋진 작품을 통하여 따뜻함과 아름다움의 상징으로 나타났고, 영구히 만족감을 주는 건물들과 건물을 둘러싼 배경들 사이의 직관적인 결합을 낳았다.

그는 어린 시절부터 러스킨의 작품을 읽었다. 어머니와 이모들이 러스킨의 책을 주었다. 러스킨이 강조하는 자연 풍경 숭배가 그의 취향과 몇몇 세대의 취향을 형성했다. 러스킨은 르네상스 전체와 고전적인 전통을 포함하는 인위의 개입을 건축학적으로 정죄淨罪받아야 할 연옥에 귀속시켰다. 그는 유일하게 이탈리아의 고딕식 교회당과 폐허 들을 낭만적인 기분을 고취시킨다는 이유로 제외시켰다. 예술가와 작가 들은 굉장히 "숭고한 것"을 탐구하며 그림을 그리고 글을 썼다.

라이트가 우리에게 말하지 않거나 힌트조차 주지 않은 것들은 그의 예술의 본질을 형성한 사상과 모델 들이다. 자칭 근대 건축의 발명자라는 강력하고 인상적인 입지를 유지하기 위해서는, 다른 사상에 대한 관심이나 영향을 인정할 수 없었고 또 자신의 작품 외에는 어떤 작품도 모델로 용인할 수 없었다. 이제 우리는 그가 부실한 교육을 보충하려는 방편으로 남독濫讀했음을 안다. 더불어 그가 예술과 건축에 대한 최신 서적 및 정기 간행물 들의 열성적인 수집가였음도 안다. 그는 예술계와 건축계에서 무슨 일이 벌어지고 있는지를 모두 알기 위해 열심히 귀를 기울였으며 즉각적으로 받아들일 자세를 취했다. 그럼으로써 위대한 창조적 변화의 시대에 적극 참여하려 했고, 그러한 자기의 역할을 의심한 적이 없었다. 그는 해외에서 어떤 일이 일어나고 있는지에 대한 촉각을 거둔 적이 없었다. 학자들은 19세기와 20세기를 잇는 중요한 시기에 유럽과 미국 사이에 아이디어의 자유로운 흐름과 교환이 있었다는 것을 정설로 수립했다. 유행하던 영국의 출판물『국제적 스튜디오_The International Studio_』를 통해서 라이트는 보이시C. F. A. Voysey, 베일리 스콧M. H. Baillie-Scott, 필립 웨브

Philip Webb, 리처드 노먼 쇼Richard Norman Shaw 등이 영국에서 짓고 있던 세기말의 가옥 건축 양식에 대해 전해 들었다. 이것은 단순성을 특징으로 하는 전근대적인 양식이었다. 그는 스코틀랜드에서 활약하는 찰스 레니 매킨토시의 아르누보art nouveau 양식[14]을 알고 있었다. 또한 빈 분리파Vienna Secession[15]의 매력에도 익숙했다. 그는 빈에 건축된 요제프 마리아 올브리히Josef Maria Olbrich의 제체시온Secession 빌딩과 오토 바그너Otto Wagner의 포스털 세이빙스 은행 빌딩 및 베를린에 있는 페터 베렌스의 건축물 들을 숭배했다. 후에 그는 영국의 찰스 로버트 애슈비Charles Robert Ashbee와 네덜란드의 베이데벨트H. Th. Wijdeveld와 지속적인 우정을 맺었다. 이 두 사람은 유럽의 모더니즘을 발전시킨 주역들이었다.

역사가 앤서니 알롭신Anthony Alofsin이 라이트와 초기 유럽 전위파들과의 접촉을 조사한 바에 따르면, 라이트는 그가 인정한 것보다 훨씬 많은 것들과 친숙했다. 알롭신은 탐정 수사 같은 조사를 통해서 건축 모델이 된 실례 및 접촉한 인물 등 보물처럼 귀중한 정보를 발굴했다. 라이트는 또한 네덜란드의 건축가 헨드릭 베를라허Hendrik Berlage가 사용한 수학적 분석 시스템과 친숙했던 것 같다. 베를라허의 스튜디오에서 한 세대의 건축업계 종사자들이 훈련을 받았다. 라이트는 유럽 대륙에서 발전하던 추상 예술도 낯설지 않았다. 그는 초기에 버린 루이스 설리번의 정교한

---

14. 19세기 말과 20세기 초에 유럽과 미국에서 유행한 장식적 예술과 건축의 한 양식.
15. 빈에서 시작된 건축 사상의 혁신적 예술 운동.

잎 무늬 장식보다도 추상 예술에 더 공감했다. 라이트가 종합주의[16]자들의 그림을 전혀 몰랐다는 말은 옳지 않다. 이들은 상징주의의 선구자로서, 라이트가 자신의 장식적 디테일을 취급한 것과 매우 유사한 방식으로 표현 대상을 변색시키지 않고 평면적 패턴만 환원시킴으로써 형태, 색, 의미 등의 결합을 추구했다. 예술 및 건축상의 새로운 이론과 운동 들은 국제적 예술관계 출판물들의 표제였으며 라이트는 정기적으로 그것들을 읽었다. 건축가란 여타의 예술 및 동료들의 작품에 대하여 민감한 촉각을 세우는 법이다.

일본풍 애호Japonisme는 19세기의 주요한 취향으로서 가시적인 것, 움직이는 것, 입을 수 있는 것, 유행 등에 영향을 미쳤다. 의심할 나위 없이 라이트도 여기에 자기의 예술과 삶의 상당한 부분을 내어 주고 일본 예술과 목판화에 심취했다. 역사가 줄리아 미치Julia Meech는 일본 판화 거래자로서의 라이트의 경력을 기록했으며, 1920년대에 "F. L. 라이트"라는 사람이 뉴욕의 메트로폴리탄 미술관에 판매한 판화들을 발견하기도 했다. 잘 알려진 바와 같이 그가 일본 건축을 처음으로 소개받은 것은 1893년 콜럼버스의 신대륙 발견 400주년을 기념해 유치한 시카고 세계 박람회에서 그곳에 지어진 일본 전시관 호오덴寶殿을 통해서였다. 그러나 라이트가 프리드리히 데네켄Friedrich Deneken의 1896년도 판『평면 장식을 위한 일본식 모티브Japanische Motive für Flächenverzierung』한

---

16. 19세기 말 고갱, 베르나르 등이 시도한 화법.

부를 소장하고 있었다는 것은 잘 알려지지 않았다. 이 서적에는 섬유와 도자기에 전사하기 쉬운 벚꽃, 모란, 대나무 등의 문양 도판들이 실려 있었다.

러스킨은 예술을 올바르게 하려면 예술의 도덕적 특질을 이해하고 강화해야 한다고 믿었다. 널리 읽히는 그의 저서 『건축의 일곱 등불Seven Lamps of Architecture』에 도덕적 훈계들이 건축의 원칙으로 명시되었다. 모리스는 예술을 사회적이고 민주적인 행위로 규정한다. 이런 생각들이 19세기 후반에 도덕과 미학의 융합으로 이어졌으며, 라이트 철학의 핵심으로 자리 잡았다. 그의 추상적인 모양과 양식화된 자연적 형태 속에는 도덕적으로 고양된 원칙에 충실한 빅토리아 시대의 대표적 상징들이 언제나 들어 있었다. 예를 들어 사각형은 완전함을 상징한다고 여겨졌다. 그는 체로키 레드[17] 바탕의 사각형을 서명으로 사용했다. 이 바탕색은 그가 좋아하는 미국 원주민[18]의 피부색으로 어린 시절 프뢰벨 '선물'의 밝고 광택이 없는 붉은색과도 가까웠다. 사각형은 1905~1908년 오크파크Oak Park에 초기의 중요한 작품인 유니티 교회를 지을 때 설계의 기초가 되었다. 토머스 비비Thomas Beeby는 이 건물을 분석해서 라이트의 건축적 기하학과 정신적 상징주의가 어떻게 상호 작용하는지를 보여 주었다. 그의 건축 양식에서 흔히 볼 수 있는 특징들은 일찍이 확립되었다. 널리 이해되지 못

17. 붉은색을 띠는 부드러운 오렌지색.
18. 체로키족.

한 것 혹은 널리 알려진 라이트 신화와 배치되는 것은 무엇일까. 그것은 20세기를 변화시킨 초기 모더니즘의 틀 속에서 그 특징들이 진화해 간 모습이다.

미학 운동은 라이트의 유년 시절에 이미 변화를 이끄는 추진력이었으며, 개화되고 예술적인 디자인과 가옥 장식에서 이미 새로운 시대가 시작되었음을 선언했다. '개혁'이란, 사회적이고 심미적 진보라는 명칭 속에 담긴 19세기의 모든 추세를 아우르는 핵심적인 용어로, 미학 운동이 역설한 개혁들은 애나가 집을 꾸미는 방식으로 라이트에게 전수되었다. 라이트가 항상 기억하는 바에 따르면 환하게 빛이 들어오는 방의 바닥은 왁스를 칠한 단풍나무 판자로 깔려 있었고, 크림색 망사 커튼이 창문에 수직으로 매달려 있었으며, 폭이 좁은 단풍나무 액자 속에 넣은 그림들이 걸려 있었고, 꽃, 나뭇잎, 나뭇가지 등이 그 자연적 형태를 볼 수 있도록 투명한 유리 꽃병에 꽂혀 있었다. 후에 라이트가 손수 디자인한 인테리어에도 철에 맞춰 채집한 것들로 채워진 용기들이 빠진 적은 결코 없었다.

라이트가 진보적 경향으로 나아갈 수 있도록 도운 부유한 후원자들의 고급 저택에는 거대한 벽난로와 노변爐邊이 특징인 널찍한 거실이 있었다. 벽난로 위에 설비된 거울 달린 다층 구조의 선반이나 혹은 식당의 찬장과 접시 선반에는 공예 유리 제품과 도자기 들을 멋들어지게 진열했다. 테이블과 마룻바닥에는 동양제 깔개를 비스듬하게 깔고, 낭만적인 풍경화나 감상주의적인 그림들을 이젤 위에 얹어 전시했다. 미학적 운동의 슬로건 "예술을 위한 예술"은 원래 산업 혁명과 대량 생산된 잉여분을 대변하는 물질주의에 대항하려는 의도를 지니고 있었다. 이 슬로건은 빅토리아 시대의 혼란을 일소하고 취향과 아름다움을 새로이 양성하는 데 전념하기 위한 정화淨化 행위였다. 오스카 와일드가 이 운동에 앞장섰다. 당시 젊은 건축가였던 라이트는 레이스로 장식하고 비로드 천으로 만든 양복 입기를 즐겼다. 청년 시기에 찍은 사진을 보면 그는 심미적으로 유행의 첨단을 걷는 아마추어 예술가의 모델처럼 보인다. 머리는 보통 사람들보다 약간 길고, 몸소 디자인한 보기 좋게 치렁거리는 넥타이와 양복 차림을 하고 있다. 그는 해외 여행을 할 때는 스카프 두른 모자와 판탈롱[19]을, 야외용 복장으로는 장화에 트위드 천[20]으로 만든 옷을 선호했다.

윌리엄 모리스의 예술과 공예 운동은 영국에서 미국으로 빠르게 전파되었다. 당시 미국에서는 엘버트 허버드Elbert Hubbard가 선도하는 로이크로프터스Roycrofters 같은 개혁 그룹들이 위세를 떨쳤다. 더불어 구스타브 스티클리Gustav Stickley의 가구와 공예품 들이 한창 인기를 끌었다. 흙색 도자기에 버드나무처럼 늘어진 꽃들을 담아두거나 도자기만 정갈하게 진열하는 것이 유행이었다. 단순한 형태, 자연적인 재료, 소박한 가구 세공품 등을 높이 쳐주었다. 이는 빅토리아풍을 벗어나려는 사람들을 빅토리아식 진열 방식의 천박한 폐해로부터 구제해 주는 의미가 있었다. 많은 사

---

19. 19세기의 통이 좁은 남자용 바지.
20. 나사羅紗의 일종.

람들이 새로운 유행으로 돌아섰고 예술과 도덕성이 미학적으로 강력한 혼합체를 만들어 냈다. 프뢰벨의 가르침은 라이트가 배우고 받아들이고 사용하고 재사용한 모든 것들을 선도했다. 그렇게 말할 수 있는 것은 그가 급진적인 사상과 변화하는 양식을 흡수하면서도 그것들을 어떤 마술적인 방식을 통해 자신만의 고유한 기술로 변화시켰기 때문이다. 그는 자신의 신이 선사한 창조성 외에는 아무것도 신뢰하지 않았다.

라이트는 낭만적인 에머슨 철학을 자기 방식대로 평생에 걸쳐 가다듬으면서 설교풍의 유사 휘트먼식 산문으로 상술했다. 하지만 그의 문장은 에머슨이 말한 "투명한 눈동자"를 흐리게 만드는 불투명한 산문이었다. 그럼에도 불구하고 통찰력 있고 도전적이며 사실 왜곡이 많은 라이트 자서전에는 아름다운 글들이 많다. 자서전에서 그는 놀랍도록 생생하고 활력 있게 자신이 일하고 살았던 장소들을 기술한다. 글 자체가 한 편의 시이다.

그는 끝까지 열정적으로 자신이 태어난 곳의 풍광을 사랑했다. 그는 위스콘신강 건너편 부드러운 기복이 있는 가족 소유지에 자기 집과 스튜디오를 지었다. 그 집을 웨일스의 시인이자 신비주의자의 이름을 따라서 '탤리에신'이라고 명명했는데 번역하면 '반짝이는 이마'이다. 그렇게 이름 지은 까닭은 주택의 부지가 언덕 비탈에 있었기 때문이다. 라이트는 그곳에서 비극과 재앙을 맞았다. 애인과 그녀의 아이들이 살해당하고 절박한 재정적 위기에 몰렸으며 세 번의 파괴적인 화재를 당하고 그때마다 재건했다. 그가 어느 곳으로 가든 간에, 혹은 외국의 어떤 곳들을 돌아다니든 간에 텔리에신은 그의 뿌리였다. 그는 언제나 집으로 돌아왔다.

3
건축 역사의 화려한 실험장, 시카고

진실은 믿는 이의 마음속에 있다. 라이트가 1932년에 출판한 자서전에서 자기식의 진실을 서술했을 때, 그는 교묘하게 꿰어 맞춘 일화들과 객관적 현실로부터 다소 동떨어진 라이트 특유의 현실을 보여 주었다. 역사가 토머스 S. 하인스는 매니슨의 문서보관소에서 기초적인 조사를 한 뒤 이렇게 결론을 내렸다. "라이트는 대부분의 사람들이 규정하는 것과 같은 '진실'의 개념을 갖고 있지 않았다. 라이트 특유의 창조적인 본성은 자신을 위한 하나의 '가면'을 요구했고 구상해 냈다. 그것은 일종의 신화적 인격으로서 부분적으로 신화적인 세계로 둘러싸여 있다." 라이트가 자기식대로 기술한 사건들은 실제 사건이 아니라 "그의 삶을 변명하기 위해 도입된 사건들"이었다. 출생 연도를 거짓으로 말했기 때문에 그는 학력에 대해서도 거짓말을 했다.

나이를 낮춘 뒤 그는 허영심이란 죄 중에서 가장 흔한 경우인 학력 부풀리기 유혹에 넘어갔다. 라이트 이전 혹은 이후에 얼마나 많은 사람들이 남에게 좋은 인상을 주기 위해서 이력서를 위조하고 학교 성적 증명서를 날조했으며 혹은 학위를 조작했을까? 인격이 다소 뒤떨어지는 사람들 중 다수가 학위 조작은 매우 보편적인 거짓이라고 말했다. 평범한 학생으로서 고등학교를 끝내지도 못했고 대학에는 잠시 동안만 머물렀던 라이트는 불편한 사실들을 속이고 과장했다. 그는 후에 자기처럼 예외적인 감각을 지닌 사람에게는 전통적인 교육이 쓸모가 없다고 선언했다. 그는 학교생활에 관해 기억할 만한 것이 아무것도 없다고 말했다. 왜냐하면 학교가 그에게 아무것도 준 것이 없었기 때문이다. 교육을 존중하던 집안에서 사실상 독학을 한 셈이다. 그는 폭넓게 독서했으며 부지런한 도제였고 경력을 시작한 몇몇 건축 사무소에서 신속하게 일을 배웠다.

초기 학교생활은 가족이 항상 떠돌아다녔기 때문에 뚜렷하지 않다. 그렇지만 분명히 애나는 아들의 기본적인 기술과 정신을 고양시키는 교과서에 세심한 주의를 기울였다. 애나는 집을 여러 번 옮기는 중에 어딘가에서 그를 사립학교에 넣기도 했다. 집에서 프뢰벨의 '선물'들을 사 주고 시를 읽어 주는 일 말고도 어느 때는 당시에 문화적으로 세련되고 고상한 것으로 여겨지던 것들을 그에게 마련해 주었다. 라이트는 미스 랜더스Miss Landers (라이트는 그 이름을 결코 잊어버리지 않은 듯하다)로부터 유화 레슨을 받았다. 그녀는 화포에 그리기 "적당한" 대상을 제공해 주었다. 라이트는 유화 레슨을 "악의가 없는 어머니가 악의가 없는 아들에게 죄 없는 한패가 되라고 허용한 악의 없는 범죄"라고 멸시했다. 그렇게 말하기는 했어도 라이트는 매디슨 집 자기 방에 "납 파이프 위에 멍청하게 앉은 수컷 울새가 그려진 도화지"를 간직하고 있었다.

사람들은 애나가 아들에게 학습 기회와 오락거리를 만들어 주기 위해 개인적으로 상당한 비용을 감당했을 것이라고 생각한다. 애나는 끈질기게, 열성적으로 연줄을 이용해서 목적하는 바를 달성한 것 같다. 궁핍한 가족이 먹는 음식에서도 자기를 돌보지 않고 희생했다. 때때로 닭장의 닭을 잡아 요리를 하면 그녀는 식욕이 없다는 핑계를 대며 닭의 목을 먹겠다고 말했다. 아들은 틀림없이 평생 동안 어머니의 숭고한 극기에 대하여 감사하는 마음을 간직했을 것이다.

감사하는 마음과 죄책감의 불편한 결합은 부모가 이혼했을 때 이미 형성되었다. 부모의 이혼은 그가 어머니를 편들도록 만든 충성심과 이기심을 더욱 굳혀 놓았다. 그는 아버지가 남긴 음악과 책 속에서 아버지를 기억했다. 그는 어린아이였을 때 밤에 침대에서 아버지가 바흐와 베토벤의 음악을 연주하는 것을 어떻게 귀 기울여 들었는지 이야기한다. 아버지가 아주 열정적으로 연주했기 때문에 그 음악이 어린 마음에 예술과 삶의 신비감을 전해 주었다. 토머스 S. 하인스는 라이트의 맏아들 로이드Lloyd Wright 또한 밤에 침대에서 아버지 라이트가 동일한 음악을 연주하는 것을 어떻게 경청했는지를 말해 준다. "마치 그의 가슴이 무너져 내리는 듯했다." 아버지처럼 라이트는 아이들이 모두 악기 연주하는 법을 배워야 한다고 강조했다. 가족 음악회 전통은 탤리에신에서 젊은 도제들이 참여하는 가운데 계속되었다.

매디슨으로 돌아온 뒤, 어린 프랭크는 워드 중학교로 갔다가 그다음에 매디슨 고등학교로 진학했다. 문서 기록이 보여 주는 바에 따르면 그는 성적이 들쭉날쭉하고 뛰어나지 못한 학생이었다. 물리학 점수는 좋을 때도 나쁠 때도 있었고 대수학은 평균 이하였으며 수사학과 식물학에서는 평균 점수를 받았다. 대수학 난에는 "낙제"라고 적혀 있었다. 또한 그가 학교를 졸업했다는 표시는 어디에도 없다. 그러나 그는 독서를 열심히 했다. 초등학교 시절에는 악명 높은 '니켈 라이브러리'를 몰래 탐독했다. 거기에는 폭력적인 모험을 다룬 『사격의 명수 딕Deadeye Dick』과 『사자死者의 무서운 협곡The Terror of Deadman's Gulch』 등이 들어 있었는데, "기름때가 반들반들하고 닳고 찢어진" 책들로 학생들은 교사나 부모에게 발각되어 찢길 때까지 돌려 가며 읽었다. 후에 이모들은 그에게 러스킨의 『건축의 일곱 등불』과 괴테의 『빌헬름 마이스터의 수업시대Wilhelm Meisters Lehrjahre』 등을 주었다. 이 책들은 그가 러스킨의 『베네치아의 돌Stones of Venice』과 『현대 화가들Modern Painters』 등을 읽는 계기가 되었다. 그는 아버지 서재에서 플루타르코스의 『영웅전』, 칼라일의 『의상 철학Sartor Resartus』 등을 읽곤 했다. 또한 비올레르뒤크Viollet-le-Duc의 『건축론Discourses on Architecture』을 탐독했다. 후에 수년 동안 그는 이 책을 도제들에게 계속하여 추천했다.

애나는 이제 곤경에 처한 아내에서 궁핍한 독신 가장이 되었다. 아들로서, 그리고 맏이로서 라이트는 일자리를 구해야 했다. 그의 어머니는 아들을 위해 일자리를 마련해 준 듯하다. 그는 1885년 개업 중인 토목 기술자이자 위스콘신대학교 매디슨캠퍼스 교수인 앨런 D. 코노버Allan D. Conover의 파트타임 조수로 35달러의 월급을 받고 채용되었다. 코노버 사무소에서 라이트의 담당 업무는 미숙련자에 해당하는 초보 수준이었지만 이를 통해 그는 기술 공학에 대한 첫 번째 교육을 받았다. 코노버는 라이트에게 대학의 토목공학과 청강생으로 등록하도록 권유한 것 같다. 라이트에게 정규 입학 허가에 필요한 점수나 고등학교 졸업장이 없었기 때문에 정식 입학은 권하지 않은 것 같다. 청강생이 된다는 것은 오전에는 강의를 듣고 오후에는 코노버 사무실에서 일하며 밤에 공부하는 것을 뜻했다.

어쩌면 그는 우리가 위와 같은 사실을 그렇다고 '믿어 주기'를 원했는지도 모른다. 우리는 두 가시 시나리오를 떠올릴 수 있다. 진짜와 날조한 것, 진실과 초진실supertruth. 아무래도 초진실이 라이트의 정보 조작에 가장 잘 어울리는 것 같다. 그는 3년 반을 대학에서 보냈다고 주장했다. 라이트는 사소한 거짓말이나 발뺌으로 만족하는 사람이 아니었다. 그는 대담하게 매우 구체적으로 "대학이 프랭크 로이드 라이트를 1학년생, 2학년생, 3학년생, 부분적으로 4학년생"으로 훈련시켰다고 기술한다. 거의 완전한 과정의 학업이 마지막 순간에 자발적인 학위 포기로 끝을 맺었다고 말했다. 그의 말에 따르면, 1888년 학위를 받기 직전 그는 "도망쳐 버렸다." 그 까닭은 자신의 학업이 실제 세계에서 좋아한 것들과 아무런 상관이 없었기 때문이다. 그는 실제 세상에 나가고 싶어서 안달했으며 무의미한 종잇장(졸업장)을 기다리기에는 참을성이 너무 없었다고 설명했다. 1950년대와 1960년대에 전기 작가 그랜트 맨슨과 피니스 파Finis Farr는 대학의 문서 보관소에서 학교 기록과 라이트의 설명 사이에 상관관계가 없다는 사실을 발견했다. 3년 반이 아니라 2년 반도 안 되는 수업 기간이 그의 대학 재학 기간의 전부였다. 고등학교와 대학에서 출석 상황이 불량하고 학위를 획득하지 못한 기록으로, 지금으로 따지자면 그는 중퇴자라고 불려야 할 것이다. 게다가 재능 있는 반항자로서 그와 같은 길을 밟은 것은 그가 처음은 아니었다. 그러나 어쨌든 그는 독립심이 강하고 비순응적인 아웃사이더의 역할을 창조하고 받아들였다. 지식과 자아실현을 추구한 아웃사이더는 전통적인 교육을 하찮게 여겼다.

흥미롭게도 그가 학업을 완수한 그 학기들조차 수강 과목과 학점에서 이상한 점이 있다. 대학에서 꾸준하게 출석한 과목은 프랑스어, 수학, 영어 작문 등인 것 같다. 정규 교육 과정으로서 공학 수업을 어느 정도 받았는지는 불명확하다. 그러나 그가 대학 '시절'에 받은 가장 유용하고 실용적인 훈련은 코노버 사무소에서 받은 것이었다. 그의 지식은 대체로 경험과 동료들로부터 얻은 것으로 보인다. 그는 동료들이 아는 것을 완전히 습득하고는 다른 곳으로 옮겨 가서 또다시 배웠다.

비록 게으르고 보잘것없는 학생이었다 하나, 대학에 있는 동안 라이트는 사회적으로나 의상에 있어서는 새롭게 눈을 떴다. 경험이 없고 수줍은 젊은이였다고 스스로 주장했으나, 대학의 동아리에 재빨리 가입했으며 학구적 공동체보다는 동아리 활동에 좀 더 적극적으로 참여했다. 그는 용케도 회비와 오락비용, 그리고 학생에 어울리는 복장을 마련할 수단을 찾았다. 아버지 책을 일부 팔기도 하고 평소처럼 관대한 어머니에게 의지하기도 했다. 그는 언제라도, 그리고 할 수만 있다면 무엇이든 빌렸으며, 어머니의 동의를 받고 그녀의 스위스제 금시계를 전당잡혔다. 한편, 아웃사이더 역할에 대한 자신의 생각이 완전히 자랑스러운 것은 아니었다. 그는 자신의 가난을 통감하는 동시에 대학이라는 특권 있는 세계의 즐거움에 매료되었다. 그리고 새로운 의상에 관심이 있었다. 그러한 관심에 대해 메릴 시크레스트Meryle Secrest는 상세하게 저술한 전기傳記에서, 이탈리아풍으로 유행을 따르는 자기표현을 뜻하는 "bella figura(잘생긴 모습)"라고 불렀다. 이를 위해 그의 어머니는 아들의 오버코트에 자신의 밍크 목도리를 달아 주었다.

그가 여생 동안 스스로를 꾸민 모습figura은 그가 만든 이야기만큼이나 그의 이미지에 중요했다. 심미가이자 멋쟁이인 그는 19세기 예술가 차림으로 옷을 입었다. 그것도 철저하게 구색을 맞추었다. 오늘날의 예술가들은 낭만적인 옷가지를 벗어 던지고 젊은이의 유니폼인 청바지와 얼룩덜룩한 티셔츠를 입는다. 그러나 건축가들은 세상의 다른 사람들과 거리를 두는 방식으로 옷 입기를 추구한다. 이것은 일종의 패션을 통해서 시선을 끄는 행위로서 예술 작품에 있어서의 시선 끌기와 마찬가지로 중요하다. 그가 즐겨 입는 의상을 몇 가지 들면, 다소 긴 듯한 타이, 나비 넥타이, 노타이, 엉덩이까지 내려오는 검은색 옷 등이며 때때로 눈에 띄는 스카프나 모자로 개인적 취향을 표현했다. 라이트는 어머니가 수선해 준 옷들을 입다가 서서히 옷을 맞추어 입는 것으로 발전했다. 마침내 그는 유행을 넘어서 자신만의 고유한 스타일을 만들어 냈다. 케이프[21]에 베레모나 테두리가 있는 펠트제 중절모자 등을 착용했으며 몸을 의지하거나 멋을 부리기 위해 지팡이를 힘차게 휘둘렀다. 그는 사물을 가리키는 도구나 무기 혹은 남을 비판하는 말을 할 때마다 제스처를 취하는 용도로 지팡이를 사용했다.

매디슨은 그의 야망을 충족시키기에는 어쩔 수 없이 작은 도시였다. 그는 시카고로 가기를 원했고 갈 필요가 있었다. 1880년대 당시 시카고에서는 대규모 건축 공사 붐이 한창이었다. 시카고는 건축가로서 경력을 쌓고자 하는 모든 중서부 사람들에게 손짓했다. 라이트가 볼 때 시카고로 가는 것은 신이 미리 정해 준 필연적인 일이었다. 시카고에는 훌륭한 건물들이 있고 중요한 건축 의뢰를 받을 수 있으며 무엇보다도 체계적으로 조직된 건축가들의 공동체가 있었다. 수없이 새로 생겨나는 프로젝트가 재능 있는 설계사와 창의적인 사업가 들을 매료시켰다. 그곳에 갈 방법을 찾기로 마음을 굳힌 라이트는, 평소에는 유순하지만 이

---

21. 투우사들이 걸치듯 어깨에 걸치는 망토.

라이트는 옷차림에 꽤 신경을 쓰는 편이었다. 특히 젊은 시절부터 항상 모자를 쓰고
지팡이를 휴대했는데, 그중 지팡이는 사물을 가리키는 도구로 사용하거나
자신의 성질을 자제하기 힘들 때 거침없이 휘두르곤 했다.

번 경우에는 썩 내켜하지 않는 어머니에게—어머니의 머릿속에
는 아들을 잃는다는 생각이 아른거렸을 것이다—외삼촌 젠킨 로
이드 존스에게 편지를 써 달라고 요청했다. 젠킨 외삼촌은 이름
난 유니테리언 교파 설교가로서 유복한 시카고 신도들을 위하여
새로운 교회를 짓고 있었다. 라이트는 어머니에게 건축가 사무
실에 일자리를 얻으면 어머니와 여동생들을 도울 수 있을 것이
라고 말했다. 그렇게 함으로써 자신의 미래에 대한 모자의 공통
된 꿈을 이룰 수 있다고 주장했다. 그가 하도 졸라 대자 결국 어머
니는 편지를 보냈다.

외삼촌은 "즉시" 회신했다. 말할 나위 없이 애나의 걱정을 덜
어 주는 내용이었다. "어떤 경우에도 젊은 애를 시카고로 보내
지 말 것!" 그랬다가는 그가 옷이나 여자들에게 빠져 버릴 것이
라고 외삼촌은 경고했다. 매디슨에서 학업을 마치는 것이 더 중
요하다는 말도 빠뜨리지 않았다. 라이트는 삼촌의 회신을 모욕
이라고 여겼으며 아울러 떠나야 할 신호라고 생각했다. 왜냐하
면 이미 떠날 결심을 굳혔기 때문이다. 그는 비밀리에 준비했다.
아버지가 소장했던 플루타르코스의『영웅전』과 에드워드 기번
Edward Gibbon의『로마제국쇠망사The History of the Decline and Fall of the Roman
Empire』및 오버코트에 붙은 어머니의 밍크 목도리를 떼어 처분했
다. 시카고로 가는 기차표를 사고 나자 일자리를 구할 때까지 식
비와 숙박비로 7달러가 남았다. 설익기는 했을망정 의미심장한
운명에 대한 감을 지니고 그는 "서부의 영원한 도시"로 떠났다.

그가 그곳에서 발견한 것은 영원한 것하고는 거리가 한참 멀

었으며 로마처럼 웅장한 것은 하나도 없었다. 당시 시카고는 화재를 당한 뒤였고, 이전의 모습보다 훨씬 더 야망에 찬 계획에 따라 재건되고 있었다. 시카고 역사가 도널드 L. 밀러Donald L. Miller에 따르면 1871년도의 대화재 이래 이번이 첫 번째 재건 공사는 아니었다. 첫 번째 재건 공사를 위해 건축가들은 화재 전 옛 도시의 모습을 복원하는 방식을 가능한 한 서둘러 수행했다. 그것은 기회를 잘못 이용한 셈이 되고 말았다. 옛 도시를 복원하겠다는 갈망에서 "이번에는 처음 도시를 세울 때보다 더 못한 생각을 했다"고 밀러는 말한다. 신속하게 이루어진 "새로운" 시카고는 겉보기에 시대에 한참 뒤떨어진 구식의 도시였다. 1873년의 경기침체로 재건 공사는 1870년대 말까지 일절 중단되었다. 그러다가 1880년대에 경기가 회복되고 나서야 비로소 도시를 변모시킬 두 번째 재건 공사가 시작되었다. 경제가 확장됨에 따라 상업용도의 공간이 다량으로 필요하게 되자 새로 태어난 도시에서는 많은 건물이 허물어지고 새로 지어졌다.

이번에는 시카고가 다른 도시로 탈바꿈할 태세였다. 건축가와 기술자 들은 새로운 건축 재료와 구조적 시스템을 실험했다. 이런 실험은 건축 역사상 가장 과격한 혁신의 기초가 될 터였다. 그것은 다름 아닌 철근 구조와 외벽으로 구성된 마천루였다. 건축적 전통의 부재에 위축되지 않고 기존에 확립된 양식이나 이전의 공사 패턴에 매이지 않은 채 부동산 개발업자와 건축가 들은 자유롭고 혁신적으로 설계할 수 있었다. 규모에서 전례가 없는 이러한 건물들의 탄생에는, 상업적인 요구가 폭발적으로 증가한

데다 도시를 활기차고 화려하게 만들기 위해서는 어떤 위험도 감수할 준비가 되어 있는 사회적 분위기가 제대로 한몫했다. 그 자신이 화려하고 위험도 감수하는 성향의 라이트는 이런 분위기에 딱 들어맞았다. 그는 여생 동안 그러한 개성을 개인적으로, 그리고 직업적으로 발휘하게 된다.

초기의 시카고 고층 건물은 튼튼하고 멋져 보일지 모르나 오늘날의 눈으로 보면 다소 고루하다. 당대의 가장 재능 있는 설계사이자 곧 라이트의 고용주가 될 루이스 설리번의 말에 따르면 고층 건물은 "자랑스럽고 높이 치솟는 것"이었다. 새로운 건축 재료, 혁신적인 구조 체계, 개선된 엘리베이터, 방화 기술의 진보 등에 힘입어 시카고의 건축 모델은 개념, 시공, 효과 등에서 가히 혁명적이었다. 투자가의 입장에서 볼 때 고층 건물의 실용적인 장점은 값비싼 대지를 최대한 이용함으로써 토지에서 많은 이익을 얻는다는 것이다. 이것은 더 높게 건물을 지을 수 있게 됨에 따라 이용 가능하고 임대할 수 있는 면적이 더 늘어남으로써 가능해진다. 건축가의 도전적 임무는 전례가 없는 건축 형식을 위한 새로운 규모와 양식을 찾는 일이었다. 이것이 높이와 상징에 대한 경쟁의 출발점이 되었다. 경쟁은 결코 끝날 줄을 몰랐다. 시카고와 뉴욕 같은 상업 중심지에서 일어나던 일이 세계 도처의 모든 도시를 영원히 변화시켰다.

낙관주의와 야망이 도시의 분위기를 주도했다. 케이블카와 마차 들이 내는 요란한 소리, 건축 공사장의 부산스러운 광경과 소음, 공장에서 나오는 증기와 연기 등이 거대한 생산적 기운으로 가득한 도시의 분위기를 좌우했다. 모든 것이 가능한 듯했고 매번의 성취는 그전의 성취 위에서 이루어졌다. 밀러에 따르면 당시 건설 경기 붐이 일어나던 초기, 시카고 건축가들의 평균 연령은 30세 이하였다. 그는 "1880년에는 건축가가 거의 한 사람도 없다시피 하던 시카고가 1886년경에는 건축 실험의 세계 중심지가 되어 있었다"라고 결론을 맺는다. 버넘 앤드 루트Burnham and Root, 애들러 앤드 설리번Adler and Sullivan, 홀라버드 앤드 로슈 Holabird and Roche 등의 대형 건축 회사들은 큰 프로젝트를 맡았다. 사무실 빌딩, 무역 본부와 상품 거래소, 극장, 백화점, 새로운 백만장자들의 저택 등이 건설되었다. 시카고의 상업 중심지 루프 Loop는 가축 시장 임시 사육장과 더불어 놀라움과 관심의 경쟁 상대였다. 경제 번영과 민간 및 문화적 리더십이 유별나게 결합한 결과, 자체의 스타일과 이미지를 갖춘 도시가 건설되고 있었다.

자서전에 따르면 라이트는 1887년 봄철 어느 날, 비가 내리는 저녁 6시에 시카고에 도착했다. 전에 한 번도 본 적 없는 전깃불에 눈이 부신 그는 어둡고 습한 거리에서 군중 사이를 걷다가 시카고강 위에 설치된 개폐식 다리 입구까지 와서 다리 밑의 검은 물과 바쁘게 돌아가는 광경에 놀라워했다. 라이트는 다시 끊임없는 사람들의 흐름 속에 합류했다가 배가 고파 할 수 없이 걸음을 멈췄다. 그는 가진 돈의 10퍼센트에 해당하는 70센트를 들여 먹을 것을 샀다. 그러고는 거리를 돌아다니다가 오페라 하우스까지 왔다. 1달러를 지불하고 안으로 들어갔다. 습기가 없고 따뜻한 그곳에서 "화려한" 뮤지컬을 보았다. 아버지에게 배워서 일가견이 있는 음악이었기에 그는 그 뮤지컬이 장식적이고 감상적이었다고 평가했다. 뮤지컬을 본 다음 일종의 일시적인 정신 착란에 한참 동안 빠져 케이블카를 타고 왔다 갔다 했다. 광고판과 상가의 번쩍이는 선전물에 정신이 멍했으며, 복잡한 교통과 소음, 비인간적인 군중 등에 압도당했다. 정처 없이 거리를 헤매다가 마침내 우연히 찾은 여관에서 잠자리에 들었다.

다음 날 아침 그는 앨런 코노버 사무소에서 일할 때 들은 이름이나 도시의 주소, 성명록 등을 참고로 하여 만들어 둔 명단을 갖고 길을 나섰다. 호주머니에 든 도합 3달러 10센트에 해당하는 동전들의 감촉을 손에 느꼈다. 자서전에는 큰 도시의 낯선 사람들 가운데서 행운을 잡으려는 무명의 재능 있는 젊은이가 품었을 수도 있는 두려움과 앞날에 대한 불확실성에 대해서는 언급이 없다. 그런 두려움과 불확실성은 그의 당당한 의기를 허물어 버렸을지도 모를 일이다. 어쩌면 한껏 부푼 마음과 가능성을 믿고 계속 돌아다녔을 수도 있다. 그가 만들어 낸 삶은 허세와 진실이 교묘하게 뒤섞인 것이었다.

그리하여 우리는 다시 두 가지 시나리오를 갖게 된다. 그의 주장에 따르면 그는 젠킨 외삼촌과는 만나지 않을 것을 맹세하고 아무런 전망이나 연고 없이 오직 자수성가하겠다는 결심으로 시카고에 왔다. 첫날은 소득이 없었다. 몇 군데의 건축가 사무실— S. S. 비먼S. S. Beman, 존경받는 엔지니어 윌리엄 레버런 제니William LeBaron Jenney—등을 돌아다녔는데, 그들의 이름은 이제 마천루 역사의 일부가 되었다. 라이트는 가는 곳마다 거절당했다. 심지어

부산하게 움직이는 제도실을 힐끗 바라보기만 하고 말을 꺼내기도 전에 거절당한 곳도 있었다. 대학생 차림에 당시 유행하던 좁고 불편한 "이쑤시개"[22] 신발을 신고 거리를 걸으면서 그는 꽉 죄어 아픈 발의 통증을 느끼며 도시의 유명한 빌딩들을 비판적인 안목으로 관찰했다. 파머 하우스Palmer House는 "엉뚱한 곳에 주름살이 크게 진 누추한 노인 같았다." "가슴이 얄팍하고 얼굴이 두껍고 각이 심하게 진 괴물" 같은 W. W. 보잉턴W. W. Boyington의 시카고 상공 회의소 건물을 보고는 보잉턴 사무소에 일자리를 찾지 않기로 작정했다. 일자리를 구하러 다니던 그는 찾아간 건축 사무소에서 때때로 친절한 동업자를 만나기도 했지만 제도사들로부터 주로 멸시를 받았다. 요금이 싼 여관방으로 돌아와서는 더 저렴한 방을 청했다. 동정심 많은 점원이 75센트에 방 하나를 내 주었다. 그는 제과점에서 20센트를 썼다. 다음 날 사무소 다섯 곳을 더 방문했지만 결과는 같았다. 10센트어치 바나나를 사 먹는 것으로 식사를 대신했다. 넷째 날 그는 세 곳을 더 찾아보았다. 행운은 찾아오지 않았다.

그가 마지막으로 들른 곳은 조지프 라이먼 실스비Joseph Lyman Silsbee 사무소였다. 실스비는 당시 매우 존경받는, 유행을 따르는 건축가 중 한 사람으로, 우연치 않게 젠킨 외삼촌의 만민교회All Souls Church를 짓고 있었다. 라이트가 고백하는 바에 따르면 그는 외삼촌과의 연고나 신분을 밝히지 않고 찾아갔다. 이러한 부정

---

22. 길고 홀쭉한 것을 비유함.

직한 부인否認에 대해서는 의심의 여지가 있을 수 있다. 한 해 전인 1886년 실스비는 스프링그린에 소재한 로이드 존스 가의 가족 예배당을 대체하는 교회를 지은 적이 있었다. 그때 라이트는 위스콘신대학 매디슨캠퍼스의 학생이었다. 그는 실제로 그 공사에 참여하여 내부의 세부 공사를 점검했다. 또한 실스비 디자인의 도면 하나를 작성했는데, 그 설계 도면이 출판되었을 때 해당 도면에는 "제도사 F. L. 라이트"라는 서명이 들어 있었다. 교회의 건설 공사와 관련하여 유니테리언교 잡지에 게재된 기사는 "로이드 집안의 한 소년 건축 기사가 일을 돌보았다"고 언급했다.

이러한 연고를 고려하지 않고 라이트가 무작정 시카고로 갔을 것 같지는 않다. 그는 다른 곳에서 모두 실패하더라도 실스비 사무소에서는 면접할 기회를 갖거나 일자리를 구할 수 있다는 확신을 갖고 시카고로 갔을 것이다. 하지만 그는 그런 의도를 부정하는 쪽을 택했다. 라이트는 자신을 면접한 제도사가 도면을 봐 달라며 실스비를 불러왔을 때 그가 자신을 알아보지 못했다고 주장했다. 의도적으로 실스비에게 자신이 누구인가를 밝히지 않았다고 주장했다. 그의 신분을 알았든 알지 못했든 간에 라이트의 제도 기술은 이미 뛰어났다. 그는 거의 실스비만큼이나 제도 실력을 갖추고 있었다. 실스비는 판자로 지붕을 인 그림 같은 집들의 매혹적인 스케치로 이름이 나 있었다. 그런 집은 망루처럼 돌출된 작은 탑, 퇴창,[23] 현관, 큰 벽난로와 노변 등을 지닌, 부유

---

23. 밖으로 내민 창.

한 중산층이 선호하는 퀸 앤 양식의 저택들이었다. 라이트에 따르면, 실스비는 젊은이의 훌륭한 재능을 순간적으로 알아보았기 때문에 야심찬 젊은 건축가를 주급 8달러에 "제도사"로 채용했다. 이렇게 하여 라이트는 시카고에서 가장 유명한 건축가 사무소 중 한 곳에 첫 번째 일자리를 구했다.

아마도 그런 식으로 일이 벌어졌을 것이다. 그러나 그것이 진정 중요한 것일까? 어쨌든 하나의 커리어와 전기傳記가 시작되었다. 친구도 사귀게 되었다. 제도사로서 그를 면접했던 세실 코윈 Cecil Corwin은 라이트처럼 목사의 아들이었다. 실스비 자신도 그러했다. 유사한 성장 배경을 지닌 두 젊은이 사이에 곧바로 친밀한 관계가 싹텄다. 둘은 모두 음악, 문학, 연극을 사랑했다. 젊은 라이트가 배고픈 것을 눈치 챈 코윈은 옥수수를 곁들인 저민 쇠고기 요리로 소문난 식당으로 그를 데리고 갔다. 라이트는 그 음식을 자신이 먹어 본 중에서 가장 맛있는 음식으로 항상 기억했다. 코윈은 그를 자기 집으로 데리고 갔다. 라이트는 코윈 집의 손님방으로 안내받은 것이 기쁘고 고마웠다. 세실의 아버지는 최근에 상처해서 아버지의 여동생이 그들 부자父子를 돌보고 있었다. 라이트가 떠나온 가족에 대하여 걱정하는 것을 알아챈 코윈은 그에게 펜과 종이를 갖다 주었다. 나흘이 지났으니 라이트는 어머니의 근심과 걱정이 대단할 것이라고 짐작했다. 라이트는 코윈에게 급료에서 갚아줄 테니 10달러를 빌려 줄 수 있겠느냐고 물었다. 자서전에서 그는 이 사건을 특유의 순진한 방식으로 이야기한다. 그러나 차후에는 몰염치할 정도로 빌려 가게 되었다. 코윈이 말없이 돈을 주자 라이트는 새로운 일자리와 인생에 대한 소식을 의기양양하게 전하는 편지와 함께 그 돈을 동봉하여 어머니에게 부쳤다.

다음 날 출근했을 때 그는 제도판마다 퀸 앤 양식의 주택들로 가득한 것을 보았다. 그는 실스비 사무소에 고용된 동안 가옥 건축에 관하여 많은 것을 배웠다. 그리고 얼마 지나지 않아 실스비의 손쉽게 그리는 "예쁜 그림들" 개념을 발전시켜 자신만의 독특한 아이디어를 개발했다. 그의 특별한 흥미를 끈 것은 젠킨 외삼촌의 교회를 짓기 위한 설계였다. 세실 코윈과 함께 공사 현장에 갔을 때 라이트는 전혀 뜻하지 않게 외삼촌과 만났다. 공사 진척을 감독하고 있던 젠킨 외삼촌은 그때 그렇게 고집불통의 조카와 만나게 되었다. 이 만남이 고맙지 않은 것은 결코 아니었다. 사회적으로, 그리고 직업적으로 시카고 최상의 그룹에 들어갈 수 있는 걸출한 목사 집안의 일원이 되는 이점을 야망에 찬 젊은 라이트가 결코 놓칠 리 없었다. 그는 이런 행운의 만남이 자신에게 큰 도움이 된다는 것을 알았다.

코윈의 집에 머무르도록 권유를 받았지만 그는 곧 주급이 4달러 인상된 것에 힘입어 가구가 갖추어진 집으로 옮겼다. 인상된 급료는 늘어난 지출로 금방 소진되었다. 그는 말도 하지 않고 끙끙 앓는 사람이 결코 아니었다. 자신이 현재 받는 대우보다 훨씬 더 값어치가 있다고 확신했다. 주급 15달러로 인상해 달라는 요구를 거절당하자, 그는 실스비 사무소를 떠나서 다른 곳으로 갔다. 비어스, 클레이 앤드 더튼Beers, Clay and Dutton 사무소였다. 자기 개발을 위해서 회사를 옮길 때마다 그의 급료는 인상되었으며 경험을 익히는 범위도 넓어졌다. 라이트는 근무처를 이용하는 데 신속했으며 더 이상 유용함이 없으면 주저하지 않고 떠났다. 그는 자신이 가야 할 길을 직접적으로, 그리고 영리하게 추구했다. 그렇게 하는 데 어떤 당혹감도 끼어들지 않았다. 비어스, 클레이 앤드 더튼의 창조적인 수준이 지나치게 낮다는 생각이 들자, 그는 동료들에게 더 이상 배울 수석 디자이너가 없다고 말하고 몰염치하게 실스비 사무소로 되돌아왔다. 실스비는 주급 18달러에 라이트를 다시 채용했다.

애나는 라이트에게 일주일에 한 번씩 편지를 썼다. 그녀는 매번 선과 진실, 적당한 식사, 따뜻하게 내복 입기, 적절한 교제 등을 권했다. 그는 어머니를 걱정하지 않아도 되었다. 그녀는 남편 서재에 남은 책들을 팔았고 자기 몫의 아버지 농장을 친정 동생들에게 팔아서 수백 달러를 받았다. 그녀는 라이트가 자신을 필요로 할 때 매디슨 집을 팔고 시카고로 올 작정이었다. 자서전에서 라이트는 이렇게 썼다. "그녀는 언제나 매우 용감했다. 그리고 나는 그녀가 원하는 것을 알았다. 그녀는 나와 함께 살고 싶어 했다." 애나는 매디슨에 남고 싶지 않았다. 아들은 자신의 의무를 알았다. 이제 주급 18달러를 벌고 있으니 어머니와 여동생 매기널을 시카고로 불러올리려고 했다. 다른 여동생 제인은 이미 시골 어딘가에서 교사 노릇을 하고 있었다. 이제 가족이 시카고로 이사할 때가 되었다.

라이트는 호반湖畔을 선호했다. 그러나 애나는 그곳이 춥다는 것을 알았다. 게다가 그녀는 도시의 군중과 저속한 것 들을 좋아하지 않았다. 주위의 교외를 돌아본 뒤 시카고 바로 서쪽에 위치한 오크파크를 선정했다. 도로가 넓고 가로수를 심어 놓은 것이 좋았기 때문이다. 또한 그곳은 애나에게 매디슨을 상기시켰으며, 교회가 많다고 해서 붙여진 'Saints' Rest(신도들의 쉼터)'라는 이름은 그곳이 두말할 나위 없이 존경받을 만한 거처임을 입증해 주었다. 애나는 오크파크에 있는 만민구원론자 교회의 아우구스타 채핀 목사를 알고 있었다. 채핀은 바스락 소리가 나는 검은색 호박단으로 지은 옷을 입고 커다란 황금 십자가 목걸이를 한 여장부였다. 그녀는 포레스트가에 아담한 붉은 벽돌집을 한 채 갖고 있었다. 라이트 가족은 자신들만의 집을 지을 때까지 채핀 목사와 함께 살기로 했다.

1년이 못 되어 라이트는 시카고의 훌륭한 건축사 사무소에서 제도사로서의 입지를 굳혔다. 그는 실스비가 설계한 또 다른 예배당 도면의 출판 작업에 참여했다. 이번에는 "건축가 프랭크 L. 라이트"(예전에 실스비가 지은 예배당 도면에 나온 이름에 비하면 '건축가'라는 표기는 커다란 발전이었다)라고 서명했다. 또한 그는 혼자서 첫 번째 빌딩을 설계하고 시공했다. 바로 넬과 제인 이모를 위해서 1887년에 스프링그린에 지은 힐사이드 홈 스쿨이었다. 실스비는 아마도 라이트에게 그 공사를 시행하는 데 필요한 시간을 준 것 같다.

그러나 라이트는 얼마 지나지 않아 애들러 앤드 설리번 건축 사무소가 자신의 앞날에 더 중요한 곳임을 깨달았다. 이제 그 회사가 자신이 숭배하는 창조적 건축을 가장 의욕적으로 추가하는 사무소라는 것을 알게 된 것이다. 실스비가 기성 체제를 대표하는 사무소라면 애들러 앤드 설리번은 새로운 건축을 선도했다. 라이트는 어떻게 애들러 앤드 설리번 사무소가 자신의 관심에 떠오르지 않았는지 의아했다. 그 회사는 자신에게 가르쳐 줄 것이 훨씬 많았다. 애들러와 설리번 두 동업자는 부자연스럽게 결속했지만 어울리는 한 쌍이었다. 단크머 애들러Dankmar Adler는 다부지고 호남에다 믿음직한 사업가로서 구조 전문 엔지니어였다. 게다가 그는 시카고 독일계 유대인 그룹의 일원이기도 했다. 루이스 H. 설리번은 잘생기고 은둔자 같은 아일랜드 사람으로 MIT와 파리의 미술학교Ecole des Beaux-Arts에서 교육을 받았다. 그의 눈부신 작품이 고층 빌딩의 개념을 새롭게 규정하고 있었다. 두 사람은 건축 시공의 모든 면에서 긴밀하게 협력했다.

콩그레스 파크웨이와 미시건 애비뉴에 들어설 이 회사의 야심작 오디토리엄 빌딩 건설 공사가 1887년 초에 시작되었다. 이 빌딩은 대형 사무실 부분과 탑, 호화로운 호텔, 그리고 오페라, 연주회, 연극을 위한 정교하고 새로운 관람석을 합쳐 놓은 구조물이었다. 라이트는 이런 규모와 특징을 지닌 공사에 참여하기를 몹시 바랐고 그 일원이 되고 싶어 안달했다. 라이트가 어떻게 이 회사에 채용되었는가에 대하여 몇 가지 설이 있다. 그 자신의 이야기에 따르면, 애들러 앤드 설리번이 입사 지원을 권고했다는 말을 다른 제도사를 통해 들었다는 것이다. 이보다 더 가능성 있는 이야기는 설리번이 오디토리엄 빌딩 건축 공사를 돌보는 일

루이스 H. 설리번. 라이트는 두 번째 회사로
애들러 앤드 설리번 건축 사무소를 선택한다. 당시 라이트와
설리번은 고용 계약을 뛰어넘어 사제이자 동료로 관계를
유지했다. 설리번의 영향 아래 있던 당시의 라이트는
자신의 건축 양식 중 하나인 프레리 양식을 탄생시켰다.

을 도와줄 조수를 찾는다는 소문을 라이트가 듣고 나서 회사를 옮길 때라고 결심했다는 것이다.

라이트는 결국 실스비를 떠났다. 나이 많은 건축가가 자신에게 평소 좋게 대해 주었기 때문에 일말의 죄책감이 없지는 않았다. 젊은 제도사가 떠난다고 하자 실스비는 점잖게 화를 내며 진솔하게 유감을 표명했다. 그러나 라이트는 합리화를 통해 자신의 죄책감을 완화시켰다. 이런 합리화의 방식에 라이트는 전문가가 되었다. 문제가 될 만한 이기적인 행동을 하고는 이것을 좀 더 높은 차원의 도덕적 이슈를 갖고 모호하게 만드는 사고방식이었다. 성장이 언제 고통을 강요하지 않고 원하지 않은 적이 있던가? 자서전에서 라이트는 이런 수사법으로 물었다. 탁월함에 대한 추구와 성취는 불편과 고뇌의 산물이 아니던가? 최상의 능력을 성취하기 위해서 삶은 고통스러운 사건들을 동반하지 않던가? 그는 적절한 수사법으로 자신의 배신 행동을 합리화했다. "고통을 수반하지 않는 전진이 있던가?" 그의 수사법과 추론은 비약이 심하지만 이렇게 결론을 내렸다. 이것이야말로 자연스러운 과정이 아니겠는가? 아래쪽 가지에 그늘을 드리워 주던 가장 위쪽의 나뭇잎을 아래쪽 가지가 완전히 성장할 수 있도록 시들어서 떨어지게 하는 나무의 생리처럼 자연스러운 것이 아니겠는가? 더불어 겨울 동안의 죽음을 겪고서 그 가운데 성장을 한 뒤 봄이 되면 다시 꽃을 피워 내는 다년생 식물의 경우처럼 자연스럽지 않은가?

그는 자신의 주장을 좀 더 높고 의문스러운 경지로 몰고 가면서 세실에게 물었다. 실스비도 문제가 있지 않았던가? 실스비는 자신이 지닌 최상의 것을 실현하려는 열망이 없고 단지 "예쁜 그림들"에 안주하고 있지는 않았던가? 실스비의 건축은 원칙에 대한 위배 내지는 하나의 거짓이 아니었던가? 그것이 잘못이 아니었던가? 그렇기 때문에 그는 한 인간으로서, 그리고 본받을 모범으로서의 훌륭한 가치를 떨어뜨리고 있지 않았던가? 성경이 말하는 정의와 진리의 가장 심오한 의미에서 볼 때, 한 사람이 성취할 수 있는 최상의 것을 열망하기 위해서라면 의무를 준수하는 것이 과연 절대적으로 필수적인 것일까? 여기에는 이기주의와 기회주의, 정직한 양심의 반성과 이기주의적인 자기 면책 등의 복잡한 중층적 측면들이 있다. 예술적 이상의 추구는 원대한 야망과 분리할 수 없는 경우가 자주 있다. 이 둘은 하나가 다른 하나를 북돋운다. 아무리 공평한 철학적 추론으로 위장한다 하더라도 결국 이 둘은 자아실현을 중심 목표로 삼는다. 옳음과 그름에 관한 복잡한 논쟁은 목사의 몫이다. 라이트의 아들 로이드가 말년에 지적한 것처럼 라이트는 목사 집안 출신이었다. 그래서 그는 목사의 기질이 있었고 목사가 쓰는 용어들을 사용했다. 그는 설교하기 좋아하는 경향이 있었다. 그의 글과 연설 들은 언제나 건축에 관한 설교이며 자기의 견해에 동의하지 않는 자들에 대한 무서운 비난으로 가득 차 있었다.

그는 다른 모든 예술가가 그렇듯이 어떤 방해물, 어떤 양심의 가책도 자기의 앞길을 방해해서는 안 된다고 확신했다. 하지만 기존의 신조를 뒤흔들고 지금까지의 관례를 깨뜨리며 익숙한 것들을 위협하는 사상들이란 결코 환영받지 못했다. 그렇기 때문에 모든 재능 있는 혁신자들은 현재 용인되는 손쉬운 것들과는 전혀 다른 위대한 작품과 사상을 다른 사람들에게 평가받기 위해 정당하게 혹은 부당하게 투쟁해 왔다. 새로운 작품과 사상 및 그 창조자 들은 거절을 당하게 마련이다. 그것들을 세상에 내놓기란 대단히 어렵다. 라이트는 건축을 "예술의 어머니"라고 불렀다. 그 이유는 건축이 실제reality를 포함하고 인간의 조건을 실용적이고 개인적인 면에서 고양시킬 능력을 지녔기 때문이다. 예술가에게 있어서 꿈은 하나의 운명이다. 불가능한 약속을 하고 유혹적인 매력을 구사하는 것, 그것은 꿈을 이루기 위해서라면 허용될 수 있다. 꿈의 실현이 음모와 낯 두꺼운 거짓말과 감언이설에 의한 속임수를 필요로 한다면, 그럴 경우 목적이 수단을 정당화할 수도 있다. 그래서 "세상과 맞서는 진실"이라는 모토가 도움이 된다.

4
제도사에서 건축가로, 위대한 이행

그의 신속한 출세를 위하여 실제적이고 합리화된 기반이 마련되었다. 라이트는 자신이 제시한 대로 주급 25달러에 애들러 앤드 설리번 사무소에 즉각 채용되었다. 하지만 속으로는 주급 40달러를 요구했어도 충분히 관철시킬 수 있었으리라고 자만에 빠진 생각을 했다. 설리번은 라이트가 제도사로서 뛰어난 재능을 갖췄음을 인정한 듯했다. 그러나 더욱 중요한 것은 두 사람이 친밀한 관계를 맺었다는 것이다. 전기 작가 브렌던 길은 그것을 즉각적인 "심취"라고 하면서 막연하게 동성애적 요소를 암시했다. 의식적으로 혹은 무의식적으로 둘 사이에 어떤 화학적 반응이 일어났든 간에, 문제점이 많은 성격 분석적 전기는 잠시 제쳐두기로 하고, 두 사람은 건축 기법에 대한 깊은 흥미와 관심을 공유하고 있음을 즉각 알아챘다. 확실히 상대방을 숭배하고 서로가 서로를 필요로 한다는 것을 인정했다. 그러나 이면에 감추어진 동성애를 막연히 추측하는 것은 두 사람 사이의 직업상의 친밀감을 넘어선 자연스러운 애정을 불필요하게 과장하는 것이다. 이러한 좋은 관계는 분명 라이트의 순종적인 태도에 의해 더욱 강화되었고, 그로 인해 라이트 자신의 말대로 그는 "스승의 손안에 든 연필"이 되었다.

인상이 음산하게 잘생겼으며 변덕스럽고 냉담한 성격의 설리번은 누구에게도 말을 걸지 않았다. 설리번은 제도실을 둘러보면서도 제도사들의 인사에 응대하지 않았으며, 심지어 그들이 거기에 있다는 것조차 신경 쓰지 않았다. 그러나 설리번은 젊은 조수와는 공통의 주제를 갖고 밤이 되도록 몇 시간이고 오랫동안 열정적으로 이야기를 나누었다. 설리번은 재능 있고 열심히 듣고 배우고자 하는 젊은이에게서 공감할 면이 많은 동료를 발견했다. 설리번은 라이트에게 건축뿐만 아니라 바그너의 음악, 휘트먼의 시, 허버트 스펜서의 철학, 혹은 당시 자신의 관심을 끌던 다양한 주제에 대하여 이야기해 주었다. 라이트가 볼 때 설리번은 스승이자 바람직한 역할 모델이었다. 가능한 한 모든 것을 흡수하기를 열망하던 라이트는 설리번과의 친밀한 관계가 자신의 미래를 위한 핵심적인 요소임을 통감했다. 그 친밀한 관계는 사랑하는 스승이라는 뜻의 'lieber meister'로서 설리번과의 전설적인 관계가 되었다. 그렇지만 그들 관계는 몇 년 뒤에 씁쓸하게 끝장이 났다. 두 사람 사이에 무엇이 오고 갔는지 오래전부터 연구가 있었다. 의심할 여지가 없는 한 가지는 그 관계가 천재들의 특유한 충돌이자, 비범한 재능을 가진 두 사람 사이의 협력과 의사 교환 관계였다는 점이다.

라이트가 반복적으로 존경스럽게 사용한 'lieber meister'라는 찬사는 독일풍 문화가 압도적인 시카고에서는 의아스러운 것이 아니었다. 또한 라이트 혼자만이 설리번에게 헌신적인 것도 아니었다. 라이트 말고도 설리번을 따르는 많은 숭배자가 있었다. 그러나 두 사람 사이의 이지적이고 이념적인 관계는 예외적이었다. 설리번은 언제고 라이트의 관심을 끌 수 있었다. 라이트가 밤 늦게 퇴근하여 저녁도 굶은 채 자고 다음 날 아침 일찍이 사무소에 나온 날들도 있었다. 두 사람은 당대의 변화하는 미국적 삶의 조건에 적합한 새로운 건축을 창조할 필요가 있다고 깊게 믿었으며, 각자는 나름대로의 방식으로 그것을 실현하겠다고 결심했다. 두 사람이 서로에게 끌린 요소가 무엇이든 간에, 비평가들이 영향력의 상호 작용을 어떻게 보든 간에, 라이트에게 있어 설리번의 중요성은 의심할 나위가 없다. 수정주의 역사가들은 그 영향이 스승에게서 제자로의 일방적 흐름이 아니라 제자에게서 스승으로의 역류이기도 했다고 말한다. 아무튼 라이트 자신도 설리번과의 관계가 중요했음을 인정하지 않은 적이 없다.

라이트는 항상 설리번이 거의 아버지뻘 될 정도로 나이가 많은 사람이라는 인상을 풍겼다. 그러나 그들의 나이 차이는 고작해야 10년 정도밖에 나지 않았다. 설리번은 당시 30대로 직업적 경력의 정점에 있었으며, 라이트는 농장을 떠나온 지 얼마 되지 않은 초보자였다. 설리번은 파리의 미술학교 재학 중에 국제적인 환락들을 맛보았다. 그는 세련된 사람으로 삶과 예술 분야에서 경험이 많았다. 위스콘신에서 갓 올라온 젊은이는 그런 세련됨이 없었고 의식적으로 그것을 갈망했다. 이 모든 것이 두 사람 사이의 큰 차이를 구성했다.

라이트는 열성적인 학생이었으며 얼마 안 있어 조수로서 기술을 꽤 깊이 익혔기 때문에 설리번의 특징적인 장식을 그 나름대로 변형하여 만들어 낼 수 있었다. 라이트는 설리번의 장기인 교직交織된 켈트Celt[24]풍의 형태를 지닌 화려한 잎 무늬 장식의 곡선을 쉽게 모방하게 되었다. 라이트가 설리번의 아이디어를 알아차리고 설계를 수행할 수 있었다는 것은 건축적인 면에서 이미 도제 수업을 완성했음을 뜻했다. 그처럼 이른 시기에도 라이트는 좀 더 순수하고 기하학적인 양식을 선호했다. 라이트는 설리번 사무소의 가정집 설계를 압도하는 그림 같은 모방적 작품들을 거부했다. 설리번은 주택 설계에 관심이 없었다. 고객을 위한 "예의상"의 설계들을 라이트에게 넘겼다. 라이트는 1890~1892년에 설리번 사무소를 위해서 약 여섯 채의 주택을 설계했다. 사무소의 정규 업무 시간 외에 별도의 급여를 받고 설계를 진행했으며 그로 인한 수당은 수입에 큰 보탬이 되었다. 그 스스로 필수 불가결하다고 생각한 책들과 수집하기 시작한 일본 판화 등의 사치품을 사들이느라 그의 수입은 넉넉한 적이 없었다. 설계 의뢰 가운데 하나로 1891년에 건축한 제임스 찬리James Charnley를 위한 시

---

24. 잉글랜드 주변의 아일랜드, 브르타뉴, 웨일스, 게일족들을 지칭함.

설리번 건축 사무소에 근무하던 시절 1890~1893년에 라이트가 맡은 업무 중
가장 빛나는 성과물의 하나인 제임스 찬리 주택. 현재 이 주택은
건축 역사가 협회Society of Architectural Historians에 기증한 시모어 퍼스키Seymour Persky의
이름을 추가하여 제임스-퍼스키 주택이라 부른다.

카고 도시 주택은 놀라우리만큼 완숙하고 대가다운 작품이었다. 억제된 르네상스풍의 세부 장식을 한 돌출된 발코니를 제외하면 장식 없이 벽돌로만 된 정면은 우아한 대칭을 이루었다. 그러한 대칭적인 정면 양식은 길을 따라 지어진 시카고의 대저택들이 보여 주는 정교한 절충주의로부터의 의미심장한 결별이었다.

그는 예전 코노버 사무소에서 시작한 공학 교육을 더없이 좋은 시간과 장소인 설리번 사무소에서 계속할 수 있었다. 단크머 애들러는 군대에서 훈련받은 저명한 엔지니어였다. 회사는 대형 프로젝트를 여러 건 수주받았는데, 모두 매우 발전된 시공 기술이 필요한 공사였다. 여타의 제도사들과 결코 친하게 지낸 적이 없는 라이트는 애들러의 현장 십장으로 애들러와 직접 같이 일했던 엔지니어 폴 뮬러Paul Mueller를 좋아해서 그와 친구가 되었다. 오랫동안 맺을 친밀한 관계의 시작이었다. 라이트가 독립적인 사업을 시작한 뒤 그가 지은 빌딩 중 다수의 공사에서 뮬러는 시공 엔지니어가 되었다. 뮬러는 실제적인 전문 지식으로 라이트가 천부적으로 혹은 후천적으로 습득한 엔지니어링 기술을 보완해 주었다.

라이트는 설계에 한해서만 당시에 시행되던 한계를 밀어낸 것이 아니었다. 그의 아이디어는 당대에 사용되던 엔지니어링의 한계까지도 시험했다. 라이트에게는 디자인을 위한 정밀한 법칙이나 절차 방식 들이 없었기 때문에 정규의 공학 계산만큼이나 구조의 경험적 감각에 많이 의존했다. 그는 항상 고객에게 그들이 실험적인 항해를 떠나고 있다고 말했다. 아무도 그런 위험 부담을 거절하지 않았다. 눈에 띄게 튀어나오고 공중에 솟구친 지붕, 언덕 비탈이나 시냇물 위에 매달린 저택, 나무처럼 땅에 박힌 기초에다 가지처럼 매달린 바닥을 지지하는 탑 들은 전통적인 방식을 파괴하는 것들이었다. 이것들은 전통과 결별하는 그의 미래 작품의 예고편이었다.

그는 도전을 받을 경우―그런 일이 자주 벌어졌지만―위험 부담이 높은 쇼맨십을 통해 재능을 발휘했다. 다시 말해 고객에게 자신의 건물이 구조적으로 문제가 없음을 확신시키기 위해서 극적인 전시를 연출했다. 그는 1936년의 존슨 왁스 회사 관리동棟 빌딩을 지을 당시 홀쭉하고 아래로 갈수록 차차 가늘어지는 기둥 꼭대기에 모래주머니를 쌓아 올리는 쇼를 연출하기도 했다. 기둥의 응력을 보여 주기 위해서 실제로 기둥이 부담할 하중을 훨씬 넘는 모래주머니를 쌓아 올렸다. 오랫동안 지속된 그 유명한 엔지니어링 측면의 싸움은 1935년에 지어진 낙수장 건설 기간 중에 일어났다. 이 저택은 피츠버그 백화점 사장 에드서 코프먼을 위한 것이었다. 라이트의 건축 구조에 대한 전문적 지식에 극도로 회의적이던 코프먼은 별도로 엔지니어를 불러들여 혁신적인 캔틸레버 공법에 의한 건설 공사를 점검하도록 했다. 엔지니어들이 자신의 상세 시공 방식을 수정하자, 라이트는 공사에서 손을 떼겠다고 위협했다. 그는 비밀스럽게 자기 방식을 관철했다. 거의 70년이 지난 뒤, 낙수장의 캔틸레버는 위험할 정도로 휘었다. 건축 재료들이 노화해서 응력에 피해를 입혔기 때문이다. 원상 복구를 위해 라이트 당대에는 없었지만 지금은 통상적으로 사용되는 보강재를 사용했다.

위대한 빌딩의 결점과 위대한 인간의 오점을 노출시키는 데는 일종의 집단적인 샤덴프로이데(남의 불행을 고소해하는 마음)가 있다. 보통의 것을 거부하고 낯선 것을 사용함으로써 현상 유지 상태에 도전하는 사람들이 실수, 결함, 오산 등을 범할 때처럼 언론과 대중이 기뻐 날뛰는 적도 없다. 매일 빌딩이 무너진다. 다리가 무너지고 지붕이 붕괴되고 천장이 떨어진다. 이런 것들은 통상적으로 엔지니어링 출판물에 기록된다. 그러나 이런 사건들은 인명 피해가 일어나지 않는 한 조용히 넘어간다. 그렇지만 통상적인 인간의 기대와 높은 주목을 받던 것들이 실패할 경우 사람들은 예술가의 오만이 천벌을 받았다고 야단법석을 떨어 댄다.

오래된 빌딩에 대한 수리와 부품 개량은 흔한 일이지만 라이트의 비정통적인 해결 방식들은 견고하지 못한 것으로 판명되었다. 오점과 실패는 라이트 전설에서 빠뜨릴 수 없는 요소가 되었다. 세상 사람들은 오점과 실패로 인해서 영웅이나 예술가 또한 우리와 같이 보통 사람에 지나지 않는다는 만족감을 갖는 법이다. 진실이건 거짓이건 간에 라이트의 빌딩에 비가 샌다는 이야기는 무수히 많다. 양동이 하나인 집, 양동이 둘인 집, 양동이 셋인 집 들이 있다. 그 숫자는 필요에 따라 증가한다. 대부분의 이야기는 진실하다. 그리고 많은 집들이 좀 더 좋은 플래싱flashing (빗물막이 철판)과 실리콘을 사용하여 수리되었다. 물이 책상 위로 샌다는 불평을 하는 고객에게 라이트가 대답한 말 가운데 유명한 것이 있다. "책상을 옮기시오." 다른 한 고객이 흘러내리는 물을 받기 위해 양동이와 냄비 등을 여기저기 놓자 그의 아내가 말했다. "예술 작품(집)을 빗속에 방치했기 때문에 그렇게 된 거예요." 전통 방식으로부터 결별하기 위하여 소정의 대가를 지불해야 한다면 라이트는 그것을 지불 가능한, 무시할 만한 것으로 여겼다. 확실히 그의 고객도 다수가 그렇게 생각했다. 좀 더 그럴듯하게 말한다면 자신의 무결점성에 대한 확신이 대단히 컸기 때문에 라이트는 자신의 결점을 전혀 고려하지 않았다. 그는 결코 위험을 피하지 않았다. 그리고 변명 따위는 그의 처세술에 들어 있지 않았다.

라이트가 경험한 첫 번째 대형 건설 및 엔지니어링 공사는 애들러 앤드 설리번 사무소에 있을 때 이루어졌다. 완공에 4년이 걸리는 오디토리엄 빌딩 건축 공사였다. 도널드 밀러가 시카고 역사를 다룬 그의 저서 『세기의 도시City of the Century』에서 기술한 바와 같이 "인부 200명과 30팀의 말을 동원하여 1887년 초에 미국에서 가장 큰 개인 소유 빌딩을 받쳐 줄 대형 구덩이를 만들기 위해서 언 땅을 파헤쳤다. 공사는 믿을 수 없을 만큼 신속한 속도로 진행되었다. 2년에 걸쳐 시카고의 세찬 겨울을 나면서 전기로 불빛을 내는 투광 조명기의 도움을 받아 야간 작업까지 수행했다."

이 공사에서 설리번이 그려 낼 수 있는 것보다 더 많은 양의 설계도가 필요했다. 라이트는 설리번이 제공한 많은 아이디어를 세부 설계도로 작성하는 임무를 맡았다. 이만큼 특권의 자리를 차지하게 되자 주위 사람들은 라이트를 설리번의 측근으로 보았다. 라이트에 따르면, 그는 자신의 고속 출세에 대한 동료들의 적대감을 알았고 문제가 생길 것을 예상하여 몬스테리Monsterry 대령으로부터 권투 레슨을 비밀리에 받기 시작했다. 자서전에서 그는 대령의 이름을 신중하게 기록했다. 대령은 좀 더 점잖은 방어 수단으로 펜싱을 선호했지만 라이트의 케이오 펀치를 향상시키기로 결말을 지었다. 그를 괴롭히던 자들이 몸집이 작은 라이트에게서 알아차리지 못한 사실이 있었다. 라이트는 농장에서 몇 차례의 여름철을 보내는 동안 물건을 운반하고 들어 올리며 "피로에 피로를 가중"하면서 힘과 인내심을 길렀다. 자신의 모자가 계단으로 던져지는 등 험담과 괴롭힘을 여러 번 당한 후 라이트는 적대자들 가운데 우두머리를 두들겨 패서 의자에서 넘어뜨리고 안경을 깨뜨려 보복했다. 안경을 깨는 것은 당대의 싸움 규칙상 비신사적인 위반 행위였다. 이어서 벌어진 난투극에서 그는 제도용 칼에 찔려 목에 상처를 입었다. 이에 라이트는 T자형 자로 상대방을 세게 내려침으로써 싸움을 끝냈다. 적대자들의 우두머리는 T자 한 방에 그만 나뒹굴고 말았다. 라이트의 승리로 인하여 쌍방은 조심스럽게 평화를 유지했다.

직업상의 운이 펴자 사생활도 빠르게 개선되었다. 오디토리엄 빌딩이 준공됨과 동시에 회사는 빌딩의 맨 꼭대기인 17층으로 이전했다. 라이트는 설리번의 사무실 옆에 자기만의 방을 가졌다. 동갑내기 친구 세실 코원과의 우정도 계속되었다. 라이트가 말한 대로 그는 "세실에게 가르침을 받으러 갔다." 그와의 우정으로 즐거움만을 얻은 것이 아니었다. 세상 물정을 좀 더 아는 젊은이로부터 라이트는 자신이 지니고 싶었던 처세술을 익힐 기회를 잡을 수 있었다. 라이트는 아직 여자들과 어울리기를 불안해하고 부끄러워했다. 그의 어머니는 외삼촌들과 이모들이 지키던 경건하고 엄숙한 분위기 속에서 아들에게도 성적 순결을 강조했다. 술과 담배를 허용하지 않았다. 차후에 라이트가 저지른 일탈 행위가 어떤 것이었든 간에 음주는 결코 포함되지 않았다. 그는 잘생기고 젊었으며 매력적이고 재치가 있었다. 차림새에 대한 감각과 멋진 것들에 대한 열정이 이미 높은 수준에 올라 있었으며, 그것이 결국 그가 미래에 선호할 것에 대한 우선순위를 결정하고 평생에 걸쳐 방종하고 빚에 찌든 상태를 조장할 터였다. 세실과의 사귐을 통해 라이트는 생활의 안락과 확신을 얻었고 도시의 즐거움과 오락을 찾았다.

비록 스스로는 언제나 부인했지만, 라이트는 훌륭한 연고자들을 갖고 시카고로 왔다. 의심할 나위 없이 신속하고 원만한 성공의 길은 젠킨 외삼촌의 교회를 통해야 한다는 것을 알았다. 오크 파크로 이사하기 전 매주 보낸 편지에서 애나는 그가 외삼촌 가까이 머물 것을 강력하게 원했다. 앞서 말한 바와 같이, 당시 외삼촌은 유명한 유니테리언파 신도들의 지도자로서 시카고의 중요한 인물이었다. 외삼촌과의 "우연한" 만남 이후 라이트는 곧바로 외삼촌 가족들 속에 끼어들었으며 외삼촌이 구축한 인맥에 포함된 걸출한 인사들을 소개받았다. 이들과의 관계야말로 라이트가 진정으로 필요로 하는 것이었다. 후에 이 사람들은 그의 고객이나 친구가 될 것이었기 때문이다. 이러한 사정을 이해하지 못했거나 기회를 이용하지 못했다면 그는 정말로 천진난만했다고밖에 할 수 없을 것이다. 그러나 그는 이미 경력에 대한 야심찬 성취를 위해서 천부적이고 계산된 교활함의 면모를 보여 주었다. 이제 야심만만한 건축가가 종교적이고 지적으로 유명한 각계각층의 인사들과 접촉하게 되었다. 로이드 존스 가를 정기적으로 방문하는 교양 있고 지성적인 지도자와 개혁가 들 중에는 사회 개혁가 제인 애덤스Jane Addams도 있었다. 라이트는 1901년 헐 하우스Hull House에서 '기계주의의 예술과 공예'에 대하여 연설했다. 그는 시카고 사업계의 성공적인 젊은 인사들과 즐겨 사귀기 시작했다. 사교 모임 및 종교 기관으로 운영되는 교회는 흔치 않은 여러 종류의 활동과 기회를 그에게 주었다.

아마추어 연극 상연 후에 뒤따르는 가장무도회에서 라이트는 캐서린 리 토빈Catherine Lee Tobin을 만났다. 그녀는 젠킨 외삼촌의 부유한 교구 신도의 매력 넘치는 딸이었다. 라이트의 묘사에 따르면 그녀는 키가 크고 날씬했으며 피부가 곱고 파란 눈동자를 지녔다. 복숭아같이 붉은 볼을 하고 머리 역시 숱이 많고 붉었다. 그녀는 "즐겁고 쾌활한" 상태에서 정면으로 그와 부딪쳤다. 아직 고등학교에 다니는 16세밖에 되지 않은 그녀는 그에게 반했던 것 같다. 그도 역시 그녀에게 매혹되었다. 정상적인 상황에서는 젊은이들의 낭만적인 연애였을 것이다. 그러나 어머니로부터 그토록 오랫동안 육체의 죄를 멀리하도록 질투 어린 보호를 받아온 라이트가 처음으로 자신의 삶에 들어온 아리따운 소녀와 깊은 사랑에 빠진 것은 그리 놀랄 일이 아니었다. 둘의 사귐을 강하게 반대하는 양가의 부모는 둘 사이의 연애를 엄격하게 감시했

라이트의 첫 번째 부인 캐서린 토빈 라이트

다. 둘은 그녀가 17세가 되면 결혼하기로 결심했다. 애나는 굳게 반대했다. 캐서린의 부모도 그런 결심을 인정하려 들지 않았다. 라이트와 캐서린은 결혼하기에는 너무 어리다는 이야기를 들었다. 우리는 캐서린의 부모가 돈 한 푼 없는 젊은 건축가에게 사랑스럽고 제멋대로인 딸이 시집가겠다고 고집하는 것에 반대했음을 쉽게 상상할 수 있다. 마찬가지로 애나도 아들을 그토록 빨리 잃는 것을 꺼려했을 것이다. 캐서린의 부모는 딸의 마음을 돌려놓기 위한 방책으로 딸을 맥키노섬에 사는 친척에게 석 달 동안 가 있게 했다. 일종의 추방이었다. 이러한 조치를 라이트와 캐서린 두 사람은 하나의 낭만적인 장애물로 보았기에 둘이 작정한 결혼 계획에는 아무런 영향을 미치지 못했다. 결혼식은 1889년 6월 1일에 거행되었다. 신부는 18세가 채 안 된 나이였다. 결혼식 날은 비가 왔으며 애나와 사돈 들은 많은 눈물을 흘렸다. 스물두 번째 생일을 불과 일주일 앞두고, 재주는 있지만 아직 도제에 지나지 않은 라이트는 유부남이 되었다.

라이트는 이미 설리번에게 결혼할 의사를 말해 두었다. 신중하게도 그는 현재 수입으로는 자신들에게 필요한 집을 구할 수 없고 아내를 건사하기도 힘들다는 것을 덧붙였다. "손안에 있는 좋은 연필"을 잃고 싶지 않은 설리번은 라이트의 사정을 감안하여 5년 동안 재직하기로 계약하고 주택 자금을 융자해 주겠다고 제의했다. 설리번은 라이트가 오크파크에 선정한 주택 대지를 조사하고 승인했다. 포레스트가와 시카고가 코너에 자리 잡은 전원풍의 대지였다. 운 좋게도 그 구역에는 애나가 당시 묵고 있던 오두막이 있었다. 이제 아들을 통제할 수 없다는 것을 깨달았지만 그래도 아들 곁에 남기로 결심한 애나는 아들 근처에 사는 것으로 결말을 지었다. 대지를 구입하고 난 뒤 주택 건축 비용으로 3천5백 달러가 남았다. 하지만 실제 건축 비용은 금방 1천2백 달러가 추가되었다. 라이트는 이 사실을 설리번에게 결코 말하지 않았다. 수입을 감안하지 않는 비용 초과는 평생 동안 그가 지닌 나쁜 버릇 중 하나가 되었다.

신혼부부는 결혼한 해에 새로 지은 집으로 이사했다. 작은 집으로, 높고 물매가 있는 지붕은 두 개의 튀어나온 퇴창을 가려 주었다. 큰 창문이 하나 있고 현관은 한쪽으로 치우쳐 났다. 입구와 거실에는 아치형의 벽돌로 지은 벽난로와 노변이 전체 공간을 압도하며 자리를 차지했다. 거실에 식당과 부엌이 붙어서 1층의 공간 배치를 구성했다. 침실은 위층에 두었다. 처마 아래 2층에는 제도실이 자리 잡았다.

아이와 채무자가 동시에, 그리고 신속하게 생겨났다. 네 아들과 두 딸이 별 터울 없이 연달아 태어났다. 그 많은 아이들을 보고 아이 갖기에 절도가 있고 신중한 이웃들이 경악했다. 라이트가 필수품이라고 생각한 멋진 예술품으로 집을 채우면서, 생활필수품 공급자들은 대금을 지불받지 못했다. 채소 가게에 밀린 수백 달러의 외상을 돈을 빌려 갚았으며 이로 인해 더욱 빚에 쪼들리게 되었다. 집안이 잠잠할 때, 라이트는 공간을 나누고 다시 결합하기를 반복했다. 그는 가구와 액세서리 들을 재배치하는 데 많은 시간을 들였다. 욕구와 비전이 바뀔 때마다 그의 집은 항상 개

라이트가 찍은 가족사진. 가운데 캐서린이 로이드를 안고 있다.

조되거나 증축되었다. 열성적이고 재능 있는 사진가이던 그가 찍은 가족사진 하나를 보면, 적절한 심미적 배경을 연출하려고 그가 끌고 나와 집 앞에 깔아 놓은 페르시아 양탄자 위에 아내, 아들 로이드, 누이동생 제인과 매기닐, 어머니가 앉아 있다.

공간 확보가 최우선적인 문제로 등장했다. 곧 2층의 제도실을 두 개의 작은 침실로 개조했다. 1895년 라이트는 놀이방을 덧붙였다. 통 모양의 둥근 천장 한가운데로 햇빛이 비쳐 들어오고 어두운 색조의 휘어진 나무 서까래가 윤곽선을 드러내 보이고 있었다. 6미터 10센티미터 높이의 방 천장과 줄줄이 붙어 있는 창문을 통해서 빛이 쏟아져 들어왔다. 창문 높이까지 쌓아 올린 로마 벽돌[25] 위로 둥근 천장이 솟아올랐다. 참나무로 깐 바닥에는 원과 사각형 등 어린 시절 프뢰벨의 '선물'에 대한 기억 속에 남아 있는 무늬를 박아 넣었다. 방 끝에 있는 거대한 벽난로 위로 붙어 있는 반원형의 벽면에는 『아라비안 나이트』에 나오는 장면이 그려진 벽화가 걸려 있었다. 리이트가 의뢰해서 제작해 온 그림이었다. 흥겨움을 불러일으키는 둥근 유리공들을 매달아 만든 샹들리에가 동화 같은 분위기를 마무리 지었다. 발코니가 하나 있어 아마추어 연극을 하기에 딱 알맞았다. 실제로 얼마 안 있어 연극을 상연했다. 놀이방은 한껏 기교를 부린 매혹적인 공간이었다. 라이트가 몸에 밴 안락함과 자기선전의 취향을 가졌기에 구상할 수 있었던 것이다.

---

25. 가늘고 긴 황갈색 특수 벽돌.

역시 건축가가 된 라이트의 아들 존은 1946년에 저술한 회고록『지상에 있는 나의 아버지*My Father Who is On Earth*』에서 부모이기도 하고 때때로 협력자이기도 했던, 대하기 어렵고 까다로운 아버지와 함께 살았을 당시의 사랑, 죄책감 어린 원망, 쓰라린 자기 불신 등이 달콤, 씁싸래하게 뒤섞인 정황을 기록했다. 토머스 S. 하인스는 조경술을 배우고 캘리포니아로 이사한 라이트의 맏아들 로이드에 대하여 드물게 속내가 드러나는 설명을 한다. 로이드는 천부적으로 물려받은 기질을 살려 대담한 표현을 양식적 특징으로 하는 일련의 출중한 캘리포니아 주택들을 1930~1950년대에 걸쳐 건축했다. 그는 아버지와 함께 일하며 상호간에 불편한 관계를 겪기도 했다. 그러나 로이드는 특별한 공간에서 보낸 특별한 유년기를 기술하며 오크파크의 집에 대하여 가슴에 사무치는 묘사를 했다.

"1층과 2층의 복층 구조로 된 방들, 나뭇잎과 야생화를 꽂아 여기저기 놓아둔 꽃병, 거대한 벽난로, 페르시아풍 램프, 찻주전자, 방 모서리로 돌아가면서 설치된 창문, 실 톱질이 된 천장의 격자창에 걸려져 들어오는 빛, 햇빛과 그늘, 피아노, 실물 크기의 베토벤 청동 반신상, 나무를 새겨서 만든 오래된 중국제 의자, 책, 긴 창문 양옆의 넓은 문턱 위에 쌓여 있거나 처박혀 있던 2절지 크기의 무늬와 결이 있는 색종이." 이 정경들은 예술가 겸 수집가가 순진하게 물건들을 어지럽힌 모습이며, 한때 진보적이고 빅토리아 시대의 미적 감각을 상기시키던 앙비앙스ambience[26]이기도 했다.

오크파크의 놀이방

로이드는 놀이방의 인상을 결코 잊지 못했다. 놀이방에 들어섰을 때 쏟아져 들어오는 빛에 대한 감각을 기술한다. 빛은 "놀이방으로 인도하는 좁고 길며 낮게 아치가 드리운 흐릿한 통로"를 통해서 들어왔다. 동화 속의 주인공들을 실제로 살려 내는 벽난로의 깜박이는 불빛이 부리는 마술, 바닥에 "흩어져 있던 별나게 생긴 인형들, 쌓기 놀이용 블록들, 기계로 움직이는 우스꽝스러운 장난감들, 이상하게 생긴 머리를 이리저리 움직이며 꼬리를 흔드는 동물들." 놀이방은 라이트의 모든 작품의 중심을 이룬 대조와 경이감이라는 양식적 특징의 예고편이었다. 다시 말해, 작고 그늘지고 제한된 입구에 이어 갑자기 나타나는 커다란 방, 빛과 공간의 통제된 순서 등을 일컫는다.

그밖에도 로이드는 철이 든 후에 얻은 깨우침을 바탕으로 유년기의 이 멋진 장소가 "디자인과 재정의 측면에서 볼 때 끊임없이 저당 잡히고 정기적으로 리모델링한 실험적인 연구소"였음도 기억했다. 하지만 놀이방만 그런 것이 아니었다. 라이트는 자신의 거주 주택들에 대하여 불안하고 위험천만한 방식으로 건축 대금을 갚았으며 일본 판화, 중국제 도자기와 청동상, 인디언 조소상彫塑像, 동양의 카펫, 옛날 먼 나라에서 만든 이국풍의 공예품으로 사치스럽고 아름답게 장식했다. 그는 금전적 의무에 대한 교만한 태도를 자기 아이들이 아름다움을 체험하면서 성장해야 하기 때문에 그렇게 되었다고 합리화했다. 그는 아름다운 물건을 충

---

26. 주제의 표현 효과를 강조하기 위하여 여러 가지로 덧붙인 부가물.

동적으로 사들이면서도 자신의 지불 능력과 대조하여 따져 보는 법이 없었다. 눈과 기분을 풍요롭게 하는 것이 금전적 성실성보다 훨씬 더 중요하다고 여겼다. 노름하고 싶은 욕망을 이기지 못하는 상습적인 노름꾼처럼 그는 좋은 것을 획득하고 싶은 충동에 속수무책이었다. 그는 어떤 물건이 갖고 싶으면 나중을 생각하지 않고 벌어들인 수입을 몽땅 써 버렸다.

그의 부주의한 금전 습관과 개인적 우선순위를 입증해 주는 유명한 이야기가 있다. 이것은 실화이다. 어느 날 시카고에서 오크파크로 돌아갈 차비가 없던 그는 외사촌 리처드 로이드 존스의 사무실로 기차표 값을 꾸러 갔다. 리처드는 나중에 중서부 지방에서 유명한 출판사의 사장이 되었고 또 라이트에게 설계를 의뢰하여 멋진 개인 주택을 지은 인물이다. 라이트는 돈을 받아 역으로 가는 길에 욕구를 거스를 수 없어 일본 판화를 사고 다시 돌아왔다. 집으로 갈 돈을 또다시 빌리기 위해서였다.

로이드는 오크파크의 집이 자신의 미적 감각과 예술에 대한 사랑의 원천이었다는 데 동의한다. 그렇지만 건축가가 스스로 지어 내는 자신의 성장 배경은 자라난 집 이상의 것이다. 그 배경에는 신중한 자기선전, 세계를 향해 자신과 설계의 신조와 건축가로서의 자격을 표현하는 방식 들이 들어 있다. 놀이방에서는 자주 파티가 열렸다. 무대 배경과 장난감 그 모든 것이 어린이들의 놀이를 위한 편의를 도모한 것만큼, 불어나는 라이트의 친구와 고객 들에게 멋진 인상을 주는 데 이바지했다. 말년에 로이드는 자신이 기억하고 사랑한 사물들을 구해 내려고 했다. 어떤 때는 그것들을 불탄 탤리에신의 폐허에서 발견하여 소유권을 놓고 아버지와 논쟁을 벌이기도 했다. 그것은 정서적으로 복잡했던 로이드의 유년 시절과 함께 라이트 부자의 아름다움과 가치에 대한 생각과도 관계되는 것이다.

사무소 내에서 라이트의 입지는 눈에 띄게 상승했다. 그는 아마도 시카고 건축 사무소들 중에서 가장 급료가 높은 제도사였을 것이다. 그는 애들러 앤드 설리번 건축 사무소에서 서른 명의 제도사를 감독했다. 그러나 엄청나게 불어난 가족과 낭비하는 생활 방식이 재정적 부담을 가중시키자, 그는 융자와 지불 연기라는 끊임없는 금전적 도박에 사로잡히고 말았다. 그는 오크파크에서 청구 대금을 잘 지불하지 않으면서도 우아하고 사치스러운 생활에 지나치게 집착하는 사람으로 평가되었다. 그는 청구서들을 깊고 어두운 구멍 속에 밀쳐 넣어버렸지만 채권자들과 은행은 사정없이 대금 지불을 요청해 왔다. 그러면 라이트는 마지막 순간에 교묘한 술책을 써서 겨우 현상을 유지했다. 그는 훌륭한 말 한 필을 갖고 있었다. 몸에 어울리게 맞춘 트위드를 입고 말을 타고 오크파크를 돌아다니는 모습이 동네 사람들에게 낯설지 않았다. 후에 자동차가 나왔을 때 그는 멋지고 빠른 차를 계속 사들였다. 그는 옷을 맞추어 입거나, 자신이 디자인하여 설리번의 재단사 허치슨에게 주문하여 만든 옷을 입고 눈에 띌 정도로 유행의 첨단을 달렸으며, 때로는 도리에서 벗어난 모습을 연출했다.

라이트는 애들러 앤드 설리번 건축 사무소에 1893년까지 머물렀다. 낮에는 시카고 사무소에서 일하고 밤에는 오크파크 집에서 일했다. 가족을 먹여 살릴 뿐 아니라 시카고 오케스트라의 연주를 철마다 감상하는 입장권을 구입하는 등 나름대로 표준적인 생활을 영위하기 위해 그는 퇴근 후에 "계약 외"라고 이름 붙인 주택을 설계하기 시작했다. 그러나 설리번의 인지認知 아래 회사를 위해서 수행한 주택 설계 작업과 이와 같은 비밀스러운 과외 활동 사이에는 커다란 차이가 있었다. 라이트의 5년 고용 계약은 구체적으로 겸업을 금지했다. 그리고 계약 외 주택 설계 작업은 설리번 모르게 할 수가 없었다. 설리번은 그 사실을 알게 되자 격노하여 라이트를 즉각 해고했다. 화가 머리끝까지 치민 설리번은 라이트의 부동산 양도 증서까지 주지 않으려 했다. 그것은 융자에 대한 담보로 간직하고 있던 것이다. 하지만 융자 대금은 이미 다 상환한 상태였다. 그 서류는 결국 설리번보다는 좀 더 유화적이고 나이가 많은 동업자 단크머 애들러가 개입하여 라이트에게 넘겨주었다. 둘 사이의 불화는 골이 깊고 지속적이었다. 무려 17년 동안 두 사람은 서로 대화하지 않았다.

무슨 요인 때문에 설리번이 그토록 극단적인 반응을 보였는지는 알 수 없다. 설리번은 얼마 안 되어 비극적으로 의기소침과 침체의 늪 속으로 점점 빠져들게 된다. 아마도 신뢰와 우정에 대한 배신감이었을 것이다. 그것이 계약 위반보다 더 깊게 작용했다. 설리번은 라이트를 신뢰하고 우의로 대했지만 그를 부를 때는 성姓 외의 호칭을 사용하지 않았다. 당시는 설리번의 경력에 있어서 결정적으로 어려운 시점이었다. 1893년 시카고 세계 박람회 개막과 때를 맞추어 그의 건축상의 명성이 급락했다. 그곳에서 동부 건축가들이 고전적인 방식으로 설계한 몽환적인 그레이트 화이트 시티Great White City가 대단한 인기를 끌었다. 설리번의 작품인 교통관은 황갈색과 황금색을 띤 다채색에 동일한 중심축을 지닌 아치로 구성된 놀라운 구조물로 교직交織된 장식물이 풍부했다. 그러나 사람들은 그것이 페인트와 벽토를 사용한 르네상스풍 궁전들이 주는 백설 같은 흰색의 장엄함과는 전혀 조화를 이루지 못한다고 평가했다. 고객들은 설리번을 버리고 전통적인 고전주의를 택했다. 고전주의는 대니얼 버넘Daniel Burnham, 매킴, 미드 앤드 화이트, 리처드 모리스 헌트, 그리고 사회적, 직업적 친목 조직의 회원들이 주축이 되어 새롭게 유행을 타게 되었다. 재기 넘치는 아웃사이더이자 변덕스러운 아일랜드인 설리번은 이들의 모임에 전혀 속하지 않았다.

설리번의 분노 섞인 평가에 따르면 그 박람회는 건축을 50년 전으로 후퇴시켰다. 설리번과 라이트는 진보라는 미국적 이상을 낙관했다. 그런 이상이 새로운 설계와 시공의 방식으로 표현될 것이라고 믿었다. 하지만 그것은 희망 사항일 뿐, 기존 형태인 전통적 유럽 중심의 건축 문화에 밀려나고 말았다. 세계 박람회 실패로 인해 설리번의 수주가 줄어들자 그해에 설리번의 사업은 침체를 맞았다. 그의 일거리는 숫자상으로도 줄어들어 1910년 이후에는 아무런 공사도 얻지 못했다. 감정적이고 내성적이며 격정적으로 분노하고 뒤틀린 행운을 받아들이지 못하며 자신의 성질을 죽일 수 없던 설리번은 만년을 가난 속에서 살았다. 운명과 치열하게 대립하고 잔인하고 이상한 건축 취향의 변화에 저

항함으로써 그의 상태는 더욱 비참해졌다.

라이트는 평소처럼 계약상의 의무 조항에 대한 자기식의 해석으로 계약 외 주택 설계에 대한 자신의 행위를 합리화했다. 어떤 불상사가 일어났건 그는 도덕적으로 정당한 것으로 치부하거나 어찌해 볼 수 없는 불가피한 상황이라고 변명했다. 그의 욕구는 화급을 다투는 것이었고 그를 비난하는 사회는 거짓된 기준을 가진 것으로 여겼다. 그는 마음속 자신의 개인적 가치관을 기준으로 사회를 비난했다. 라이트는 결국 설리번이 빈곤하고 병들고 고독할 때 화해를 제의했다. 1910년부터 설리번이 작고한 1924년까지 라이트는 사랑하는 스승에게 약간의 돈을 주었다. 그가 설리번에게서 받은 긍지에 넘치고 절박한 심정을 담은 편지들은 마음을 찡하게 한다. 혁신적인 미국 건축의 가장 창조적인 경향을 대표하던 설리번은 자신의 꿈이 실현되는 것을 끝내 보지 못했다.

1893년 라이트는 애들러 앤드 설리번 사무소를 떠나 예전에 이 사무소가 설계했던 실러 빌딩에 사무소를 열었다. 그는 한동안 세실 코윈과 사무소를 같이 썼다. 그는 주로 이곳을 시카고 고객을 만나는 장소로 사용했다. 예전에 시간 외 그리고 계약 외 일을 하던 때와 같이 그는 계속해서 집에서 일했다. 설리번과의 불화를 야기했던 계약 외 주택들은 이상하고 과도기적인 것으로서 라이트 고유의 아이디어와 고객들이 요구한, 당시에 인기 있던 양식을 혼합한 것이었다. 아직은 자신만의 양식을 고집할 형편이 되지 못한 라이트는 고객의 요구를 거절할 수 없었다. 그가 나중에 고객에게 구사한 거만한 양자택일의 독선적인 방식을 그때는 쓰지 못한 것이다. 당시 그가 설계한 주택 중에는 식민지풍과 튜더풍을 재생한 것들이 있었으며, 홍예랑[27]이나 피렌체 양식의 로지아loggia[28]를 갖춘 이상하고 불안정하며 실험적인 것들도 있었다. 그는 곧 그런 양식들을 버렸다. 다만 이 저택들이 공통적으로 지닌 것은 전통적인 세부 장식의 일관적인 단순화와 규모에 대한 뛰어난 감각이었다. 전통적인 코니스cornice[29]를 쑥 내민 처마로 대체했다. 박공지붕[30]은 그가 선호하는 너새지붕[31]으로 대신했다. 내벽은 옮기거나 없애 버렸다.

라이트가 일단 독립하자 그의 작품은 곧바로 프레리 양식에서 보듯 전통을 깨고 역사를 창조하는 주택으로 발전했다. 이것을 뒷받침하는 것이 그의 '유기적 건축'이란 철학으로, 그는 자신의 철학을 평생 동안 주장하고 전파했다. '프레리 주택'이란 이름은 칭찬을 받기도 하고 비웃음을 사기도 했다. 한편에서는 지역적 가옥 건축의 혁명적인 개념이라고 받아들이는 반면, 또 한편에서는 프레리[32] 지역하고는 상관없는 시카고 교외 부지에 지은 주택들에 대한 겉치레뿐인 잘못된 명칭이라는 공격을 받기도 했다. 이 용어는 1901년 인쇄되어 널리 알려졌다. 그때 라이트가 커

---

27. 무지개처럼 생긴 반원형의 구조물(아치 구조)로 된 복도.
28. 한쪽 벽이 없이 트인 복도.
29. 상인방 혹은 처마돌림띠라고도 불리며 천장과 접하는 기둥의 맨 윗부분이다.
30. 건물 양옆에 박공널을 대어 추녀가 없이 용마루까지 올라간 지붕. 맞배지붕과 유사.
31. 지붕이 대들보 꼭대기로부터 네 군데로 내려간 것.
32. 미시시피강에서 로키산맥까지의 대초원을 일컬음. 혹은 그냥 초원 지대를 뜻함.

티스 출판사 사장 에드워드 복Edward Bok을 위해 설계한 모델 주택이 잡지 『레이디스 홈 저널Ladies' Home Journal』에 "프레리 타운의 한 주택"이라고 게재되었던 것이다. 복은 개선된 주택 설계의 옹호자였다. 그는 유명한 건축가 여러 사람에게 잡지에 진보적인 주택 개념을 기고하도록 요청했으나 모두 거절당했다. 라이트는 즉각 이것이 그의 작품을 중서부 외의 사람들에게 알릴 수 있고 고객의 타협 요청으로 왜곡되지 않은 자신의 아이디어를 전시할 수 있는 기회라고 판단했다.

그의 설계 중에서 두 가지가 같은 해에 출판되었다. 그 주택들은 각각 7천 달러와 5천8백 달러를 들이면 지을 수 있고 잡지사로부터 설계도를 구입할 수 있었다. 설계도를 사겠다는 요청은 쇄도하지 않았지만 일단 주택의 양식은 분명하게 확립되었다. 높은 수직면의 상자 모양이 아니라 낮고 수평적인 구조, 엄격하게 수직적인 종전의 주택들이 결코 인식하지 못한 건물 주위 부지와의 연관성 고려 등을 특징으로 했다. 더불어 낮게 매달린 지붕 아래로 여닫이 창문이 줄지어 연속적으로 설치되었다. 종전의 틀에 박힌 응접실을 거실, 식당, 서재 등으로 대체했다. 이것들은 벽난로를 중심으로 하는 단일한 공간 안에서 서로 맞닿아 있었다. 내벽은 훤하게 트인 느낌을 강조하기 위하여 억제하거나 최소화했다. 집의 초점은 중앙에 자리 잡은 거대한 벽난로였다. 벽난로는 서로를 감싸 주는 따뜻함 속에서 가족들이 함께 모이는 것을 암시했다. 넓은 굴뚝은 차폐지붕 아래 지면에 집을 고정해 주는 듯 보였다. 그 주택들은 지속적으로 큰 흥미를 끌었다.

라이트는 20세기가 시작되는 무렵에도 아직 존재하던 프레리 타운을 향해 시카고의 주거 지역이 서쪽으로 뻗어 나가는 것을 그의 설계의 합리적 기초로 삼고 자신의 설계 계획에 낭만적으로 이용할 수 있을 것이라고 생각했다. 일단 자리를 잡은 프레리 주택 양식은 교외의 길거리로부터 숲 속 지역까지 고객들이 부지를 갖고 있는 곳이면 어디에나 지어졌다. 어린 시절 위스콘신의 부드러운 기복이 있는 언덕과 탁 트인 시야에 대한 라이트의 사랑 덕분에 주택이 부지의 일부가 되어야 한다는 믿음이 자연스럽게 도출되었다. 대부분의 건축가는 자신의 창작품을 종종 쉽게 믿을 수 없을 정도로 과장하여, 명시적이거나 내적으로 인식된 믿음 혹은 확신에 기초하여 이론적으로 설명하기 십상이다. 그러나 전체적으로 보아 낮고 긴 선, 서로 맞물린 형태, 열린 공간 배치 등으로 이루어진 라이트의 프레리 주택은 뻣뻣하고 수직적인 배치와 내부 소통 구조를 지닌 전통적 가옥의 "상자(라이트의 용어)를 부수었다." 뿐만 아니라 내부와 외부를 가로막는 벽을 일련의 창문, 테라스, 시각적으로 주위 풍광과 어울리게 배치한 간접적인 접근로 등을 이용하여 깨부숨으로써 주택과 주택이 들어선 부지를 긴밀하게 연관시켰다. 건축이 제한된 교외의 부지를 벗어나지 못한 곳에 지었을 경우에도 주택이 주위 부지를 전혀 다른 장소로 보이도록 만들었다.

이 주택 양식은 도대체 어디서 왔을까? 열성적인 문헌 조사를 통해 이와 같은 양식의 주택은 당시에 다른 어떤 곳에서도 짓지 않았다고 밝혀졌다. 분명한 선구적 모델이 없고, 유사한 주택

프레리 양식의 특징인 수평 구조, 낮은 지붕, 여닫이 창문, 넓은 처마를 형상화한 스케치

이 출판된 예도 없으며, 어떤 초기 개발 양식의 실마리를 보여 주는 적절한 도해도 전혀 없다. 라이트가 평생 주장한 픽션에 따르면—이것이 바로 라이트가 견지하는 신화이다—프레리 주택은 순전히 그의 발명품으로 건축상 최초로 탄생된 것이다. 더불어 이 주택 양식의 개념은 외부의 도움이나 전례가 전혀 없이 그의 마음속에서 이미 다 완성된 채로 불쑥 솟아오른 것이다. 어떤 의미에서는 그러했다. 그가 주장하는 대로 그는 "창시자"였고, 독자적 노선을 견지하는 사람이었으며, 무엇인가 새로운 것의 발명자였다. 그러나 진실이 더 가치가 있는 법이다. 좀 더 깊게 파고들면, 겉으로는 자연 발생적으로 창조된 것처럼 보이는 것이 실제로는 여러 가지 관심거리와 영향 들을 참고했으며, 그것들을 혁명적이고 아름답게, 자기만의 독특한 방식으로 종합하여 응용했다는 것이 확실해진다.

라이트는 잡동사니 수집가였다. 그는 예리한 지식인이자, 수많은 원천으로부터 자신의 흥미를 끄는 모든 것을 탐욕스럽게 모은 수집가였다. 그는 지식을 몹시 존중하는 집안 출신의 교양인이었다. 그가 물려받은 정신적 유산은 여러 사상을 개방적으로 받아들였다. 흥미를 끄는 것들을 지칠 줄 모르게 추구했으며 아무것이나 닥치는 대로 읽었다. 날카로운 관찰력을 지닌 그는 19세기의 매우 진보적이고 절충적인 취향과 사상에 이끌렸다. 모든 건축가들처럼 그는 새로운 경지를 개척하는 유능한 다른 동료들을 잘 알고 있었으며 그들의 건축물을 숭배했다. 그는 신중히 그것들을 연구했다. 그는 자신이 멸시한다고 고백한 기존 건축가들의 작품 중에서 어떤 것이 관심을 둘 만한 것인지를 정확히 알았다. 그는 실스비의 지나치게 장식적인 퀸 앤 양식의 저택들을 거부하고 매킴, 미드 앤드 화이트 건축 사무소의 미술품 같은 기념물을 경멸했지만, 그 두 회사가 시골 주택으로 채택한, 좀 더 단순하고 격식을 덜 차렸으며 자연목으로 지은 '지붕널 양식'을 분명히 수용했다.

그는 모든 것을 기억했다. 하지만 아무것도 베끼지는 않았다. 자신이 좋아하는 것을 흡수하고 자기만의 창조적인 사고방식을 익혔다. 라이트의 작품에 대한 통찰력이 날카로운 연대기 편자 앤서니 알롭신은 그 과정을 간단명료하게 다음과 같이 규정했다. "라이트의 천재성은 동화하고, 추출하며, 모방에 의지하지 않고 본받는 능력에 있다." 그의 걸출함은 독특한 그의 비전에만 있는 것이 아니라 자기 시대의 매우 창조적인 경향과 접속하는 방식에도 있다. 동시에 그는 그러한 자료들을 건축 예술의 진로를 바꾼 개인적 표현법으로 변형시켰다.

물론 그는 어떤 도움도 끝까지 부인했다. 그의 주장에 따르면 그는 어느 누구에게도 신세를 지지 않았으며, 자기 외의 동료 건축가들은 최악의 경우 무뢰한이거나 바보거나 단순히 덜 깨우친 자들이었다. 그 혼자만이 건축의 진리를 대변했으며 다른 사람들은 모두 그에게 신세졌다. 그는 스스로를 학계와 서구의 고전적 전통의 적이라고 선언했다. 그러나 사실을 말하면, 그는 자기 시대와 동떨어져 있는 동시에 자기 시대의 산물이었다. 이것은 라이트 예술과 삶의 또 다른 역설이었다. 라이트는 예술에 있어서 모더니즘의 선구가 된 지적 운동과 창조적 탐구에 적극적으로 참여했다. 그는 서적, 잡지, 직접적인 관찰, 해외 동료들과의 직업적인 접촉 등을 통하여 미국과 유럽에서 일어나던 모든 새로운 발전, 동시대의 경향, 혁신 등과 접촉했다는 것을 일관되게 부인했다. 자서전에서 빈과 베를린에서 본 작품들에 대한 존경을 표시했지만, 공개적으로 인정한 유일한 영향은 일본 판화와 비올레르뒤크의 철학뿐이었다. 전자는 재료의 내재적인 특성과 비본질적인 것들의 제거라는 교훈을 주었고, 후자는 구조의 도덕적 심미안을 가르쳤다. 이렇게 두 가지 영향을 언급했으면서도 그것이 자신의 창조적 독립성을 훼손하지 않는다는 태도를 취했다.

그의 초기 작품에 보이는 어두운 색조의 목조 장식과 밝은 색조의 치장 벽토를 바른 벽은 그가 1893년 시카고 세계 박람회에서 본 일본 건축물 호오덴에 대한 매혹을 반영한다. 이 건물의 단순성, 우아한 솜씨, 가벼운 구조에 매료된 그는 호오덴을 "자연스럽고" "유기적이며" "현대적"이라고 칭송했다. 그의 첫 번째 해외여행은 전통적인 유럽 여행이 아니라 1905년의 도쿄 여행이었다. 도쿄에 아내와 일행을 남겨두고 그는 자신이 디자인한 괴상하게 생긴 "토속적" 옷을 입고 일본의 여러 지방을 혼자서 오랫동안 돌아다녔다. 일본의 예술과 문화에 흠뻑 빠진 그는 첫 번째 이국적인 구입품들을 잔뜩 안고서 돌아왔다.

그의 저서나 서간에서 그가 빈 분리파의 새로운 예술과 기술에 대한 숭배자였음을 어렵지 않게 발견할 수 있다. 그가 처음 접한 분리파의 건물은 1904년 세인트루이스에서 열린 세계 박람회에 지어진 요제프 마리아 올브리히의 오스트리아관館이었다. 그는 이 건물의 비범한 디자인을 분석하기 위하여 반복적으로 그곳을 찾았다. 그는 영국과 네덜란드의 모더니즘 선구자들과도 접촉했다. 그들 중에는 라이트의 초기 빌딩에 큰 관심을 표명하고 그것들을 보러 시카고를 방문했던 사람들도 있었다. 독일인과 네덜란드인 들이 처음으로 라이트를 알아보았으며 그의 작품에 관한 중요한 출판물을 내 주었다.

경제가 침체기를 벗어나자 설계 의뢰가 급격히 늘어났다. 그의 자신감도 아울러 치솟았다. 1904년에 이르러 그는 적어도 열두 채의 프레리 주택을 완공했다. 당시에는 이웃 사람들이 이질적 존재로 여기던 그 집들은 오늘날 고전 작품이 되었다. 프레리 주택에는 세 가지 종류가 있었다. 하나는 기본적이고 표준화된 형식으로 라이트가 보기에 수입이 적은 사람들이 지을 수 있는 형태였다. 두 번째는 좀 더 좋은 재료와 좀 더 특별한 모습을 지닌 적당한 모델로서 그것을 부담할 수 있는 층들을 위한 주택이었다. 세 번째는 비싸고 맞춤형 형태에 건축가가 독자적인 힘을 발휘하여 세련되게 디자인하며 세부 장식까지 완전히 수세공手細工으로 시공하는 모델이었다.

그의 고객은 사회적으로 성공하고 좋은 교육을 받은 사람들로서 중상위 계층의 사업가, 공동체 지도자, 자유주의적 경향을 띠고 문화적 관심을 지닌 정치적인 '진보주의자' 들이었다. 그들은 모두 상당한 건축 비용을 부담할 수 있었다. 건축의 진보적이고

'개화된' 견해를 대표하는 라이트의 작품이 그들을 매료시켰다. 뿐만 아니라 심미적이고 지적인 활동에 참여하는, 그 아내들의 마음도 사로잡았다. 다수의 예술 후원자들처럼 그의 고객과 아내 들은 새로운 것의 옹호자가 되었다. 그들의 주택은 라이트가 부르주아적 속물근성의 바다 한가운데 우뚝 서서 창조해 내는 새로운 예술을 후원하는 듯 용감한 모습을 과시했다. 라이트의 고객은 또한 그의 친구 겸 옹호자가 되었다. 친구와 옹호자 들은 앞으로 몇 년에 걸쳐 절박하게 필요한 사람들이었다. 그때 가면 라이트의 성공이 스캔들로, 스캔들이 대규모의 비극으로 바뀌게 된다.

5
1895~1909년,
첫 번째 전성기와 다가오는 침체기

라이트는 이제 자신의 제도사들을 고용해서 오크파크에 작업 공간을 더 늘려야 했다. 1895년 시카고 애비뉴에 면한 주택 부지에 놀이방 옆으로 스튜디오가 들어섰다. 낮은 담 뒤쪽에 있는 계단으로 통하는 확 트인 로지아가 방문객을 선반을 이고 있는 입구로 안내했다. 로지아 뒤에는 널찍한 응접실이 있고 라이트의 서재가 바로 그 너머에 자리 잡고 있었다. 바로 그 왼쪽에 넓고 천장이 높은 제도실, 엄밀히 말하면 스튜디오가 자리 잡았는데 천장에는 팔각형의 채광창이 있었다. 반대편에 있는 서고에도 작은 규모의 팔각형 채광창이 있었다. 공간의 평면 배치는 트인 통로를 통하여 계속적으로 변하는 풍경을 볼 수 있도록 되어 있었다. 커다란 버드나무 주위에 건축된 스튜디오는 나무가 안으로 자라는 집으로 알려졌다. 이로 인하여 지역 주민들의 평판에 그의 기벽奇癖 하나가 더 추가된 셈이었다.

앙비앙스는 당시에나 미래에나 순전히 라이트 양식이었다. 참나무잎, 수공예 도자기와 구리 그릇에 담긴 야생화와 건조시킨 꽃, 거대한 벽돌 벽난로 앞에 놓인, 키가 크고 얇은 널빤지로 틀을 만들고 그 위에 쿠션을 깔아 놓은 의자, 라이트가 디자인한 이젤 위에 전시된 일본 판화, 사모트라케 날개를 단 승리의 여신상과 밀로의 비너스 복제품(이 두 가지는 라이트의 인테리어에 전략적으로 반복되어 나타난다)에서 보자르Beaux Arts풍[33] 요정으로 절충된 조소상까지, 이런 것들이 모두 라이트 양식에 포함된다.

기교를 부린 감상주의와 칙칙한 황토색조는 후대 사람들에게는 구식으로 보일 것이다. 하지만 개념상의 변화를 일군 열린 공간 배치와 색다른 단순성을 가진 그의 양식은, 커튼과 눈길을 끄는 잡동사니 장식품 들로 답답하고 정교한 방에 익숙한 19세기 후반의 감각을 지닌 사람들에게 아주 새로운 것으로 보였다. 라이트는 잡동사니 장식품을 거부했다. 그러나 당시에는 황량해 보이던 그의 근대적 양식은 여전히 19세기의 전통을 따라 추억을 되살려 내는 듯한 아름다운 장식적 요소를 갖추고 있었다. 그의 양식은 낭만적인 자연주의와 기하학적 추상주의 사이에서 균형을 이루었다. 그는 설계상의 기준을 이유로 자연 세계를 떠난 적이 결코 없었다. 그러나 자연으로부터 도출한 장식적인 세

---

33. 제2차 제국 양식으로서 19세기 후반에 유행했음. 이탈리아 르네상스 시대의 건축 기법을 사용하여 위엄과 장식적인 요소를 중요시하는 건축가들의 경향에서 발전했음.

부 장치들은 점점 더 기하학적이고 단순화된 모습으로 표현되었다. 라이트는 아르누보의 퇴폐적 복잡함을 존중하지 않았다. 직선자, 삼각자, 컴퍼스가 그의 도구였다. 이들 도구가 만들어 내는 원, 사각형, 삼각형, 육각형 등의 매혹적이고 복잡한 패턴이 그가 선호하는 디자인 어휘였다. 19세기가 지나가고 미니멀 양식[34]과 컴퓨터의 도움을 받은 기하학이 도래함으로써 라이트 작품이 차지하던 급진적인 입지는 흐려졌다. 그러나 라이트 시대의 전후 맥락에서 볼 때 동시대인들은 그의 작품을 놀랍도록 비전통적이라고 생각했다.

스튜디오 건축이 가능했던 것은 룩스퍼 프리즘Luxfer Prism 사와의 계약 덕분이었다. 빛을 굴절시키는 특성을 지닌 새로운 종류의 유리를 사용하거나 선전해 주는 대가로 라이트는 고문료를 받아 이를 공사비에 충당했다. 스튜디오 신축은 필수적인 제도 작업 공간만 확장한 것이 아니라, 그의 취향과 재능을 보여 주는 직업적 전시실로서 더 큰 역할을 했다. 그는 사회와 접촉하고 자신을 드러내기 위하여 여타의 사회적으로 용인된 길을 따르는 데 주저하지 않았다. 그리하여 직업상의 단체들과 민간 위원회에 가입했고 강연을 했으며 건축 공모전에 참여했다. 그는 1890년대의 선도적인 예술을 대표하는 시카고 예술과 공예 협회의 초기 회원이었다. 그의 작품은 1894년과 1895년 시카고 건축 클럽의 연례 전시회에 출품되었고, 1898년에는 그의 디자인만 취

---

34. 최소한의 조형 수단으로 제작하는 양식.

급한 전시실에서 별도로 특별 전시되었다. 당시 그의 작품이 전시회를 압도하는 것을 꼴사납게 여긴 몇몇은 항의를 제기하기도 했다. 1899년 그가 출품한 작품은 규모에서 훨씬 줄었지만 적들은 여전했다. 그는 그러한 상황을 회피하지 않았으며 말년에는 오히려 부추기기도 했다. 그를 사로잡기도 하고 때때로 그의 삶을 지탱해 주던 일본 판화에 사랑을 쏟고 열성적으로 수집하더니, 결국 1906년과 1908년에 수집한 것들 중에서 일부를 선별하여 시카고 예술원에서 전시회를 열기에 이르렀다.

1901년 시카고의 진보적 문화의 중심인 제인 애덤스의 헐 하우스에서 라이트가 '기계주의의 예술과 공예'라는 제목으로 강연했을 때, 그 연설 내용은 수공예로 돌아가기 위하여 기계 제작을 거부한 예술과 공예 운동의 개혁자들과 의견을 달리했다. 잡지와 서적과 카리스마를 보유한 문화 지도자들의 성원에 힘입어 고급스러운 것들을 누릴 시간을 가진 부유한 미국은 도자기 예술품, 회화, 수예품, 목판화, 수제 종이 및 서적, 무수한 가내 수공예품 등을 양산해 냈다. 공예품이 라이트의 심미적 기호품 중에 상당한 부분을 차지하기는 했지만 그는 기술이 건축의 필수적인 파트너라고 주장했다. 그는 강철과 철근 콘크리트 등 새로운 산업 재료의 사용과 그것들에 대한 적절한 이해를 요구했다. 한 해 전, 미국 건축연맹회의가 열리기 전에 '건축가'에 관한 한 강연에서 라이트는 시대에 맞는 새로운 건축을 부르짖었다. 이러한 신조가 차후에도 그의 지속적인 주장이 되었다. 그의 작품이 그를 숭배하는 편집자들의 주선으로 전문 잡지에 게재되기 시작했다.

그의 어떤 행동도 그의 명성을 해치지 않았다. 사람들은 그를 흥미로운 아이디어를 지닌 떠오르는 젊은 건축가로서만이 아니라 당대 건축 문화의 지도자 및 예술의 감정가 내지 후원자라고 여겼다.

1895~1905년까지 10년 동안 세 아이가 태어나 식구가 불어났다. 아들 데이비드와 로버트가 1895년과 1903년에, 딸 프랜시스가 1898년에 태어나 로이드, 존, 캐서린 밑의 동생들이 되었다. 그는 거의 마흔 채의 저택을 완공했으며 두 개의 주요한 건축 의뢰를 완수했다. 하나는 오크파크의 유니티 교회이고, 다른 하나는 뉴욕 버펄로에 소재한 라킨Larkin사 관리동이었다.

이 시기에 그가 지은 건물들은, 설사 라이트가 이것들 외에 다른 건물들을 전혀 완공하지 않았다고 하더라도, 미국 건축의 상징으로서 자리매김한다. 그 건물들이 공통적으로 지닌 것은 강력하고 독창적인 비전과, 규모와 세부 장식상의 흠 없는 감식안 등이다. 이에 더하여 프레리 주택은 가정의 혁명을 대변했다. 자서전에서 라이트는 누구든지 이해할 수 있는 말로 자신의 건축 개념을 설명했다. 더불어 기존의 미국 주택을 파괴하라는 명령 조의 말도 덧붙였다. 그는 이렇게 명령했다. 다락방, 지붕창, 하인을 수용하는 지붕창 뒤의 답답한 작은 방 들을 없애라(하인들을 다락방에서 나오게 한 이 행위 하나만 해도 사회적 혁명이었다). 지하실을 없애라. 여러 개의 높다란 굴뚝을 하나 혹은 두 개의 넓은 것으로 대체하고, 그것도 경사가 완만하거나 아예 평평한 지붕 위에 나지막하게 만들어라. 집짓기를 지면 위에서 시작하고 시멘트나 석제 물받이 돌림띠를 기초가 되는 바닥으로 사용하라. 벽을 2층까지만 쌓아라. 그것은 넓은 처마 밑으로 침실 높이에 맞추어 일련의 창문을 달기 위해서이다. 벽난로를 가정의 통합적인 중심으로 만들어라.

그는 계속해서 주장했다. 휴먼 스케일human scale[35]을 가옥 건축의 척도로 삼아라. 천장과 문을 사람 키만큼 낮추어라(지금 보면 그것들은 낮아 보인다. 그러나 라이트는 천장이 높은 빅토리아풍 가옥에서 가정의 단란함이 부족한 것에 대응한 것이다). 라이트는 약간 과장된 자신의 키 174센티미터를 척도로 삼았다. 그렇다 보니 키가 좀 더 큰 거주자들에게 문제가 일어나기도 했다. 하지만 불평이 있어도 고집을 꺾지 않았다. 벽을 "상자의 측면"이 아니라 "스크린"으로 다루어라. 그리하여 공간을 가두는 대신 해방시켜라. 거실을 하나의 트인 공간으로 만들어라. 그래서 그곳을 되도록 적게 구분하여 기능들이 한 구획에서 다른 구획으로 물 흐르듯 이어지도록 만들어라. 더 이상 "방들을 상자 안의 상자"로 만들지 말라. 공간들을 중앙 벽난로 둘레로 배열하든지 혹은 풍경들을 향해 튀어나오게 하라. 정교하게 하는 대신 단순화하라. 공간 배치와 배경을 하나의 유기적, 자연적 전체로 어울리게 하라.

이것은 사회학, 환경, 예술의 관점에서 볼 때 확실히 새로운 건축이었다. 이들 초기 작품에 대한 둘도 없이 훌륭한 저서 『1910년까지의 프랭크 로이드 라이트: 첫 번째 황금 시기*Frank Lloyd Wright*

---

[35] 인간의 체격을 기준으로 한 척도.

to 1910: The First Golden Age』의 저자 그랜트 맨슨은 이렇게 설명한다. 라이트가 성취한 것은 "미국 주택의 깜짝 놀랄 만한 방향 재설정"이었다. 프레리 주택은 "단순하거나 혹은 복잡"할 수 있었다. 그것은 "궁전으로도 혹은 오두막으로도" 적합했으며 "오래가는 돌로도 혹은 가벼운 프레임으로도" 지을 수 있었다. 또한 "측면을 돌, 벽돌, 회반죽으로도 혹은 갈색 널빤지"로도 두를 수 있었다. 더불어 그 주택은 "숲 속이나 혹은 잘 손질한 잔디밭 위에도" 들어설 수 있었다. 서로 맞물리는 덩어리와 교차하는 공간 및 역동성과 평온함의 대비 등으로 인하여 프레리 주택은 어떤 고전적 대저택 못지않게 아름답게 군집시키거나 비례에 맞춰 배치할 수 있었다. 비평가이자 역사가인 레이너 배넘Reyner Banham은 1969년에 쓴 글에서 라이트를 "오늘날에 이르기까지 미국의 가장 위대한 건축가이고 안드레아 팔라디오Andrea Palladio 이래 세계의 가장 훌륭한 주택 건축가"라고 불렀다.

프레리 주택 양식이 확립된 것은 일찍이 1900년 일리노이주 칸카키에 지은 B. 할리 브래들리B. Harley Bradley 주택과 워런 히콕스Warren Hickox 주택, 그리고 1902~1903년 하일랜드 파크에 지은 워드 윌리츠Ward Willits 주택에서였다. 프레리 주택보다 앞서 1893~1894년에 리버 포레스트에 지은 윌리엄 윈슬로William Winslow 주택은 길고 낮은 로마 벽돌로 된 기단 위에 무늬 있는 타일 벽이 처마 깊숙이 들어섰으며, 그 위에 추녀마루가 있는 지붕이 그늘을 만들어 준다. 이 저택이 내리닫이 창문을 두른 라이트 주택들 중 마지막 것이다. 그는 "더 이상 벽에 구멍을 뚫지 말자"

고 선언했다. 윈슬로 주택의 좌우 대칭적인 디자인과 중앙에 입구를 둔 양식은 두 번 다시 사용되지 않았다. 격식을 갖춰 거리에 면하게 한 정면들은 놀랍도록 멋지다. 눈에 덜 띄는 좌우 측면들은 좀 더 특수화된 가정 내의 기능을 수행했다.

그러나 라이트의 가정 중심적인 벽난로와 주택 디자인은 20세기의 변화하는 사회적 현실로 인해 가혹한 단절을 겪게 된다. 그의 통찰과 행동은 시대착오적인 입장을 견지하는 결과를 초래하며, 차후의 유럽적 모더니즘과 상충하여 일어나는 많은 문제들의 원인이 된다. 모든 예술은 자연과 연계되고 정신적이고 종교적인 가치들이 그 안에 스며 있다는 에머슨풍의 라이트 철학은 국제양식이 강조하는 기본적인 것만을 유지하는 기능주의자들의 심미적이고 산업적인 모델과 점점 반목하게 되었다. 몇몇 선도적인 유럽 건축가들이 라이트와 그의 작품을 보러 왔다. 미스 반 데어 로에는 탤리에신에서 환대를 받았다. 그러나 르코르뷔지에와 발터 그로피우스는 방문을 제의했다가 거절당했다. 라이트는 그들을 공공연히 적으로 대하여 건축계의 주류로부터 더욱 고립되었다.

라이트의 명성과 기술은 빠르게 성장했다. 아무리 오만하고 독불장군식의 입장을 취한다 해도, 그는 더 이상 아웃사이더가 아니었다. 그가 시카고와 오크파크에 구축한 연고는 젊고 부유하고 예술가다운 감성을 지닌 지적인 고객들이 그를 받아들이는 데 많은 기여를 했다. 그의 사회적이고 직업적인 입지는 굳게 확립되었다. 그는 보기 드문 제안을 막 받을 참이었다. 라이트의 작

윌리엄 윈슬로 주택

품이 대니얼 버넘의 주목을 받게 된 것이다. 버넘은 1893년 세계 박람회의 화이트 시티를 주도한 인물로 시카고의 유명한 건축가였다. 라이트와 버넘은 성공적인 사업가와 예술 후원자 들이 중첩되는 사교계에서 교제했다. 라이트 내외는 라이트와 버넘이 서로 아는 에드워드 C. 월러Edward C. Waller의 집에 초대받았다. 버넘과 같이 월러는 젊은 라이트가 보기 드물게 재능은 있으나 방향이 잘못되었다고 믿었다. 라이트가 자서전에서 자세하게 설명한 바와 같이 그는 저녁 식사 후 주인의 서재로 안내되었다. 방문이 닫히고 커피와 시가를 즐기면서 다소 놀라운 사적인 대화가 이루어졌다. 버넘은 라이트가 정식으로 건축 교육을 받지 않았기 때문에 파리로 가서 미술학교의 3년 과정을 이수한 다음 로마에 있는 미국 아카데미에서 다시 2년 동안 배울 것을 제안했다. 버넘은 모든 비용을 부담하고 그동안 라이트의 아내와 아이들을 돌보겠다고 했다. 라이트가 교육을 마치고 돌아오는 대로 자신의 회사에서 동업자로 일할 것도 약속했다. 이것은 놀라운 제안이었으며 일류급의 경력을 보장하는 것이기도 했다.

라이트는 거절했다. 그에게 활기를 불어넣는 것이 순전히 개인적 야망이었다면 그는 절대로 그 제안을 거부하지 않았을 것이다. 성공이 가장 중요했다면 그는 버넘의 제안을 즉각 받아들였을 것이다. 그는 거만할망정 자신의 성격에 충실했다. 라이트는 완전히 자기 자신과 일과 이상을 믿었다. 일부 사람들이 주장하듯 그가 기회주의적이고 무원칙적인 사람이었다면, 이번 경우에 그가 취한 반응은 그의 성격과 경력을 명시해 주는 사건이었다. 다른 젊은 건축가라면 파리와 로마의 가장 훌륭한 학교에서 배울 수 있고 미국의 가장 좋은 건축 회사와 동업자가 될 수 있는 기회에 환호작약했을 것이다. 라이트의 성실성은 유동적이고 기회와 욕망에 좌우되었다. 그는 자신의 이해관계에 적합하다면 거의 무엇이든지 합리화할 수 있었다. 그러나 버넘의 제안은 그의 마음속 깊은 곳에 있는 신념과 그가 구상하던 모든 것들을 시험하는 것이기에 거절했다.

당대 건축계 및 사교계에서 버넘이 얼마나 영향력이 있고 굉장한 인물이었는가를 기억하는 것이 중요하다. 부유하고 연고가 넓은 그의 입지와 훌륭한 경력은 나무랄 데 없었다. 그의 시카고 건축 회사는 규모와 중요성과 수주에 있어서 애들러 앤드 설리번과 우열을 다투었다. 그러나 그의 회사 조직은 아일랜드인과 독일계 유대인의 동업 관계를 훨씬 뛰어넘었다. 그 제안은 견고한 황금 같은 유급 성직이었으며 일류 건축가가 되고 특권과 명성의 세계로 가는 확실한 길이있다. 그렇게 뇌면 골치 아픈 채권자들이 돈을 갚으라고 독촉하는 일도 없을 것이고 필요한 호사품도 부족할 때가 없을 것이며 성취하기 위하여 애써 노력할 필요가 없을 것이었다.

라이트가 설명한 바에 따르면, 그가 갈 수 없던 이유는 설리번이 라이트에게 파리의 미술학교를 "몹쓸 것으로" 만들어 놓았기 때문이다. 라이트는 버넘이 중요하게 여기는 고전적인 전통이 자신의 창조성을 방해한다고 생각했다. 윌러의 서재에 있던 권위 있고 자신감에 넘치는 사람들이 놀라워하는 조용한 분위기

속에서, 라이트는 자신의 의사를 명확하게 표명했다. 그는 버넘의 제안이 이 나라가 생산할 수 있는 가장 훌륭하고 의미 있는 종류의 건축으로 통하는 길이 아니라고 믿는다고 말했다. 그가 나중에 한 말에 의하면, "나는 대니얼 H. 버넘의 후광으로 영향력 있고 성공했으며 안정적으로 된 나를 상상해 보았다. 나는 스스로가 배은망덕한 사람처럼 느껴졌다. 나의 내부에 있는 자아가 그 순간처럼 미웠던 때가 없었다. 그러나 나의 자아는 내 마음의 꼭대기를 밀치고 곧바로 위로 치솟았다. 과연 이것이 성공일까? 나는 차라리 실패자가 되더라도 자유로운 편이 낫겠다. 나는 출발했을 때처럼 그대로 간다. 나는 태생으로, 훈련으로, 확신으로 이미 망쳐졌다. 나는 파리에 갈 수 없다. 왜냐하면 그 제안대로 다 된 후의 나 자신을 좋아할 수 없기 때문이다."

그는 자신의 이미지를 창조적인 아웃사이더로 가슴에 간직했다. 그 제안을 받아들일 경우, 그는 자신이 상상하는 자기가 되지 못할 것이었다. 진짜든 날조된 것이든 자신의 인격을 잃어버릴 것이고 안정되고 편안한 경력에 목을 맬 것이었다. 새로운 건축을 옹호하려는 그의 노력은 전통적인 건축이 통상적으로 내놓는 결과물 속으로 함몰될 것이었다. 버넘의 제안은 라이트가 받아들일 수 없는 파우스트식 거래였다. 비록 말은 하지 않았지만, 그는 특히 자기가 직접 주인공으로 뛰는 드라마, 다시 말해 "세상과 맞서는 진실"이라는 영웅의 자리를 좋아했다. 그는 "오랜 세월이 흐른 뒤"까지 캐서린에게 이 제안에 대해 이야기하지 않았다고 말했다.

그즈음 라이트는 자신의 설계를 시공하기 위하여 솜씨 좋은 고급 가구 제작업자, 유리업자, 조각가 들을 쓰기 시작했다. 1902~1904년 일리노이주 스프링필드에 수전 로런스 데이나 Susan Lawrence Dana를 위해 지은 데이나 저택은 라이트의 자극적인 아이디어와 설득력 있는 인격에 매료된 지적이고 세련되고 부유한 여성들 중 첫 번째 고객이 의뢰한 정교한 명물이었다. 그 여성들은 예외 없이 자기만의 강력한 사상과 취향을 가진 사람들이었다. 하지만 라이트 자신도 까다로운 사람이었기에 일이 원만하게 굴러갈 때가 드물었다. 그럼에도 공사를 완벽하게 통제함으로써 그는 통상 자기 방식을 관철시켰다. 데이나 저택의 공사 진척 단계를 보여 주는 매혹적인 사진들이 있다. 높고 장방형의 이탈리아풍 옛 저택, 처음에는 새로운 양식의 건물로서 지어졌을 옛 주택을 라이트의 담이 둘러싸서 삼켜 버렸다. 결국 이 옛 주택은 해체되었다.

데이나 저택에는 색깔을 넣고 납으로 창틀을 씌워서 두드러지게 보이게 한 창문들이 있었는데, 올랜도 지아니니Orlando Giannini가 시공한 것이었다. 그는 재능 있는 유리 제조업자로서 라이트가 의뢰받은 여타의 건축물을 위해서도 복잡하고 아름다운 문양들을 계속해서 만들어 냈다. 라이트의 창문은 수집가들로부터 매우 높이 평가되었다. 그래서 그가 지은 저택들은 유리 창문 때문에 파손되기도 했다. 집주인 중에는 고의로 창문을 떼어 내 파는 사람도 있었다. 당시의 설비들은 지금 최고가를 호가한다. 데이나 저택의 창문에는 추상적으로 양식화된 야생 옻나무 무늬가

유리 세공 기술이 돋보인 데이나 저택

있었다. 라이트는 꽃 모양 모티프를 자주 사용했다. 양식화된 접시꽃은 그가 지은 가장 유명한 캘리포니아 저택들 중 하나를 상징하게 된다. 그 집은 앞서 말한 부유하고 까다로운 또 다른 여성 고객 얼라인 반스댈Aline Barnsdall을 위해 지은 것이었다.

페인트칠을 한 띠 모양 장식이 데이나 저택의 통처럼 생긴 둥근 천장이 있는 식당의 반원형 벽면을 가득 채웠다. 오크파크의 놀이방을 상기시키는 것이었다. 내부재로 쓰인 목재는 참나무였다. 갈색에서 청동색에 이르는 색깔들은 따뜻한 느낌을 주었지만 칙칙했으며, 황금색과 구릿빛으로 돋보이는 효과를 냈다. 도자기, 타일, 가구, 카펫, 커튼은 모두 라이트의 디자인에 따라 맞춤 제작했다. 탁자, 의자, 조명등, 액세서리는 견고했고 일직선으로 배열되었다. 변함없이 직립하고 직각을 이루는 가구는 고객의 지속적인 불만을 초래했으나 대부분의 고객은 그대로 두고 함께 사는 법을 터득했다. 낭만적인 열정을 양식화하고 성적性的인 요소를 은근히 암시하는 조상彫像 「금이 간 벽의 꽃The Flower in the Crannied Wall」은 그 이름을 테니슨의 시에서 딴 것으로서, 라이트가 선호하는 조각가 리처드 복Richard Bock이 제작했다. 후에 탤리에신의 정원으로 옮겨진 이 조상을 두고 학자들은 모호하게 복잡하고 상징적인 분석을 했다.

부유한 고객들로부터 자금과 자신감과 자유를 얻은 라이트는 저택 안팎의 모든 세부 장식을 자기 뜻대로 시공하도록 지시할 수 있었다. 그 저택에 살 여자들이 입을 옷까지 라이트가 디자인할 정도였다. 우아한 티 가운tea gown이 그가 선호하는 의류였다.

사진을 보면, 적절한 옷차림을 한 고객이나 그 아내 들이 라이트가 설계하고 가구까지 비치한 저택에서, 한 다발의 나뭇잎과 일본 판화를 옆에 두고 포즈를 취하고 있다. 일본 판화는 라이트가 걸어 놓은 것으로, 아마도 고객은 그것을 라이트에게서 구입했을 것이다. 집주인의 사회적 지위는 여전히 정교한 가구와 황금빛으로 번쩍거리는 방 들에 의해 판단되었다. 하지만 라이트는 그런 것을 일소했다. 어두운 색깔의 목재를 쓰고 가을빛 색조를 띠었지만 라이트가 설계한 방들은 대성공을 거두었다. 라이트가 설계한 방들은 보이시와 에드윈 루티언스Edwin Lutyens의 저택에서 보이는 바와 같이 영국의 주택 혁명으로부터 간접 영향을 받기는 했지만, 본질적으로 라이트의 독창적인 산물이었다. 주인이 바뀌고 그들의 취향이 바뀌었기 때문에 당시의 주택들 중에서 남은 것은 몇 채 되지 않는다. 후기에 미네소타주 웨이자타에 지은 프랜시스 리틀Francis Little 저택이 해체될 때 그 거실을 뉴욕의 메트로폴리탄 박물관에 옮겨 설치했다. 그곳에서 리틀 저택의 거실은 영구적이고 육체가 없는 라이트의 기운을 간직하고 있다.

뉴욕 버펄로에 있는 다윈 D. 마틴Darwin D. Martin 저택 또한 설계상의 자유를 건축가에게 기꺼이 줄 수 있는 고객을 위해 지어졌다. 마틴 가 형제 다윈과 윌리엄은 난로와 구두약을 제조하는 성공적인 사업가들로 평생에 걸쳐 라이트의 고객이자 친구가 되었다. 그들은 애정과 인내와 때에 맞춘 현금 투입을 통하여 라이트의 탈선과 변덕을 참아 냈다. 다윈 마틴 저택은 약 30미터 길이의

다윈 마틴 저택

덩굴시렁[36]을 통하여 온실과 연결되었다. 그리하여 현관홀에 들어서면서부터 나무와 꽃으로 이루어진 극적인 광경이 펼쳐졌다. 현관의 벽난로 위에는 현란하게 번쩍이는 등나무 모자이크를 붙여 놓았다. 녹색, 백색, 황금색으로 돋보이게 하고 창틀이 납으로 된 여닫이 창문들은 역시 지아니니의 작품이었다. 다윈 마틴이 세상을 떠난 지 두 해 뒤인 1937년, 주택의 창문들은 제거되었고, 주인 없는 빈 집은 그의 아들 다윈 R. 마틴이 조직적으로, 그리고 무참하게 파손했다. 마틴의 아들은 그 저택과 라이트를 지칭하는 "악당"을 좋아하지 않았으며 아버지가 장기간 심미적으로, 또 재정적으로 라이트의 포로가 된 것에 분개했음에 틀림없다. 그는 저택에서 문, 창문, 몰딩, 조명 설비, 전선 등을 모조리 떼어 냈으며, 가구 비품을 모두 제거하거나 처분한 뒤 그것들을 자신이 소유한 다른 건물에 재사용했다. 그 후 17년 동안 잠금장치도 없이 절도나 폭력 행위에 방치된 채로 남아 있던 저택은 지속적으로 파괴되었으며, 버펄로의 악명 높은 겨울 추위가 그 손상을 심화했다.

1946년 버펄로시 당국은 그 저택을 체불 세금 대신으로 압수했다. 형식적인 관리자가 배치되었지만 그는 지속되는 파손을 그냥 지켜볼 뿐이었다. 1954년, 버려진 그 저택을 건축가 서배스천 타우리엘로Sebastian Tauriello가 구입했다. 그는 1950년대 유행에 따라 주거 및 사무실용으로 저택을 복구하고 가구를 비치했다.

---

36. 담쟁이 같은 덩굴을 올린 시렁을 기둥으로 받친 정자.

타우리엘로는 저택을 사랑했지만 부자가 아니었다. 그는 저택 구입을 위한 자금 사정을 덜기 위하여 방이 스무 개나 되는 저택에 임대용 아파트를 만들고, 저택 뒤에 들어설 아파트 빌딩 건축용으로 저택의 일부를 매각했다. 심하게 노후된 덩굴시렁과 차고는 허물었다. 이것은 기록에 남을 만한 복구라고 볼 수 없었다. 말기의 붕괴 상태에 있는 건물을 용감하고 신속하게, 순전히 기능적으로 개조한 것일 뿐이었다. 타우리엘로는 말 그대로 마틴 저택을 구제했다. 타우리엘로가 1965년에 사망하자 그의 미망인은 저택을 버펄로에 소재한 뉴욕주립대학의 총장 관저용으로 팔았다. 당시의 총장 마틴 메이어슨Martin Meyerson은 라이트 숭배자로서 부분적인 복구 공사를 시행했다. 메이어슨의 후임자는 저택을 떠나 이사했다. 그 후 응급적인 수리만 이루어질 뿐 저택은 활기를 잃었다. 1990년대에 저택의 구조 검사와 복구 비용 산출 작업을 공들여 수행할 때 열성적인 건축광인 상원의원 대니얼 패트릭 모이니한Daniel Patrick Moynihan이 우연히 현장을 방문함으로써 사정이 바뀌었다. 좀도둑 때문에 저택이 잠기고 상태가 계속 악화되고 있다는 것에 놀란 그는 대중의 관심과 기금을 얻어 냈다. 마침내 다윈 D. 마틴 저택은 가장 길게 방영된 모험물 시리즈 중 하나처럼, 보존 역사에서 숱한 우여곡절을 겪은 뒤에 안전하게 지켜질 수 있었다.

라이트의 가장 멋지고 독창적인 작품 중에 또 다른 두 개의 빌딩이 있다. 앞서 말한 바와 같이, 하나는 1902~1906년에 마찬가지로 버펄로에 지은 라킨사 관리동이고 다른 하나는 1905~1908

라킨 빌딩 내부

년 오크파크에 지은 유니티 교회이다. 라킨 빌딩은 비누 통신 판매 회사를 위해 설계했다. 라이트는 언제나 설계도를 마술처럼 "소매 속에서 흔들어 끄집어낼 수 있다"고 말했다. 그의 수많은 설계처럼 라킨 빌딩의 주요 공간 배치와 형태 들도 거의 순식간에 구상된 것처럼 보인다. 종이 위에 그리기 전에 철저하게 생각하는 것이 라이트의 버릇이었기 때문에 구상을 끝낸 뒤에는 놀라운 속도로 설계도를 그릴 수 있었다. 라킨 빌딩의 거대한 벽돌 구조는 이 빌딩과 비견될 수 있는 상업용 빌딩과 닮은 구석이 전혀 없었다. 유리로 된 현관문을 들어서면 곧바로 견고한 벽돌로 만든 벽 속에서 뜻밖의 확 트인 공간과 빛을 접하게 되어 있었다. 놀라움을 안겨 주는 내부는 5층 높이의 마당으로서, 천장으로부터 햇빛을 받는 발코니로 둘러싸인 거대한 열린 공간이었다. 공간에 방해물이 없도록 계단을 코너에 있는 타워에 설치했다. 계단 타워들은 유리창을 댄 좁다란 복도로 본채에 연결되었다. 이음매가 없는 일체식 구조의 외부는 수직 각주角柱와 발코니의 높이를 표시해 주는 압축된 수평 슬래브 바닥의 형태로 균형과 비례를 맞추었다. 장식이 없는 코니스, 조각상을 올려놓은 각주들은 빌딩의 강력한 기하학적 느낌을 강조했다. 가늘고 길게 연결된 각주들은 오스트리아의 요제프 마리아 올브리히와 오토 바그너의 작품을 연상시킨다. 라이트는 그 두 사람을 존경했으며 출판물을 통하여 그들의 작품과 친숙했다.

라킨 빌딩의 개념적 강점과 창조적인 자신감은 여전히 놀랍다. 라이트는 이 빌딩이 지닌 다수의 '현대적'인 특징을 강조했다. 예를 들면 초기의 에어컨 시스템, 특별한 조명 설비, 금속제 서류함 및 대담하고 독창적인 형태의 사무실 가구 등이다. 건축 개념이 장대한 이 빌딩은 통신 판매 회사를 위한 특별한 구조물이었다. 금속제 비품을 갖춘 크고 열린 공간이 시끄러울지 모른다고 생각하는 사람도 있었다. 하지만 그것은 기우였고 통신 주문 사무는 조용한 분위기에서 진행할 수 있었다. 오르간이 부드러운 배경 음악을 연주했다. 그 연주 소리는 커질수록 부드러운 속삭임으로 변했을 것이다. 어떤 경우에도 라이트는 이러한 고려 사항을 잊지 않았다. 건물 준공 때 내부를 찍은 사진은, 자락이 긴 스커트를 입고 앞머리를 틀어 올린 채 깁슨 스타일의 미녀[37]가 입는 블라우스를 입은 여사무원들의 모습을 보여 준다. 이 건물은 언뜻 보기에 미래적이기도 하고 구식이기도 한 것처럼 보인다. 마치 복고풍의 〈스타워즈*Star Wars*〉 영화에 나오는 무엇인 것 같다.

라킨 빌딩은 곧바로 국제적인 주목을 받았다. 그 빌딩은 동시대의 건축 관련 출판물에 기사와 함께 아주 많이 게재되었다. 영국의 찰스 로버트 애슈비와 네덜란드의 헨드릭 베를라허 등이 해외에서 존경과 연구의 대상이 된 이 건물을 방문했다. 이들의 방문은 진화하는 모더니즘 양식을 구사하는 건축가들 사이의 국제적 정보 교환의 일환이었다. 국내에서는 별로 좋은 평판을 받지 못했다. 선도적인 건축 비평가 러셀 스터지스Russell Sturgis는 이 빌딩의 기념비 같은 엄격한 모습을 불쾌하게 받아들여 추하다고

---

37. 삽화가 C. D. 깁슨(1867~1944)이 그린 1890년대 미국 미인의 전형.

말했으며 많은 사람들이 그 의견에 동조했다. 유효한 용도를 넘어 살아남은 이 건물은 오랫동안 빈 채로 서 있다가 1950년 버펄로시 당국이 무너뜨렸다. 이것은 차후에 문화를 훼손시킨 파괴 행위라고 지탄받았다.

유니티 교회는 독특한 건설 공사라는 점 때문에 지연되었다. 그것은 거의 어떤 시대나 장소에 있어 비전통적이거나 혁신적인 건축들에 늘 해당되는 사항이다. 교회의 건축 예산으로는 값비싼 석조 공사를 할 수 없었다. 오크파크의 유니테리언 교회로부터 의뢰를 받은 라이트는 거푸집에 넣어서 만든 철근 콘크리트로 교회 건물을 짓기로 결심했다. 철근 콘크리트는 새롭고 실험적인 건축 재료였다. 건축가 앨버트 칸Albert Kahn이 디트로이트에서 자동차 공장을 지을 때, 그리고 엔지니어 어니스트 L. 랜섬Ernest L. Ransome이 캘리포니아에서 산업 건설용으로 이 새로운 재료를 시범적으로 사용한 바 있었다. 평소처럼 라이트는 최신 개발품에 마음이 사로잡혔다. 그는 전례가 없는 일체형 건설 공법이 가능성이 있고 더구나 그가 선호하는 기하학적 형태에 적합하다고 판단했다. 라킨 빌딩처럼 순식간에 총체적으로 구상된 교회 건물은 두 부분으로 구성되었다. 하나는 예배실을 포함하는 입방체로서 외부에 보이는 각주들을 통해서 그 모습을 드러냈다. 다른 하나는 예배실과 연결된 장방형의 신도信徒 회관으로서 라이트의 말대로 "세속적인 공간"이라는 특징이 있었다. 축약하여 말하는 경향이 없는 라이트는 프레젠테이션에서 언제나 길고 서정적인 묘사와 근사한 약속 들을 늘어놓고 그것으로 자신

1900년대 프랭크 로이드 라이트의 주요 작품 중 하나인 유니티 교회 내부.
라킨 빌딩과 더불어 이 시기 프랭크 로이드 라이트 건축의 결정체라고 할 수 있다.

의 진짜 의도를 숨겼다.

단순한 입방체라는 것은 속임수였다. 실제로는 사각형 안의 그리스식 십자가 형태로서 몇 개의 층에 걸쳐서 회중석과 통로가 배치되었다. 라이트에게 있어 사각형은 언제나 상징적이고 거의 신비한 의미를 지녔다. 조립된 프뢰벨 블록처럼 입방체형 공간의 높이는 서로 달랐다. 중앙의 십자가와 예배실 위로 설치된 가장 높은 천장으로부터 햇빛이 직접 들어왔다. 다른 천장의 높이는 십자가의 팔 높이까지 낮아졌다. 단단한 벽 위로 솟은 벽기둥[38]과 접한 일련의 창문을 통해서 건물 옆면으로부터 빛이 들어왔다. 끊임없이 흘러내리는 자국이 있는 거친 콘크리트 벽은 시간이 지남에 따라 덩굴 식물 덕에 부드러워졌다. 그러나 내부는 변하지 않는다. 나무 띠를 두른 벽과 라이트가 디자인한 비품과 내부의 기묘한 모듈식modular(규격 단위로 조립한 것) 구성은 평온함과 평화스러움이라는 정연한 분위기를 창출했다. 라이트는 필요 이상으로 자신이 만든 설계를 고집한다는 비난을 받았다. 어떤 의미에서 그것은 사실이다. 모든 건축가는 직면한 문제에 대해 최상의 아이디어를 채택하게 마련이다. 그들은 모두 자기가 탐구하고 반복적으로 사용하며 수정하는, 자기만의 선호하는 개념이 있다. 여러 층으로 된 공간적 풍요함을 지닌 열린 입방체는 그가 의도한 대로 "예배를 위한 품위 있는 방"이다. 그리고 그 이상의 무엇이다. 바로 신과 인간의 통합이다. 그것은 신도들이

---

38. 벽의 일부를 기둥 모양으로 튀어나오게 한 것.

요구하는 이상을 표현하기 위한 전통적이고 종교적인 형태나 상징을 전혀 필요로 하지 않는 인간적인 개념이었다.

많은 사람들이 라이트가 창안한 프레리 주택의 걸작이라고 간주하는 건물은 1908~1910년 시카고 하이드파크에 지은 프레더릭 C. 로비Frederick C. Robie를 위한 로비 저택이다. 프레더릭 로비는 자전거 제조업자 겸 자동차 부품 공급업자로서 초기의 자동차광이었다. 멋진 맞춤형 자동차를 이미 주문한 라이트도 그와 같은 취미를 가졌다. 1906년 로비는 겨우 30세였다. 그는 그때 자기가 원하는 집에 대한 스케치와 어렴풋한 아이디어를 가지고 라이트에게 왔다. 50년 뒤에 출판된 인터뷰에서 로비는 그가 접촉한 모든 시공업자와 건축가 들이 한결같이 "당신이 원하는 것이 무엇인지 알겠소. 바로 그 빌어먹을 라이트식 저택 중의 하나군요"라고 말한 것을 기억했다.

건축사가 조지프 코너스Joseph Connors가 로비 저택의 설계와 시공에 대한 세부 사항을 기술했다. 그의 글에 따르면, 전통적인 19세기 주택들 사이에, 교외의 외딴 곳에 지어진 로비 저택은 "집이 어떻게 보여야 한다는 전통적 기대를 뒤엎는다. 거리에 면한 정면도, 확실하게 보이는 출입문도 없다. 견고한 벽들도 없다. 거대한 덩어리와 자유롭게 떠다니는 지붕과 끊임없이 이어지는 띠 같은 창문 들이 합쳐져 이루어진 건물로 보인다." 우리가 볼 수 있는 것은 "충돌하는 코스에서 서로 부딪쳐 지나간 듯 보이는 발코니와 지붕 들의 교직된 이미지"이다.

벽돌과 돌로 이루어진 3층 구조물의 본채는 거실, 식당, 서재

로비 저택

로 사용되는 거대하고 계속되는 열린 공간을 포함한다. 라이트가 호칭하듯 이러한 "단일한 방의 형식"을 깨는 것은 오직 이곳에 바닥 아래를 파고 설치된 벽난로이다. 허리 높이의 창문과 유리 출입문이 있는 정면의 긴 발코니와 캔틸레버 지붕 들이 저택의 수평적 특성을 더욱 강조했다. 지면 높이에 있는 입구는 거리에 면하지 않고 뒤쪽에 붙어 있다. 1층은 당구장(라이트는 누구나 집에 당구장이 하나 있어야 한다고 생각한 것 같다)과 아이들의 놀이방으로 전용되고 계단을 통해 위층의 거실과 연결되었다. 손님구역, 부엌, 하인방은 본채 뒤에 지은 별채에 몰아넣었다. 침실은 당당하게 돌출된 지붕 바로 밑에 있는 3층에 배치했다.

프레더릭 로비는 결혼하기 전, 그리고 사업이 망하기 전 2년 동안만 이 집에 살았다. 이 건물은 시카고대학의 불안정한 관리 아래 살아남았다. 그리하여 이 저택이 지닌 기념물로서의 지위는 확보되었다. 라이트를 연구하는 학자 닐 레빈Neil Levine은 이 저택을 라이트의 프레리 주택 중에서 "가장 정교하고 극단적이며 결론적인 표상"이라고 불렀다. 토머스 S. 하인스는 로비 저택이 1906~1909년에 일리노이주 리버사이드에 지은 쿤리Coonley 저택과 걸출한 점에 있어 비견된다고 믿는다. 한편 로비 저택은 라이트가 심히 불명예스러운 삶을 시작하기 전, 오크파크에서 건축 사업을 포기하고 공사의 완공을 다른 사람에게 맡기기 전에 지은 마지막 저택이었다.

결혼 생활과 직업 활동을 통합하여 각자가 평등하게 책임을 진다는 생활 방식을 라이트는 삶의 이상적인 방식으로 여겼다. 그러나 그러한 생각이 가정과 직업 활동의 책임을 가중시키는 압력솥이 되었다. 일의 부담을 줄이기 위해 직원 하나를 고용하여 숙식을 시키고 임금을 지불해야 했다. 자기들 나름대로 고집과 뚝심이 있는 아이들은 항상 방해가 되었다. 캐서린은 프뢰벨 원칙을 따른 유치원을 시작했는데, 원아들은 그러잖아도 아이 많은 집을 더욱 혼란스럽게 만들었다. 채권자들이 직접 오거나 편지를 보내 왔다. 인내와 냉정함이 닳아져 나갔다. 남편과 아내 사이에는 자주 싸움이 일어났으며 서로의 사이가 점점 더 소원해졌다. 아이들, 특히 로이드는 엄마 편을 들었다. 어린 시절의 프랭크가 부모의 이혼 시기에 했던 것과 아주 흡사했다. 라이트는 자신이 부성애가 부족하다는 것을 통렬하게 깨달았다. 그는 자신이 훌륭한 아버지나 가정적인 남자가 아님을 알았다. 그는 아버지로서의 역할을 수행하는 자신을 상상해 본 적이 없었다. 회고록에서는 "pa-pa(아빠)"라는 소리를 듣기 싫어했다고 고백했다. 그는 자기와 아이들 모두가 어렸다고 후에 말했다. 아버지와 아이들은 함께 어린애였다. 그는 아이들과 함께 지낼 시간이 있을 때 아버지라기보다는 명랑하고 놀기 좋아하는 아저씨에 더 가까웠다. 이와 같은 "나의 잘못"이 오랫동안 계속된 뒤에 그는 용케도 자신의 죄책감 혹은 유감스러움을 완전히 통제할 수 있게 되었다. 그는 자서전에서 일이 자신의 삶이고 빌딩이 자신의 아이들이었다고 고백했다. 하지만 이것은 고백이라기보다는 그가 단순히 사실로서 받아들인 무엇이었다. 그는 "건축가가 아버지를 흡수했다"고 결론지었다. 그의 생각에 그것은 자신을 정당화하는 만족스러운 방법이었다.

스트레스가 참을 수 없을 정도가 되자 그는 더 이상 일할 수 없었다. 다윈 마틴에게 쓴 편지에서 그는 평상시의 활력과 낙천적인 생활 자세를 잃어서 약속한 도면을 보낼 수 없다고 말했다. 이런 상태는 웃으며 봐줄 수 있던 평상시 그의 근무태만을 훨씬 넘어선 것이었다. 그는 크게 의기소침했다. 그의 삶은 항상 불안정한 균형을 유지해 왔다. 그러나 이제는 통제 불가능이었다. 공동체에서 매우 진보적이고 부유한 일원인 고객이나 친구들 사이에서 그는 도시 주변의 유복한 생활 스타일을 가진 성공한 건축가로서 스스로의 입지를 확립했다. 이 정도면 여느 사람에게는 충분했을 것이다. 그러나 라이트는 정신적으로 무너지고 있었다. 가정과 재정 문제 들이 그를 옴짝달싹 못 하게 했다. 그가 열망하고 확보하던 삶과 일의 모델이 무너지려 하고 있었다. 그때가 1909년이었다. 그의 설명에 따르면 채 40세가 안 되었을 때이다. 그러나 실제로 그는 40세를 2년 전에 넘겼다. 그는 엄청난 규모로 중년의 위기를 겪고 있었다. 여러 가지 의무들을 해결할 수 없었기에 그는 매우 놀라운 행위에 대한 기준을 세울 참이었다. 그가 후에 자서전에 쓴 바에 따르면 "내가 원하는 것이 무엇인지 몰랐기 때문에 나는 떠나고 싶었다."

그러나 이 발언은 사실과 다르다. 그는 실제로 자신이 하고 싶은 것이 무엇인지를 알았다. 그는 자신이 숭배하는 유럽인들의 작품을 직접 관람하고 매혹적인 혁신이 벌어지는 나라와 도시들을 방문하고 싶었다. 무엇보다도 현재의 삶으로부터 도망쳐서 어딘가 다른 곳에 가고 싶었다. 1909년 가을, 그는 주변과의 모든 관련을 갑작스럽게 끊어 버리고 떠났다. 아내와 여섯 아이들을 저버리고 사업을 접었으며 빚과 미완의 프로젝트 들을 그대로 남겨 두었다. 미납된 청구서들 중에는 늘 금액이 엄청나게 큰 식료품대가 들어 있었다. 거의 900달러나 되었다. 이 사건을 그의 아들 로이드는 결코 잊지 못했다. 로이드는 당시 어머니로부터 집안의 가장 역할을 떠맡으라는 말을 듣고 엄청나게 놀란 상태였다.

스튜디오 부하들에게 떠맡기려다가 잘 안 되자 이 바람난 건축가는 라이트식 디자인에 관심도 없고 시행할 능력도 없는 거의 생면부지의 시카고 건축가 헤르만 폰 홀스트Hermann von Holst에게 업무를 넘겨주었다. 몇몇 프로젝트는 매리언 마호니Marion Mahony가 맡아서 간신히 수렁에서 건져냈다. 그녀는 MIT 건축학과를 졸업한 초기의 여성들 중 하나로 스튜디오의 역량 있는 일원이었다. 매리언은 라이트 주택의 일본풍 스타일을 설계하는 데 많은 도움이 되었다. 그녀는 틀림없이 혼돈이 지배했을 곳에 평온과 통제의 기운이 어느 정도 자리 잡도록 도움을 주었다. 한편 라이트는 비밀스러운 여행 준비로 미친 듯이 바쁜 와중에 일본 판화를 팔고 돈을 빌렸다. 그는 독일의 출판업자 에른스트 바스무트Ernst Wasmuth가 준비 중인 자신의 작품 선집의 제작을 위해 베를린에 급히 가 보아야 한다는 핑계를 대고 떠났다. 그것은 하늘에서 뚝 떨어진 변명처럼 보였을 것이다. 하지만 그는 혼자 가지 않았다. 그의 동반자는 마마 보스윅 체니Mamah Borthwick Cheney였다.

마마 보스윅 체니. 그녀와 라이트는 가정을 뒤로하고
함께 유럽으로 여행을 떠남으로써 언론의 표적이 되었다.
그러나 그녀의 최후는 언론마저 엄청난 관심과 동정을
보낼 정도로 매우 비참했다.

그녀는 에드윈 체니의 아내로 5년 전 라이트는 체니 부부를 위해 집을 지어 준 적이 있었다. 그녀는 라이트와 동반하기 위하여 남편과 두 아이를 떠났다.

부정不貞은 중년의 위기를 치료하는 고전적인 방법이다. 라이트는 매력적이고 교양 있는 여인의 관심과 애정에서 위안과 즐거움을 찾았음에 틀림없다. 둘의 관계는 라이트가 체니 저택을 시공하던 때에 시작되었다. 당시 라이트의 결혼 생활은 와해 중이었다. 마마 체니는 대학 졸업자로서 결혼 전에는 도서관 사서로 근무했다. 그녀는 프랑스어와 독일어를 할 줄 알았으며 시카고 지식인들이 즐겨 읽던 스웨덴의 페미니스트 엘렌 케이Ellen Key의 숭배자였다. 반면에 캐서린은 항상 쪼들리는 살림을 사는 가정 내의 어려움과 아이들로부터 빠져나오지 못하는 가정주부였다. 고등학교를 갓 졸업한 어여쁜 소녀였던 그녀는 라이트와 결혼하여 많은 아이들을 낳았다. 하도 많이 낳아서 어떤 사람으로부터 한 아이의 이름을 급히 대라는 요청을 받고는 잘못 답했다는 농담이 생겨났을 정도였다. 캐서린은 급속하게 넓어지는 라이트의 세계에 보조를 맞출 시간이나 욕구가 없었다. 부부 공동체 활동의 일환으로 그들 부부는 문학 클럽이나 사회 운동에 가담했다. 그러나 그녀는 라이트와 같은 수준의 지식과 열성이 없었다. 말년에 그녀는 재혼하여 사회복지가가 되었다. 그녀는 예술 쪽에서 어떤 직업도 추구하지 않았다. 두 사람은 관심의 우선순위를 놓고 갈등하며 서로 상처를 주는 불화를 힘겹게 견디고 있었다. 어쩔 수 없이 두 사람은 적대적인 관계에 들어서게 되었다. 라이트와 마마 체니는 불륜의 정사情事를 전혀 숨기려 하지 않았다. 캐서린과 에드윈 체니는 그들의 관계를 알고 있었다. 두 남녀의 스캔들이 타블로이드판 신문의 뉴스거리가 되기 전에도 그 관계는 이미 널리 소문이 났었다.

어떤 이야기에 따르면, 한 열성 기자가 프랭크 로이드 라이트와 '자칭' 그의 아내가 베를린의 아들론 호텔에 투숙객으로 등록된 것을 발견했다. 그 기자가 은밀히 제보를 받았건 아니면 단순히 흥미를 갖고 알아냈건 간에 그 사실은 지역 신문과 시카고 신문의 제1면을 장식했다. 건축가들의 이야기는 좋은 기삿거리였다. 1906년 미국의 유명한 건축가 스탠퍼드 화이트Stanford White가 정부 에벌린 네스빗의 남편 해리 K. 도로부터 총격을 받고 살해당한 사건은 신문 발행 부수를 높여 주는 인기 절정의 기사였다. 라이트의 충격적인 행위는 흥을 돋우고, 난폭하고 선정적인 논평들을 쏟아 내게 했다. 훌쩍 떠나간 방식과 가족을 헌신짝처럼 버린 일은 통렬한 도덕적 비난을 유발했다. 그는 여러 교회에서 설교 중에 힐난받았으며, 사악한 죄인이고 사회적 부랑자라는 평판을 받았다. 그는 그러한 비난을 무시하는 듯이 행동했다. 그가 차후에 밟은 삶의 방향은 자신의 명예 회복에 별로 도움이 되지 않는 것이었다. 그는 이미 구겨진 자신의 모습을 받아들이고 궁극적으로는 즐기듯이 행동했다. 자신의 행위를 라이트식 논리로 정당화하면서 그런 비전통적인 삶을 후회하지 않고 살아나가겠다고 주장했다. 그가 지칠 줄 모르고 자주 설명하는 바에 의하면 도덕성은 평가자의 마음속에 있는 것이고, 자신이 생각하는 도덕성은 일반인이 생각하는 도덕성과는 다르며 훨씬 더 높은 의미를 갖고 있다고 주장했다. 그는 자서전에서 엘렌 케이가 결혼은 "인간의 굴레가 아니다"라고 한 말을 인용하면서, 사람이 개인적 자유와 결혼 생활의 노예 중 어느 하나를 선택해야 할 경우 전자를 선택해야 한다고 말했다. 다시 말해 자기의 진솔한 감정을 감추는 것은 아무런 가치가 없다는 것이다. 그는 계속해서 변명하기를, 자기는 잘못이 없으며 사회의 위선적 태도가 진정한 범인이라고 주장했다. 다른 식으로 말하면, 간통은 "세상과 맞서는 진실"이었다.

역사가와 전기 작가 들은 라이트가 떠나게 된 속사정을 캐내려 했다. 그것은 과거를 되돌아볼 경우 상당히 뚜렷해질 듯하다. 결혼 생활은 악화되었다. 성가시고 막무가내인 아이들이 집안을 가득 메웠다. 아이들이 끊임없이 일을 방해하고 그로 인해 일이 지연되었다. 더구나 아이들에 대한 그의 부성애는 보잘것없었다. 가정과 스튜디오가 뒤얽혀 숨 막히는 분위기를 자아냈다. 재정적 문제는 점점 커졌으며, 중압감과 극도의 피로는 그의 통제를 벗어나 각종 문제들을 다룰 수 있는 여력을 앗아가 버렸다. 그의 개인적 불행의 밑바닥에는 무엇인가 불안하지만 상당히 중요한 것이 깔려 있었다. 그는 한계에 도달했고, 주택 건축에 관한 그가 할 수 있는 것을 다했으며, 앞으로 나아가기 위해서는 새로운 길을 찾아야 했다. 직업적으로 막다른 골목이 모든 것을 어둡게 덮어 버렸다. 이것이 집을 떠나게 만든 최종적이고 결정적인 동기였다.

스튜디오를 방문한 걸출한 사람들 중에 쿠노 프랑케Kuno Francke가 있었다. 하버드대학의 독일 문화사 교수인 그는 새로운 국제 건축의 경향을 알고 그것에 이바지하기 위해서는 라이트가 유럽, 특히 독일을 방문해야 한다고 역설했다. 라이트가 특별히 주장한 바에 따르면, 프랑케는 유럽은 라이트의 기여를 받아들일 준비가 되어 있지만 미국은 그렇지 않다고 그에게 말했다. 국내에서 욕구 불만을 자극하고 그의 도망을 가능하게 만든 사건은 바스무트와의 출판 계약이었다. 라이트는 작품 선집이 자신의 경력에 대단히 중요하다는 것을 알았다. 예술가적인 자아와 야심이 가족과 직원과 고객에 대한 정상적인 책임감을 압도했다. 가장의 의무를 포기한 사실은 그리 중요하지 않았다. 이는 창조적 에너지를 새롭게 하고 일과 성취 목표를 새로운 차원으로 높이고자 하는 그의 열정적이고 격렬한 욕구에 비하면 사소한 것에 불과했다.

집과 스튜디오에서 느낀 스트레스는 사기를 꺾어 놓을 정도였다. 라이트의 한 조수는 헨리 포드Henry Ford가 라이트의 스튜디오를 방문한 일을 기억했다. 라이트의 명성을 아는 아들 에셀 포드의 주선으로 백만장자 헨리 포드는 적당한 저택의 설계를 논의하러 왔다. 하지만 라이트는 방문객에게 예의 매력과 열정을 보여 주지 못했다. 결국 라이트의 재능 있는 동료 매리언 마호니가 저택을 설계해 주었지만 포드는 그 집을 짓지 않았다.

결정적인 타격은 시카고 농기계업자의 상속자 해럴드 F. 매코믹Harold F. McCormick과 그의 아내 존 D. 록펠러의 딸 에디스를 위한, 성사 일보 직전의 프로젝트를 놓친 것이었다. 라이트가 마지막 조경 도면을 작성하고 있을 때 에디스 매코믹은 그의 계획들을 거부했다. 매코믹 프로젝트의 성사는 라이트가 틀림없이 갈망했을 시카고 상류 계층에 개인적으로나 직업적으로 영입되는 것을 뜻했다. 그 의뢰를 놓친 것은 특별히 라이트를 화나게 했다. 왜냐하면 에디스 매코믹이 라이트 대신 동부의 상류 계층을 위한 고전적인 저택을 전문으로 하는 뉴욕의 건축가 찰스 플랫 Charles Platt에게 일을 맡겼기 때문이다. 라이트는 그런 유의 건축 양식과 고객 들을 경멸한다고 고백했다. 당시의 사정이 달랐다면 의뢰를 빼앗겨 생긴 실망이 그토록 오래가지는 않았을 것이며, 그는 다른 프로젝트로 시선을 돌렸을 것이다. 그러나 사정이 사정이니만큼 이 건의 수주 실패는 결정적인 타격이었다.

분명히 라이트는 침체기, 말하자면 삶과 경력에서 위험하고 허약한 지점에 도달했다. 프레리 주택의 성취는 이미 지나간 과거였다. 다른 건축가들이 그 양식을 폭넓게 흉내 내고 있었다. 성공적인 프레리 유파가 그를 중심으로 형성되었다. 그러나 그 유파에 속한 젊은이들은 라이트의 리더십이나 모범을 인정하지도 바라지도 않았다. 그는 친구만큼이나 적을 많이 만들었다. 예술가는 일차적으로 자아와 개인의 발전과 예술가로서의 운명에 삶의 초점을 맞춘다. 정상적인 삶을 사는 일반인들은 이를 좋게 보아 주지 않고 뻔뻔한 이기심이라고 생각할 것이다. 아무튼 라이트는 보통 사람들보다 더 많은 재능과 자기도취벽을 지녔다. 그는 어떤 경우에도 자신의 충동대로 행동하고 자신의 길을 걸어

갔다. 그러나 그의 유럽 도피는 견딜 수 없는 사태로 인해 야기되었다. 그는 다른 여인과 사랑에 빠졌다. 그것은 또 다른 삶을 향한 전형적인 재출발이었다. 1909년, 그는 20년 동안의 사업과 결혼 생활을 버리고 모든 것을 떠나기로 신중한 결정을 내렸다. 후에 자서전에 쓴 바에 따르면, 이 해는 "막다른 골목"이었다.

6
잃어버린 세월,
그리고 참혹한 학살극

라이트가 증발해 버린 것은 순전히 낭만적인 열정 때문은 아니었다. 비록 그가 캐서린에게 이혼을 요구하고 마마가 법적으로 자유로워지면(마마의 남편은 곧바로, 그리고 조용히 법적 절차를 끝냈다) 그녀와 결혼한다는 의도를 밝히기는 했지만 그것만이 전적인 사유는 아니었다. 또는 외설적인 일을 호재로 삼아 날뛰듯 좋아하는 신문들이 이것저것 긁어모은 이야기처럼 사악한 욕정 때문도 아니었다. 또는 일부 사람들이 추정한 것처럼 드라마와 같은 삶을 좋아하는 그의 끝없는 충동 때문도 아니었다. 라이트가 증발한 것은 예술가와 건축가로서의 일이 우선이라는 생각과, 자신의 잠재적 가능성을 추구하려면 뭔가 변화를 꾀해야 한다는 믿음과 관련이 있었다. 또한 그의 개인적 삶의 위기와도 관계가 있었다.

자신들의 관계를 감추려는 어떤 시도도 없었기 때문에 체니 부인이 그와 함께 간 것은 놀랄 일이 아니었다. 라이트는 여자를 좋아하고 항상 옆에 두고 싶어 하는 남자였다. 오크파크 주민들의 비난에도 불구하고, 그는 자신의 번쩍거리는 자동차에 유부녀 고객들을 태우고 주위를 드라이브하곤 했다. 로버트 트웜블리 Robert Twombly가 라이트 친구의 서신에서 인용한 바에 따르면 "라이트는 여자들의 희생양이었다. 그녀들은 실제로 필요한 것보다 더 많이 그의 시간을 차지했다." 라이트는 여자들이 자신을 주무르는 것을 손쉽게, 그리고 기꺼이 받아들였다. 그의 선택을 받은 여자나, 그보다 더 많은 경우, 그를 직접 선택한 여자들은 자기만의 생각과 의제 들을 갖고 있었다. 라이트는 무시하고 싶은 삶의 부분들을 그녀들이 맡아서 처리하는 데 만족했다. 하지만 여자들이 그의 삶의 다른 부분들까지 침해하는 일이 어쩔 수 없이 발생했다. 오크파크를 떠나서 그들이 이룬 사랑과 삶의 복잡한 모습을 두고 어떤 시카고 신문은 "이성과의 밀접한 얽힘"이라는 무척이나 미묘한 말로 기술했다. 라이트는 여생 동안 이성과의 밀접한 얽힘을 용케도 만들어 냈다.

원래 이름은 마사였지만 항상 마마라고 불린 그녀는 라이트의 이야기 속에서 그림자 같은 인물로 남아 있다. 출판물에 보이는 그녀의 사진들은 소박하지만 그 모습은 사진마다 서로 닮은 구석이 별로 없다. 바스무트사의 라이트 작품 선집 작업을 수행하며 이탈리아의 빌라에서 마마와 함께 지낸 바 있는 제도사 테일러 울리Taylor Wooley는, 마마가 자신이 알고 있는 가장 사랑스러운 여자들 중 하나라고 기억했다. 마마는 30세에 시카고의 유명한 사업가 에드윈 체니와 결혼했다. 그녀 세대의 총명하거나 아름다운 여자들은 모두 불안과 공포 속에서 30세를 맞았다. 그녀는 체니가 세 번째 청혼했을 때 그를 받아들였다. 이것으로 미루어 볼 때 두 사람은 죽고 못 살 정도로 열렬히 사랑한 것은 아닌 듯하다.

마마의 삶은 캐서린처럼 아이들 주위를 맴돌지 않았다. 마마에게는 아이들 외에도 다른 흥밋거리가 있었다. 아이들 중심의 가정에 압도당하고 소외된 라이트가 그녀에게 매력을 느낀 까닭은 육체적이기도 하고 지적이기도 했기 때문이다. 마마는 라이트가 숭배하는 자유주의적 사상을 지녔다. 그녀는 엘렌 케이의 영향을 받아 사람은 "자기 자신의 정신과 조화하는" 배우자를 선택해야 한다고 믿었다. 그것은 라이트도 주장하는 바였다. 틀림없이 마마가 전해 주었을 엘렌 케이의 어법을 빌려서 라이트는 자기와 마마는 "소울 메이트"이며 둘 사이의 "이상적인 사랑"은 사회의 평판을 초월한다고 선포했다. 평소 잘 발휘하는 유연성을 통해서, 라이트는 간통을 견고한 도덕적 기반에 올려놓았다.

그의 여인들은 언제나 지적이고 정서적인 면모를 지녔다. 우리는 라이트가 여인들의 사상을 수용하는 데 열광적이었다기보다는 관용적이었다는 것을 감지할 수 있다. 그가 가장 긴 결혼 생활을 함께하고 매우 지속적인 관계를 맺은 마지막 아내 올기반나Olgivanna는 신비주의자 게오르기 구르지예프Georgi Gurdjieff의 추종자였다. 구르지예프의 신비주의적 철학과 실천적 행위 들은 1930년대에 라이트가 세운 탤리에신 펠로십에 영향을 미쳤다.

그것은 엘렌 케이의 사상이 그와 마마의 관계에 영향을 준 것과
같았다.

마마는 자신의 이상을 실천할 준비가 된 여자였다. 그녀는 아
이들과 콜로라도에 사는 친구 집으로 갔다가 라이트를 만나 항해
를 떠나려고 비밀리에 혼자 뉴욕으로 갔을 만큼 충분히 결단이
섰고 사랑에 흠뻑 빠졌으며 모험심이 있었다. 그녀는 자기의 계
획을 드러내지 않은 채 남편에게 콜로라도에 있는 아이들을 데려
가라고 통보했다. 남편이 그곳에 갔을 때 그녀는 이미 떠나고 없
었다. 마마가 후에 주장한 바에 따르면, 자신의 여동생이 아이들
을 돌보기 위해 오크파크로 온다고 약속하지 않았다면 마마는 아
이들을 결코 떠나지 않았을 것이라고 했다. 하지만 그러한 조치
가 취해진 것이 그녀가 도망가기 전인지 후인지는 불확실하다.

마마에 대한 많은 것들이 거의 100년 뒤에, 그녀가 유럽 여행
중에, 그리고 미국으로 귀국한 뒤 엘렌 케이에게 쓴 서신들 속
에서 밝혀졌다. 그 서신들은 역사학자 앨리스 T. 프리드먼Alice T.
Friedman이 왕립 스웨덴 도서관에서 발견하여 2002년 출판했다.
라이트와 함께 있는 동안 그녀는 스웨덴에서 엘렌 케이를 방문
했다. 케이는 그녀를 미국의 "딸"로 대했다. 그때 마마는 케이의
공식적인 영어 번역자가 되는 계기를 마련했다. 처음에는 독일
어판으로 번역하다가 스웨덴어를 배워서 케이의 저서『사랑과
윤리Love and Ethics』에 대한 독점 출판권을 획득했다. 마마는 정서적
갈등과, 엘렌 케이의 원칙에 따라 살려는 노력에 대한 지원과 인
정에 대한 욕구 등을 스승에게 보낸 편지 속에 쏟아 넣었다. 1909

년 당시는 여성 해방이 이루어지기 반세기 전이었다. 참정권 운동은 그 당시까지 단지 네 개 주에서만 여자들에게 투표권을 부여하는 데 성공했을 뿐이다. 좀 더 대담한 여자들조차 이제 겨우 코르셋을 느슨하게 입고 발목을 보이기 시작했을 뿐이다. 머리를 단발하고 스커트 자락을 올려 입는 것은 12년을 기다려야 했다. 간음은 심각한 도덕적 위반 행위였다. 아이를 버린 여자는 상류 사회에 결코 다시 들어갈 수 없었다. 그러나 케이에 대한 마마의 충성은 흔들린 적이 없었다. 마마는 온갖 의심과 감정상의 갈등이 모두 자기 잘못이라고 생각했다. 차후에 케이와 마마 사이에 사업상, 계약상으로 많은 문제들에 대한 어려움이 일어나게 된다. 그 까닭은 저작권 사용료에 대한 엘렌 케이의 의심과 번역권 양도에 대한 변덕스러운 태도 때문이었다.

마마는 유럽에서 체류하는 동안 상당한 시간을 라이트와 떨어져 보냈다. 베를린과 파리에서 몇 주 동안 함께 지내다가 서로 떨어져 지냈다. 왜냐하면 그녀는 프랑스어와 독일어에 유창해서 라이프치히대학에서 독일 학생들에게 영어를 가르치는 일자리를 얻었고, 라이트는 바스무트 선집 작업을 하기 위해 이탈리아 피렌체의 셋집에 머물렀기 때문이다. 그는 당시 19세에 이미 뛰어난 제도사가 된 맏아들 로이드와 스튜디오에서 데려온 제도사 테일러 울리와 합류했다. 로이드와 울리는 라이트가 지은 빌딩의 설계도를 통일된 척도로 다시 그리는 작업을 도왔다. 미국을 떠날 때 라이트는 로이드에게 위스콘신대학을 그만두고 자기를 도와달라고 요청했다. 그리고 유럽 여행이 대학 학위보다 더 가치가 있을 것이라고 설득했다.

세 사람은 작은 셋집 빌라 포르투나의 거실에 각자의 제도판을 세웠다. 라이트는 1층을 차지했다. 겨울이 닥쳐오자 목탄을 때는 화로에 손을 쬐었다. 그들은 출판을 위해 필요한 얇은 트레이싱 페이퍼에 잉크를 사용하여 투시도를 힘겹게 그렸다. 라이트는 때때로 독일로 가서 베를린에 있는 자신의 출판업자를 방문하고 라이프치히로 가서 마마를 만났다. 1910년 봄, 작업이 대부분 완성되자 라이트는 피에솔레로 이사하고, 로이드와 테일러 울리는 줄어만 가는 자금에서 라이트가 지불한 비용으로 유럽 여행을 떠났다. 마마는 라이트와 다시 합쳤다. 라이트가 말한 대로 그들은 "사랑과 반란" 속에서 결합했다. 그들은 피에솔레의 빌리노 벨베데레에서 "비아 베르데에 있는 크림 색깔의 작은 빌라"에 거처를 잡았다. 그곳에서 두 연인은 낮에는 꽃들이 흩어진 언덕을 지나 산책을 즐기고 밤에는 달빛 비치는 소나무 숲에서 나이팅게일 울음소리를 들었다. 그들은 "안식처"로 돌아왔다. 그곳에는 장작불이 타오르거나, 두 사람이 앉을 흰색 천이 덮인 작은 탁자가 노란색 장미가 매달린 울타리 안 정원에 마련되었다. 오크파크, 버림받은 아내, 졸라대는 여섯 아이들과의 식사 등은 낭만적인 친밀함이 깃든 매우 아름다운 장소에서 볼 때, 우주 밖 저 멀리 떨어져 있는 듯했다. 두 사람은 박물관, 화랑, 교회를 찾아 여행하며 기념물과 회화와 조각품의 아름다움에 흠뻑 빠졌다. 피에솔레에 머무는 동안 마마는 케이의 글들을 영어로 번역하고 라이트는 도와주거나 조언해 주었다. 저자의 승인을 받아 1912년 미국에서 출판된 영역판『사랑과 윤리』에는 "소울 메이트" 두 사람의 이름, 마마 바우턴 보스윅Mamah Bouton Borthwick(그녀는 이혼 뒤 결혼 전 이름을 다시 사용했다)과 프랭크 로이드 라이트가 들어 있었다.

라이트의 자서전에는 둘이서 함께 보낸 여름의 잊지 못할 즐거움에 대한 시적 찬사가 들어 있다. 그러나 그 여행은 낭만적인 전원생활과는 한참 거리가 멀었다. 그는 상당한 기간 동안 심한 고독감과 의기소침을 겪었다. 그의 이야기에 따르면, 그는 비가 오는 1월 어느 날, 회색빛 하늘 아래 파리의 한 카페에 혼자 앉아 한 음악가가 시모네티의「마드리갈」을 연주하는 것을 들었다. 그 곡은 가족 음악회에서 아버지의 피아노 반주에 맞추어 아들 로이드가 첼로로 연주한 곡이었다. "귀에 익숙한 곡조는 그 오래된 곡조를 다시 살릴 수만 있다면 내가 살면서 얻은 모든 것을 다 주고 싶다고 느낄 때 갖게 되는 내적으로 비통한 순간들 중 하나를 상기시켜 주었다"라고 그는 회상했다. "내가 기억하는 그 곡조를 듣고 나는 어쩔 수 없이 카페를 나와 파리의 어스름한 거리로 나섰다. 일찍이 맛보지 못한 갈망과 슬픔을 안고 어디로 가고 있는지, 또 얼마 동안인지도 모른 채 이리저리 배회했다." 그러나 그는 재빨리 덧붙였다. "그것은 후회가 아니었다. 그것은 내가 이상으로 삼은 것을 성취할 수 없었다는 낭패감이었다." 자신과 남들에 대한 유감스러운 감정도 아니고, 죄책감도 아니고, 고통도 아니었다. 평소대로 그는 자신의 유일한 잘못은 너무나 높은 것을 목표로 삼았고 그것에 한참 못 미쳤다는 것임을 확신했다.

당시 상황에 대한 라이트의 설명은 자신의 잘못을 숨기려는 것보다는 예술가로서의 비전과 건물을 짓겠다는 집요한 욕망을 꼭 이루겠다는 의도를 드러낸다. 예술의 방향을 바꾸는 사람들은 세상이 이전에는 전혀 알지 못했거나 원하지 않던 어떤 것을 필요로 한다는 것을 사람들에게 확신시키려고 애쓴다. 예술가의 성취는 대체로 의지의 작용이다. 성격의 작용일 경우는 매우 드물다. 예술가의 행위와 판단에 대한 과실을 폭로하고 비난하려는 의도를 가진 비평가와 작가 들은 실제로는 예술 작품으로부터 예술가의 개인적 도덕성을 분리하려고 노력하는 모습을 보여주었다. 결국 지속되는 것은 개인의 도덕성보다는 예술이라는 것이다.

라이트와 마마는 개인과 예술의 자유를 위해 헌신하고 있다며 두 사람 이름으로(후에 라이트의 생애에 등장하는 여자들과는 다르게, 마마는 사려 깊게도 배경에 머물렀다) 대담하게 성명을 발표했다. 이렇듯 허세를 부리는 방어적 처세는 성명을 발표함으로써 깨우치고 싶은 사람들을 오히려 격분시켰을 뿐이다. 오크파크에서는 캐서린이 자기편을 드는 목사와 함께 심정을 토로했다. 그에 따르면, 그녀는 남편에 대한 굳은 믿음을 견지하고 있으며 그가 가족 곁으로 돌아올 것을 확신했다. 캐서린은, 라이트에 대하여 새롭게 모욕할 거리와 치사한 행위의 세세한 사항들을 찾아내려고 안달하는 데 지칠 줄 모르고 무참하게 라이트의 불행을 우려먹으려는 언론에 추적당했다. 그때마다 그녀는 확신과 낙관적 전망을 나타내며 남편이 속으로 악마들과 싸우고 있다고 말했다. 다시 말해, 그에게 달라붙은 "악마"와 결투를 벌인다는 것이었다. 그녀는 남편이 싸움에서 이길 것을 안다고 말했다. 그녀의 주장에 따르면, 이혼이나 별거는 절대로 없을 터였다. 더불어 그는 올바르게 처신할 것이고 그녀와 아이들은 그가 집으로 돌아올 때 따뜻하게 맞이할 것이다. 그들은 전처럼 다시 합칠 것이다. 그녀는 사태에 대한 자신의 견해를 철석같이 믿겠다고 결심했다. 그 후 12년이 지나서야 그녀는 라이트를 놓아주어 마침내 이혼이 이루어질 수 있었다.

라이트에게 있어서 이 여행은 훨씬 많은 목적이 있었다. 그는 돌보아야 할 사업이 있었다. 두 가지 출판이 예정되어 있었다. 하나는 2절판으로 된 『프랭크 로이드 라이트의 완공된 건축물과 설계도*Ausgeführte Bauten und Entwürfe von Frank Lloyd Wright*』이고, 다른 하나는 그림과 도면이 포함된 작은 책자로 영국의 건축가 찰스 로버트 애슈비의 서문 '프랭크 로이드 라이트: 완공된 건축물*Frank Lloyd Wright: Ausgeführte Bauten*'이 들어 있는 것이었다. 라이트는 그 삭은 책자를 "Sonderheft(특별판)"라고 불렀다. 그는 바스무트로부터 그 책들을 사기로 결심했으며, 미국을 떠나기 전에 미친 듯이 자금을 조성한 이유의 일부가 이 책들을 구입할 방법을 찾는 데 있었다. 늘 라이트에게 동정적이던 프랜시스 리틀이 곤란에 처한 라이트를 도우러 나서서 그의 일본 판화 일부를 담보로 하여 1만 달러를 빌려 주었다. 라이트는 마침내 그 책들을 통신 판매를 통해서 팔았다.

그러나 라이트는 책의 판매로 이익을 내는 데 관심이 있는 것이 아니라 오히려 새로운 미국 건축의 예언자이자 최고의 실행자로서 스스로의 입지를 마련하려는 데 열을 올렸다. 두 가지 출판물은 "순수한 예술"이야말로 "순수한 사회를 표현하는 도구"임을 입증할 터였다. 그리하여 사람들은 자신의 건축물을 진보적인 미국 정신의 진정한 표현으로 볼 것이다. 라이트는 자기의 임무를 확신했다. 그는 결국 오래된 설교자 가문의 후손이었다. 그의 임무는 "건축 운동의 주창자"가 되는 것이었다. 다시 말해, 가족과 벽난로와 가정으로 이루어진 전통적인 가치들에 기초한 건축 혁명을 이룩하는 것이었다. 그가 개인적 삶에 있어서는 유난히도 이러한 가치들을 스스로 위반했다고 해서 그것이 그의 마음속에 확고하게 자리 잡은 물질적, 정신적 도구인 건축을 결코 무용지물로 만들지는 않았다. 그는 단지 자기의 '이상'을 최대한으로 실현하는 삶을 살지 못했을 뿐이다.

1909년 9월에서 1910년 10월까지 유럽을 방문한 기간과 그가 귀국한 직후의 시기를 보통 '잃어버린 세월'이라고 일컫는다. 다시 말해 그는 이전 10년간 열광적으로 활약한 뒤, 겉으로 보기에 별 볼 일 없는 암흑의 구멍을 지낸 것이다. 그러나 학자들의 끈기 있는 연구에 힘입어, 해외에서 보낸 이 기간이 라이트의 삶에서 가장 결실이 풍성한 시기 중 한때였음이 밝혀졌다. 그는 눈으로 직접 본 모든 것들을 흡수했다. 도시, 풍광, 웅대한 기념물, 품위 있는 토속어, 과거 시대의 위대한 예술, 미래를 가리키며 막 일어나는 모더니즘의 눈부시고도 혁신적인 작품 등. 나중에 탐구와 발명으로 가득 찬 새로운 시대를 열 때 그는 이 모든 것을 활용했다. 무미건조함과 피로감은 사라졌다.

그 시기에 있던 원기 회복의 의미심장함에 대한 이해가 앤서니 알롭신의 저서『프랭크 로이드 라이트—잃어버린 세월, 1910~1922 *Frank Lloyd Wright—The Lost Years, 1910~1922*』에서 눈부시게 재구성되었다. 이 책은 예전에는 기록에서 빠졌던 라이트의 활동들을 문헌에 의거하여 공들여 기록하고 분석했다. "A Study of Influence(영향의 연구)"라는 부제가 붙은 이 책은 대서양을 넘어서 쌍방향으로 흐르는 문화와 사상의 활발한 교환에 적극적으로 참여하는 라이트의 활동을 서술한다. 알롭신은 라이트가 정교하게 꾸며낸 고립과 독창적 발명의 신화를 거짓이라고 폭로한다.

유럽을 한 번이라도 방문한 적이 있는 모든 건축가들처럼 라이트도 유럽이 품은 보물들을 열성적으로 만끽했다. 그는 베를린, 빈, 런던을 방문했고 파리는 두 번씩이나 찾아갔다. 시골과 작은 도시 들도 여행했다. 출판물을 통해서만 보던 건축가 올브리히의 경우, 1904년 세인트루이스 세계 박람회에서 맛보고 연구한 새로운 빌딩들을 직접 찾아가 보았다. 그는 빈에 있는 올브리히의 제체시온 빌딩을 오랫동안 둘러봤으며, 다름슈타트로 가서 그 건축가의 감각적인 양식들을 더 많이 경험했다. 그는 빈에 지어진 오토 바그너의 포스털 세이빙스 은행 빌딩을 숭배했다. 그 건물은 수년 전에 완성된 고전적 전통의 눈부신 개조改造였다. 그는 1890년대에 암스테르담에 지어진 헨드릭 베를라허의 놀라운 증권 거래소 빌딩을 연구했다. 아마도 라이트는 베를라허의 설계에 관한 심오한 기하학적 이론을 알았던 것 같다.

그는 말할 나위 없이 독일 공예가 연맹의 전시실을 구경했다. 그곳은 단지 두 해 전인 1907년에 문을 열었다. 이어서 빈에 소재한 빈 공방Wiener Werkstätte을 방문했다. 그곳에는 최신 디자인의 가구 및 공예품이 전시되어 있었다. 그는 공방의 창시자 요제프 호프만을 만났다. 일찍이 1900년에 개최된 분리파 전시회에는 다양한 것들이 포함되었다. 최근의 독일과 오스트리아 제품들, 스코틀랜드의 찰스 레니 매킨토시가 만든 작품들, 뿐만 아니라 벨기에 건축가 앙리 방 드 벨드Henri Van de Velde가 파리에 지은 메종 모데른 빌딩의 방들을 위한 도면 및 그림 등이 전시되었다. 아카데미는 공격을 받고 반항과 쇄신의 분위기가 팽배했다. 아르누보 이후 좀 더 추상적이고 기하학적인 양식이 출현하고 있었다. 라이트도 고대의 토착적인 문화들을 발견했다. 새로운 예술이 이것들의 '손상되지 않은 비전'을 서구 전통의 인습에 대한 대항수단으로서 수용했다.

그는 구스타프 클림트의 그림 한 점과 목판화를 얻었다. 화려하고 보석을 박은 듯한 클림트의 양식에 라이트는 크게 매료되었다. 라이트는 '양식화樣式化'의 옹호자 프란츠 메츠너Franz Metzner의 조각을 발견했다. 그의 조각은 인체를 '양식'의 체계로, 혹은 단순화하고 추상적인 형태로 규정했다. 후에 라이트는 인물과 자연적 형태를 자기 방식대로 양식화하는 데 그의 이론을 적용했다. 라이트가 공개적으로 언급한 몇 안 되는 디자인 서적 중에 오언 존스Owen Jones의 『장식의 문법Grammar of Ornament』이 있다. 이 책은 장식의 역사에 관한 책으로서 각 양식의 바탕에 깔려서 모든 양식을 통합하는 기하학을 강조했다. 그가 접한 새로운 것 전부가 그로 하여금 자연주의로부터 추상주의로 나아가게 했다. 자연과 추상이라는 이분법을 그는 자기 방식대로 해결하게 된다. 라이트가 스스로 지어낸 신화 중에 이런 것이 있다. 그가 해외에 하도 잘 알려져서 페터 베렌스와 발터 그로피우스 같은 독일의 새로운 모더니즘 지도자들이 그의 작품으로부터 깊이 영향을 받았다는 것이다. 그러나 1911년 라이트의 선집과 모노그래프[39]가 출판되고 나서야 비로소 시카고에 온 적이 없는 사람들에게 라이트의 건축물에 대한 상세한 내용이 널리 알려지게 되었다. 따라서 라이트의 영향 운운은 시대착오적인 이야기이다.

사실상 많은 것을 배운 것은 라이트였다. 작가가 체험을 예술로 변형시킨다는 사실은 일반적으로 잘 알려졌다. 그러나 건축가가 작가와 거의 같은 방식으로 이미지를 예술로 변형시킨다는 사실은 덜 알려졌다. 소설가가 삶이라는 직물을 이야기로 고치듯, 건축가는 물질적 세계에서 사물의 모양과 특성에 몰두하며 그것들이 어떻게 결합된 형태로 변형되는가에 관심을 집중한다. 라이트가 배운 모든 것이 창조적 과정의 부분으로 자리 잡을 터였다. 그리하여 건축술을 발전시키고, 삶과 공간을 규정하는 요소로서 건축을 경험하는 방식을 진전시키고 변화시킨다. 이러한 변형은 논쟁의 여지 없이 그의 천재성의 기초이다. 천재성이란 말을 그는 자신에게 적용하기를 주저한 적이 결코 없었다. 대개

---

39. 단일 인물에 대한 전기적 연구서.

는 그 용어 앞에 "진가를 인정받지 못하는"이란 말을 붙였다.

그는 유럽으로의 여행을 "정신적 도피" 또는 "자발적 유배"라고 불렀다. 그러나 도피와 원기 회복이 초미의 관심사였던 동안에도, 그는 자신의 작품 선집을 출판했다. 그 시기에 있어 그러한 출판의 효과가 그의 경력 및 변화를 거듭하는 근대 건축의 방향에 특히 중요했다. 그는 관심 있는 공사의 수주를 위해 계속 접촉을 유지했다. 그는 공사를 수행하도록 억지로 임무를 맡은 사람들에게 도면을 보냈다. 마음속 깊이 그는 이윤이 남는 사업을 재개할 수 있고 더불어 자신의 말대로 "삶을 자신과 조화시킬" 수 있을 것이라고 믿어 의심하지 않았다. 그러면서 개인적이고 직업적인 차원에서 면책할 수 있는 방법을 탐색했다. 그러기 위해서는 그에게 가능한 한 모든 꾀와 결단이 필요했다. 다행스럽게도 그는 그 두 가지를 천부적으로 타고났다.

1910년 늦여름 무렵, 그는 유럽에서의 임무를 완수했다. 돈은 거의 바닥이 났다. 이제 돌아갈 준비가 되었다. 그는 타진을 하고 계획을 짜기 시작했다. 그는 마마를 포기할 마음이 전혀 없었다. 그러나 적어도 잠시 동안이라도 캐서린에게 돌아가야 한다는 것을 알았다. 왜냐하면 그의 개인적 상황을 정리해야 했기 때문이다. 몇몇 사람이 넌지시 비춘 대로 그가 교활하고 야비한 계획을 추진했건, 아니면 그의 방식대로 달래든지 속이든지 필요한 모든 수단을 동원하여 한 번에 한 가지씩 차근차근 진행했건 간에 상관없이 그가 마음속에 품은 목적은 항상 분명했다. 그는 잠시 동안 가족에게로 돌아가서 사업을 재개하고 마마를 그의 삶으로 데려올 궁리를 했다.

그는 친구이자 고객인 윌리엄 노먼 거스리William Norman Guthrie 목사에게 조언을 구하는 편지를 썼다. 편지에서 그는 후회하는 애처로운 죄인으로서의 역할을 자임했다. 집에서 그가 받아들여지려면 그런 역을 하는 것이 필수적이라는 것을 알았다. 자신의 탈선행위에 비추어 재진입이 쉽지 않다는 것을 그는 알고 있었다. 프랭크 로이드 라이트 문서 보관소에 보관된 거스리의 답장은 라이트가 저지른 죄목을 상세히 열거하고 있다. 가족을 버린 것, 간통 행위를 함으로써 사회의 관습에 항거한 것, "기성 사회의 질서"로부터의 자유를 선언함으로써 사태를 더욱 악화시킨 것, 사랑과 결혼에 대한 용인할 수 없는 원칙들을 조장한 것 등등. 사태 해결을 위한 제안이 뒤를 이었으나 라이트는 대부분 무시했다. 거스리의 제안에 따르면, 애정 행각이 끝났다고 선언하고 그는 아내와 아이들에게 돌아가야 한다. 결혼하지 않은 상태의 사랑을 지지한 것에 대해 스스로를 자책해야 한다. 거스리는 "내가 믿기에 육체적이건 정신적이건 어떤 종류의 동거가 부모로서의 의무 이행보다 더 높이 평가되는 그런 사회 질서는 이 세상에 없습니다"라고 써서 라이트에게 사회 계약을 상기시켰다. 우리는 자유롭지 못하다. 우리는 크나큰 개인적 희생을 감수하더라도 이행해야 할 의무가 있다. 거스리는 라이트가 그런 희생을 감수할 수 있을 것이라고 확신했다. 라이트는 사회의 규범에 순응해야 한다. 단지 사회적 용납을 위해서만이 아니다. 라이트가 사회 규범들과 맞서서는 결코 자신의 잠재 능력을 실현할 수 없기 때문이기도 하다. 무엇보다도 라이트는 엘렌 케이의 글을 언급해서는 안 된다고 목사는 지적했다.

　서신을 통해 잘못을 회개한 뒤 라이트는 1910년 10월에 집을 향해 항해 길에 올랐다. 떠나기 전에 그는 영국 친구 찰스 애슈비를 잠시 방문했다. 마마는 이듬해 여름까지 귀국하지 않았다. 그 여름이 지나야 본인과 아이들을 유기한 이유를 내세워 남편이 획득한 이혼 판결이 유효할 터였기 때문이다. 가장 현명한 방법은 마마를 잠시 동안 어딘가 먼 곳에 머물게 하거나 아니면 적어도 라이트가 오크파크의 상황을 시험해 보는 동안 가능한 한 그녀를 은거하게 하는 것인 듯했다. 라이트가 거스리 목사에게 보낸 편지는 효과가 있었다. 편지가 뉘우침의 행위로 받아들여진 덕분에 그가 돌아올 수 있는 길이 열렸다. 뉴욕에 상륙한 지 이틀 만에 그는 오크파크에 도착했다. 그는 이미 언제나 신의 있는 형제 다윈 마틴, 윌리엄 마틴과 접촉해 두었다. 라이트는 윌리엄 마틴에게 지체된 짐을 부두에서 역으로 갖다 달라고 지시했다. 아내가 라이트와 동행하는 것을 거부하거나 혹은 죄인과 함께 있는 모습을 남들에게 보이기 싫어했을 때 다소 혼이 난 마틴은 아무도 그들을 알아보지 못하기를 바라면서 이면도로를 이용하는 행로를 택했다. 그는 다윈에게 편지로 보고했다. 그렇다. 라이트는 정말로 돌아왔다. 그는 여느 때처럼 용모가 준수했고, 지신감에 넘쳤으며, "퀘이커 오츠Quaker Oats[40] 포장지에 나오는 인물처

---

40. 아침 식사용 시리얼의 상표 이름.

럼" 황갈색 트위드를 입고 있었다. 그는 양심의 가책을 받거나 후회하는 것 같아 보이지 않았다. 겉보기에 그는 예전처럼 자기의 삶을 다시 시작할 준비가 되어 있었다.

라이트는 물론 일이 간단치 않을 것임을 알았다. 빚, 집안 문제, 자신의 미래 등 그가 다루어야 할 난제가 기다리고 있었다. 그는 다시 마지못해 캐서린과 살게 되었다. 그러나 얼마 지나지 않아 그녀에게 결혼 생활은 끝났다고 통보했다. 그는 가족의 부양을 위한 계획을 마련하고 또 다른 살 집을 찾아야 했다. 이전의 사건들을 반복해서 보도하는 것 외에는 스캔들거리가 없던 시카고와 지역 신문들은 다시 돌아온 아버지를 맞이하는 아이들의 환희를 강조하여 보도했다.

라이트는 1910년 가을과 겨울을 사업을 재개하고 결혼 및 재정 문제를 해결하며 보냈다. 선집의 특별판에 디자인 문제가 생겼다. 그는 문제를 해결하기 위해서는 자기가 베를린에 가야 할 필요가 있다고 생각했다. 1911년 1월 다시 유럽으로 항해하여 한 달 뒤 돌아왔다. 그동안 바스무트와 계약 조건들을 재협상했다. 그해 봄에 두 가지 흥미로운 사태가 벌어졌다. 시기적으로 하도 시의적절하여 두 사건이 우연한 것인지 계획적인 것인지를 두고 여러 가지 해석이 있었다. 하나는 라이트의 어머니가 위스콘신 헬레나밸리에 땅을 구입한 것이었다. 다른 하나는 그녀로부터 땅을 받은 라이트가 그곳에 집을 짓기 위한 계획을 세웠을 때 그가 품은 의도에 관한 것이었다. 뒤에서 밝혀지듯 그 집이 바로 탤리에신이었다. 탤리에신은 그의 위대하고 상징적이며 뛰어나게 아름다운 저택 겸 스튜디오였다. 그 집은 항상 바뀌고 개조되었으며, 그 집이 자리 잡은 장소는 그의 삶과 예술에 있어서 가장 깊은 의미가 있는, 그의 뿌리인 고향에 매우 가까웠다.

탤리에신을 짓는 것은 아마도 그의 의도였을 수도 있고 어쩌면 어머니의 의도였을 수도 있다. 어머니로부터 탤리에신 부지를 물려받는 대가로, 어머니가 그의 인생에 지속적으로 개입하는 것을 허용하게 되었고 그것은 그리 큰 대가도 아니었다. 줄곧 아들에 대한 소유욕이 강하던 그녀는 라이트의 스캔들로 얼룩진 행위를 눈감아 주고 아들과 함께 지내기 위하여 캐서린과 아이들 근처에 있는 자신의 집을 떠날 생각이었다. 그러나 라이트의 이야기에 따르면, 애나는 친정 가족들과 가까이 지내기 위해 위스콘신으로 돌아갈 목적으로 "오지"에 있는 얼마간의 농토를 샀고 라이트는 그녀를 위해서 "작은 집"을 지을 예정이었다. 라이트의 이야기가 의혹을 사는 까닭은 그토록 검소하고 신중한 성격의 애나가 느닷없이 땅을 구입한다는, 매우 감상적이고 돈 많이 드는 행위를 할 여자가 아니었기 때문이다. 게다가 그녀가 구입한 땅은 라이트에게 친숙한 계곡 중에서 라이트가 가장 좋아한 언덕으로서, 제임스 외삼촌 농장에서 여름철마다 일하던 어린 시절부터 그가 잘 알고 사랑하던 곳이었다. 여기에 덧붙여 초기의 좀 더 아담한 규모의 설계도에도 애나가 쓰기에는 적절하지 않을 만큼 상당히 넓은 작업장이 들어 있었다. 분명 스튜디오로 사용할 목적으로 계획되었던 것 같다. 초기의 설계가 시작된 것은 그가 오크파크의 불행한 가정으로 복귀한 지 6개월이 지나서였다. 그때 그는 집을 떠나야 한다는 것을 알았다.

그는 어디에서 살고 일할 것인지를 생각해야만 했다. 그는 마마를 데려다 놓을 만큼 한적한 장소가 필요했다. 그와 마마가 사람들의 끊이지 않는 호기심과 언론의 감시를 멀리하고 함께 살 수 있는 곳이라야 했다. 또한 그는 자기가 떠났을 때 가족을 부양할 방법을 마련해야만 했다. 해결책은 그의 마음속에 있었다. 그는 오크파크의 스튜디오를 캐서린과 아이들이 살 집으로 개조하고, 주택은 그들을 부양하기 위한 임대 주택으로 사용할 수 있게끔 비워 놓을 작정이었다.

어떻게라도 '애나'의 계략은 그의 목적에 완벽하게 부합했다. 라이트는 계획을 수행하기 위해서 돈을 빌릴 필요가 있었다. 자신과 마마를 위한 집을 짓는 것은 가족과 사회를 거스르는 위반 행위로 간주될 것이었다. 그는 다른 여자를 포기하고 지난날을 후회하며 아내 곁으로 돌아온 배우자라는 거짓된 모습을 유지하느라고 여간 바쁘지 않았다. 이처럼 어려운 때 언제나 관대한 다윈 마틴이 그에게 도움의 손길을 뻗쳤다. 그는 결국 텔리에신 건축 공사 대금을 융자해 달라는 라이트의 요구에 넘어갔으며, 심지어 애나가 살고 있는 집이 팔릴 때까지 애나의 담보를 떠맡아 달라는 라이트의 터무니없는 제안에도 동의했다.

라이트는 마틴과 매번 협상을 거친 후에 마틴이 베푸는 관대하고 우애로운 행위를 자신은 받을 자격이 없다고 하면서도 고맙게 받아들였다. 라이트의 달콤한 감사의 말을 듣고, 마틴은 유쾌하게 자기가 라이트의 친구가 아니라 "잘 속는 사람"이라고 말했다. 마틴은 평생에 걸쳐 충실하게 라이트의 몰염치한 재정적 요구에 응해 준다. 또한 마틴은 평생에 걸쳐 교묘한 수완을 부린다. 왜냐하면 라이트가 저지른 일들이 언제나 부채와 지불 기한 연기 등으로 대책 없이 뒤얽혀 있었기 때문이다. 전기 작가 브렌던 길은 라이트를 존경하는 마음을 실어 "교양 있는 사기꾼"이라고 불렀다. 빚으로 살아가는 생활 방식에 대한 그의 허풍과 무사태평함은 그저 놀라울 뿐이다. 그는 옛날이야기에 나오는 놀라운 허풍쟁이처럼 행동했다. 부모를 살해한 죄로 사형 판결을 받고는 고아가 되었다고 핑계를 대며 법정에 자비를 구하는 자의 얘기 말이다. 빚더미에 올라앉아 미래가 불투명한 가운데서도 라이트는 작은 집이 아니라 귀족의 시골 저택을 지으려고 했다.

그는 고객에게 선금을 요청하거나 일본 판화를 담보로 해서 대출을 간청하는 데 더없이 조리 있고 매력이 넘치는 편지를 쓰는 장기를 지녔다. 나중에 특별히 곤경에 처한 시기에, 탤리에신을 저당 잡은 은행의 요구를 충족시키기 위해 수장하던 일본 판화들을 헐값으로 경매를 통해 팔아야만 했다. 그렇지만 그는 항상 다시 보충해서 스튜디오의 석제 귀중품 보관함에 일본 판화들을 보관했다. 그는 급하게 돈이 필요하면 그것들을 파는 등 일종의 적립금으로도 활용했다. 줄리아 미치는 저서 『프랭크 로이드 라이트와 일본 예술: 건축가의 또 다른 열정Frank Lloyd Wright and the Art of Japan: The Architect's Other Passion』에서 라이트에게 영감을 주기도 하고 생활을 버티게도 해 준, 예술품 거래자 및 감정가로서의 그의 활동을 자세히 기술했다.

계획이 진척되어 감에 따라, 스튜디오 공간은 제도실이 되고, 저택은 점점 커져서 언덕의 세 측면을 차지할 정도였으며, 정원, 샘, 연못, 농지 등으로 둘러싸였다. 스프링그린으로부터 흘러오는 위스콘신강 건너편 언덕에 위치한 라이트의 저택은 완만한 기복이 있는 200에이커의 토지를 이용하여 자체의 생활 설비를 마련하고 농작물을 자급자족했다. 그가 그 집의 모양을 구상한 방식이 그 어떤 박식한 논문들―그런 논문들은 숱하게 많다―보다 그의 건축에 관하여 더 많은 것을 알려 준다. 그는 자서전에서 텔리에신은 하나의 건물이 아니라고 기술한다. 그곳은 자연이 틀이 되고 주거를 규정하며, 대지와 경관, 빛과 사계절, 향기와 색깔, 인공 조림지造林地와 현지에서 채석한 돌담과 모랫빛 담장 등이 모두 굉장히 감각적이고 매력적인 총체적 디자인의 부분이 되는 장소라고 말한다. 그의 자서전은 그가 1911년의 구상을 회고하며 1930년대에 썼던 점을 감안하면 상당히 유려하고 과거를 생생하게 상기시켜 준다. 그 저택은 사실상 사신은 물론 마마를 위해서 지은 것이었다. 그는 꿈같은 저택의 중심에 그녀가 자리 잡고 있음을 분명히 했다.

그는 대지를 비롯하여 제임스 외삼촌 농장에서 힘겹고 더운 여름철을 보내는 동안 알게 된 아름다운 것과 너그러운 것들 모두를 완벽하게 눈앞에 떠올렸다. "나는 집 뒤쪽의 언덕 꼭대기를 보았다. 언덕이 온통 꽃이 활짝 핀 사과나무로 덮였다. 향기가 밸리 아래까지 날아오고, 나중에 때가 되면 빨갛고 희고 노란 사과알이 달린 가지들이 땅바닥으로 늘어졌다. 봄에는 자두나무의 향기로운 꽃잎이 눈처럼 날리는 것을 보았다. 8월이 되면 어김없이 파랗고 붉고 노란 자두가 가득 달렸다. 줄을 지어 늘어선 베리 덤불도 보았다. 분홍빛과 초록빛 구스베리가 푸른 줄기 밑에 알알이 매달렸다. 덤불진 까치밥나무의 짙은 색 나뭇잎 아래 루비처럼 달린 베리도 보았다. 딸기밭은 하얀빛, 주홍빛, 초록빛으로 덮였다. 언덕 남쪽 비탈에 있는 포도밭도 보았다. 포도나무에는 자줏빛, 초록빛, 노란빛 포도알이 풍성하게 달렸다. 포도를 바구니에 넘쳐나도록 담아서 방 안에 꽃처럼 놓아두었다. 언덕 비탈에는 초록색 멜론이 가지가 늘어진 채 무수히 달렸다. 벌들은 도처에서 윙윙거리며 열을 지어 늘어놓은 흰색 벌통에다 꿀을 모았다. 양들은 산비탈과 언덕의 높은 지대에서 풀을 뜯어 먹었다. 백조들은 나무 그늘이 진 연못 위에서 떠다녔다. 자바산産 공작들을 보았다. 그것은 건물의 낮은 지붕 위에 흰 점처럼 붙어 있거나 마당의 담에서 소리쳤다."

그는 외할아버지가 만든 지하 저장실을 현대적 형태로 본뜰 작정이었다. "모래가 깔린 넓은 바닥 위로 호박, 순무, 감자, 당근, 양파, 양방풍나물, 사과, 배, 포도 등이 목제 상자에 담겨 저장되었다. 소년에게는 크림이 금지되어 있었다. 그 걸쭉한 크림을 숟가락으로 떠서 향기로운 모닝커피에 넣으면 마치 달걀처럼 둥둥 떴고 또 주홍색 딸기 위에 얹으면 가볍게 미끄러져 내렸다. 그렇다. 탤리에신은 주택이자 작업장이면서 동시에 정원이자 농장이어야 했다. 나는 그 모든 것을 보았다. 주택의 기초를 잡으면서 소 떼, 양 떼, 말, 돼지, 닭이 뛰어다닐 터도 함께 잡았다."

라이트의 비전은 곧 실제의 건설 공사에 대한 자세한 설명과 섞인다. 현지의 채석장에서 캐낸 돌이 "언덕 위로 수송되어 왔다. 언덕 위에 문턱처럼 조금씩 담을 쌓아 올렸다. 언덕 꼭대기는 낮은 담장을 두른 정원이 되고 그 밑으로 마당이 주위를 둘러쌌다. 입구에서 마당까지는 양옆으로 담장을 두른 돌계단을 통해서 올라갔다. 언덕 꼭대기에서 자라는 한 무리의 멋진 참나무들이 마당 한편에 손질되지 않은 채 서 있었다. 돌담 같은 굽은 축대가 참나무 바로 밑에 있는 공터를 둘러쌌다. 돌이 깔린 길을 내려오면 샘이 나오고 거기에서 솟아 나오는 물이 원의 중앙에 있는 연못을 채웠다. 마당은 언덕 비탈을 따라 일종의 진입로를 형성했다. 진입로 한편에는 키가 낮은 건물들이 들어섰다. 다른 편에는 언덕 꼭대기를 떠받치는 석벽을 따라 화단이 나 있었다." 그는 중력을 이용한 관개 시설을 고안했다. 시냇물을 가둔 저수조 덕분에 경사면 아래의 채소밭에 물을 줄 수 있었다.

그는 이탈리아 피렌체의 언덕 위에 지어진 저택과 농가 늘을 기억했음에 틀림없다. 자연과 건축물에 대한 그의 인식은 그가 오래된 유럽의 경치와 문화에 흠뻑 빠져 본 경험이 있기 때문에 시각적으로 더욱 풍성해졌다. 그는 건물과 대지와의 관계를 상세히 서술하며 그 관계가 건축을 규정한다고 역설한다. "주위의 언덕이 그러하듯이 탤리에신은 돌과 나무를 혼합한 형태가 되어야 했다. 언덕의 선이 곧 지붕의 선이 되었다. 언덕의 사선이 곧 집의 사선이 되었다. 널따란 처마 밑의 그늘 속에 들어 있는, 가벼운 나무 벽의 플라스터 표면은 저 아래 강가의 모래밭과 똑같았고 색깔마저도 같았다. 외부의 마감재는 회색 나뭇등걸의 색깔이었다. 지붕 표면의 지붕널은 햇볕에 그을도록 내버려 두었는데 그 결과 그 주위의 나뭇가지들처럼 은회색을 띠었다."

"내부의 바닥에도 외부의 바닥처럼 돌을 깔았다. 그것이 여의치 않을 때는 검은빛이 나는 넓은 삼목판을 썼다. 벽에 사용한 벽토는 시에나토를 섞어 발라 건조시키면 짙은 황금색이 나는 자연스러운 것을 썼다. 방은 텐트 모양으로 지붕까지 올라갔다. 천장 위로 왁스를 칠한 무늬목 몰딩을 했다. 여닫이창을 사방 벽에 달았기 때문에 벽은 자연스럽게 밖으로 열리면서 조망을 확보해주었다. 나는 겨울이면 고드름이 처마를 아름답게 장식하는 그런 집을 원했기 때문에 물받이 홈통은 달지 않았다."

"탤리에신은 겨울이면 서리 낀 궁전이 되었다. 벽 위에는 눈이 쌓이고, 처마에는 무지갯빛 고드름이 매달렸다. 전체적으로 나지막하고 널찍하고 아늑하고 시원한 주거지로서 주변 환경과 잘 어울렸다."

건축 공사는 1911년 여름에 빠른 속도로 진행되어 8월이 되자 유럽에서 갓 돌아온 마마가 그와 합류할 수 있을 정도가 되었다. 그녀의 존재를 오랫동안 비밀로 하기는 불가능했다. 얼마 안 있어 사악한 가정에 관한 언론의 거친 기사가 등장했다. 보도에 따르면, 라이트가 몸에 달라붙는 유럽 란제리 차림의 여성을 어깨에 메고 시냇물을 건너는 것이 목격되었다. 연인은 엘렌 케이와 괴테의 작품을 번역하는 일 말고는 특별한 일을 하지 않았다. 마마의 아이들이 여름철과 방학 중에 방문했다. 그녀는 정상적인 활동을 하고 공동체 생활에 참여하는 훌륭한 매너와 차분한 매력으로 지역 사람들의 비난을 이겨 내고 있었다.

라이트의 일도 제자리로 돌아오고 있었다. 라이트가 유럽으로 떠날 때 헤르만 폰 홀스트에게 맡긴 공사들은 서둘러 바쁘게 체결된 계약에 의거했으므로 이제 라이트는 그 계약에 대해 이의를 제기했다. 라이트가 의뢰받은 공사들을 완공해 준 예전의 동료들, 매리언 마호니와 월터 벌리 그리핀, 그리고 폰 홀스트가 자신의 고객을 빼돌렸다고 확신했다. 그리고 아직 진행 중인 공사에 대한 권리를 요구하고 자신의 몫이라고 여긴 금액을 거두려고 노력했다. 그 일은 변호사에게 맡길 수밖에 없었으며 수개월 후에 협상이 이루어져서 라이트는 전부 108달러 29센트를 받아 냈다. 그는 예전의 동료와 친구 들이 자기를 배신했다고 생각하며 분개했다. 중서부 지방에 널리 퍼진 건축 양식을 사람들이 라이트의 것으로 알아보지 못하는 것을 두고두고 원망했다. 테일러 울리를 제외하고는 유럽으로 떠나기 전에 함께 일한 사람들을 일체 재고용하려 하지 않았다.

마음을 돌린 고객들이 자발적으로 탤리에신으로 왔다. 하지만 그곳은 예전에 그가 오크파크나 시카고에서 개업할 때보다 접근하기가 어려웠다. 1912년 봄, 그는 여섯 채의 저택과 호텔 하나를 수주하여 작업을 진행하고 있었다. 그는 시카고에 사무소를 열고, 아들 존과 울리를 탤리에신에 직원으로 두었다. 건축 공사와 전시회에 대한 전체 일정이 예정에 따라 진행되고 있었다. 1913년 초에 바스무트가 제작한 두 가지 출판물이 미국에서 판매되어 곧 르코르뷔지에와 유럽의 모더니스트들도 입수하게 되었다. 라이트는 이전의 주택 규모를 넘어 훨씬 더 복잡한 빌딩들을 의뢰받았다.

규모가 큰 공사 가운데 하나가 시카고의 복합 유흥 건물 미드웨이 가든으로서, 독일의 비어 가든을 본뜬 것이었다. 도시의 대형 독일인 공동체들을 주요 고객으로 예상한 이 건물은 윈터 가든과 서머 가든으로 구성하고, 음식점, 무도회장, 콘서트홀, 야외 음악당, 전통적이고 대중적인 오락을 위한 퍼포먼스 무대를 가질 예정이었다. 라이트는 정교한 장식으로 매혹적인 요정의 나라를 창조했다. 풍성한 장식물 중에는 조각가 리처드 복이 제작한 인물상, 라이트가 디자인한 양식화시킨 「꼬마 요정들」, 그리고 라이트가 좋아하는 또 다른 합작자 알폰소 잔넬리Alfonso Giannelli가 해석하고 제작한 양식화된 「조각가 메츠너 방식을 따른 뮤즈들」이 있었다.

시작부터 재정이 부족했던 미드웨이 가든은 짧은 수명밖에 누리지 못했다. 건물을 유지하고 운영하는 데 비용이 많이 드는 것으로 판명되었으며, 금주법 시행으로 인하여 조기에 종말을 맞았다. 일련의 건물주들이 다른 용도로 전용하려고 꾀하는 과정에서 수많은 수모를 당한 끝에 이 건물은 1929년에 해체되었다. 차후의 라킨 빌딩에서처럼 라이트는 씁쓸한 쾌감을 맛보았다. 그가 건물을 매우 잘 지어서 파괴하기가 엄청나게 어려웠기 때문이다.

라이트의 "정신적 도피"와 "자발적인 유배" 행위는 아웃사이더이던 그를 사회적으로 따돌림받는 자로 바꾸어 놓았다. 전통의 핵심인 도덕적 원칙들을 거부함으로써 라이트는 로이드 존스 가문의 독립적이고 기성 체제에 불복종하는 전통을 돌이킬 수 없는 선을 넘어서까지 밀고 나갔다. 직업 생활로 재진입하기 위해서, 라이트는 사회적 비난을 덮을 만큼 자기를 정당화할 수 있는 자신의 인물상을 만들 필요가 있었다. 놀랄 것도 없이 그는 인간의 위선에 반하는 신적인 진리에 자기의 행동을 일치시키는 데 어려움이 없었다. 신은 틀림없이 자기편일 것이었다. 라이트는 종교를 잃지 않았다. 그러나 그것으로 인하여 너그러운 사람이 되지는 못했다. 신뢰하던 사람들에게 무시당하고 심지어 속기까지 했다는 생각이 커지고, 게다가 의당 받아야 할 존경을 받지 못한다는 느낌이 합쳐져서 거의 편집병 수준의 분노에 이르렀다. 실제로 이러한 감정을 얼마큼이나 느꼈는지, 얼마큼 실제적인 행동으로 나타냈는지는 불명확하다. 호전적인 태도 뒤에는 그것을 즐기는 듯한 자기 인식이 언제나 깃들이 있었다. 그 한 가지 사례로 라이트와 관련된 유명한 이야기가 있다. 그는 법정에서 증언하도록 소환되었다. 자신이 누군지를 밝히라는 요구를 받고 그는 자기가 세계에서 가장 위대한 건축가라고 선언했다. 어떻게 그런 건방진 말을 할 수 있느냐는 질문을 받자 그는 즐거운 감정을 만면에 드러내고 눈빛을 반짝거리며 그렇게 말할 수밖에 없다고 대답했다.

1914년 봄, 미드웨이 가든의 설계가 완성되었으며 4개월간의 미친 듯이 바쁜 공사 일정을 거친 후 6월에 개장했다. 아직 공사가 덜 끝났기 때문에 라이트는 아들 존과 더불어 현장에서 많은 시간을 보냈다. 그곳에서 밤을 지낸 경우도 많았다. 침대는 대팻밥을 모아서 만들었다고 그는 말했다.

1914년 8월 15일, 그의 삶을 산산조각 내는 비통한 뉴스를 들었을 때도 그는 바로 그곳에 있었다. 불명예스러운 일과 재난에 언제나 주의를 기울이는 언론으로서도 이보다 더 비극적이고 무서운 사건은 접해 본 적이 없었다. 그날 탤리에신의 발광한 하인이 거기에 있던 모든 사람들을 도끼로 공격했다. 마마, 여름을 지내려고 그녀를 방문 중이던 그녀의 아들 존과 딸 마사, 스튜디오에서 일하는 두 명의 제도사, 탤리에신의 십장과 세 명의 인부(정원사, 목수, 목수의 아들) 들이었다. 일곱 명이 도끼에 맞아 숨지고 탤리에신의 주거 구역은 전소되었다. 마마의 두개골은 단번의 도끼질에 박살났고 그다음으로 아이들이 살해당했다. 거의 알아보지 못할 정도로 불탄 그녀의 시신이 몇 시간 뒤 그녀가 죽은 곳에서 발견되었다. 희생자 중 세 명은 살았다. 제도사 허버트 프리츠, 목수 윌리엄 웨스턴, 정원사 데이비드 린드블롬이었다. 프리츠는 창문을 뛰어넘다가 팔이 부러졌다. 그러나 언덕으로 굴러서 옷에 붙은 불을 끌 수 있었다. 웨스턴은 손도끼의 둔중한 부분에 맞았다. 피가 나고 화상을 입은 웨스턴과 린드블롬은 약 1.6킬로미터 떨어진 이웃으로 뛰어가서 도움을 요청했다. 웨스턴은 돌아와서 정원 담에 있던 호스를 찾아 사람들이 그를 발견하고 데려갈 때까지 불길 위로 물을 뿌렸다. 치명적인 부상을 입은 사람들 중 몇 명은 거의 즉시 숨졌다. 다른 이들은 수 시간 동안 고통을 당한 뒤에 운명했다. 시카고에 있던 라이트가 들은 소식은 단지 화재에 관한 것이었다. 그가 피살 소식을 들은 것은 신문기자들로부터였다. 그들은 라이트와 같은 기차를 타고 화급한 사건의 전말을 캐내러 위스콘신으로 가는 중이었다. 아마도 그들은 라이트가 정부情婦를 위해 지은 "사랑의 오두막"에서 일어난 잔학한 학살 사건에 관한 뉴스를 이미 작성했을 것이다. 범죄 현장, 죄에 대한 정의로운 응보에 대한 설교 등 소름 끼치고 구역질 나는 기사들이었을 것이다. 창백한 라이트는 아들 존의 부축을 받아야 했다. 존은 아버지와 함께 위스콘신으로 돌아가고 있었다. 그 기차에는 전처와 아이들이 살해된 것에 경악한 에드윈 체니도 탔다. 전남편과 현재의 애인이 놀람과 슬픔 속에서 한마음이 되어 같은 기차를 타고 가고 있었다.

라이트는 그 당시 미드웨이 가든의 건물주 존 보겔상John Vogel-sang의 추천으로 바르바도스 출신 부부 거트루드 칼턴과 줄리안 칼턴을 요리사와 일꾼으로 고용했다. 끔찍한 참사에 내하여 여러 가지 설명이 있으나 그중 확인된 것은 하나도 없다. 줄리안 칼턴이 라이트의 직원 중 한 사람과 불화가 있어 꾸중을 들었을지 모른다. 성질을 부리거나 불순종한 것 때문에 짜증이 난 마마가 그 부부를 해고할 계획을 세웠다는 소문이 나돌았다. 실제로 무슨 일이 일어났든지 간에, 칼턴의 폭력적 반응은 정신병자 수준이었다. 칼턴은 분명 미친 사람이었다. 흰색 재킷을 입은 칼턴은 휘장이 처진 옥외 테라스에 있던 마마와 아이들에게, 그리고 집의 다른 구역에 위치한 식당에 있던 다른 사람들에게 정성껏 제대로 점심을 차려 주었다. 그때 그들은 가솔린 냄새를 맡았고 문 밑으로 액체가 스며들어 오는 것을 보았다. 그것은 순식간에 폭발하여 화염을 뿜었다.

대부분의 식당 창문과 출입문은 잠겼고 옷과 몸에 불이 붙은 사람들이 탈출을 시도하자 문 뒤에 서 있던 칼턴이 한 사람씩 도끼로 내리쳤다. 급히 탤리에신으로 돌아온 사람들이 발견한 것은 참혹한 학살극의 현장이었다. 탤리에신의 주요부는 연기 나는 폐허로 변했다. 가까운 곳에 있는 한 집에 시신의 임시 보관소를 차렸다. 그 집은 라이트가 여동생 제인과 그녀의 남편 앤드루 포터를 위해 지은 것이었다. 그곳에 부상자들도 옮겼다. 당장 죽지 않은 사람들의 신음 소리가 밤새 들려왔다. 라이트는 쑥독새의 울음소리가 들리던 것을 기억했다. 그 소리는 앞으로 끔찍한 슬픔을 상기시킬 터였다. 칼턴에 대한 수색을 곧바로 시작했지만 허탕이었다. 살인자는 다음 날 식은 벽난로의 불구덩이 속에 숨어 있다가 발견되었다. 그는 독약을 마셨지만 죽지 않았다. 먹지도 못하고 말할 수도 없는 채로 수감된 그는 한 달 뒤에 숨졌다.

아침에 라이트의 인부들은 죽은 사람들을 위해 간소한 목제 관을 만들었다. 에드윈 체니는 시카고로 가져가기 위해 작은 관 하나에 두 아이의 잔해를 담아서 차에 실었다. 마마의 시신은 라이트와 함께 남았다. 그 나머지 얘기는 자서전에 기록된 대로 그 자신이 가장 잘 서술했다. "가족 예배당의 마당에서 조촐한 장례식이 거행되었다. 탤리에신 사람들이 무덤을 깊이 팠다. 나는 정원의 소나무를 베어 하얀 관을 만들고 그 속을 꽃으로 가득 채웠다.

나의 아들 존이 시신을 들어 올려 그녀를 위해 길러 피워 냈던 꽃들 사이에 안치했다. 꽃들을 꽉꽉 눌러 다진 후 관 뚜껑을 꼭 닫았다. 그 단단한 관을 인부들이 들어 올려 역시 꽃으로 가득 채운 작은 스프링 마차에 실었다. 우리는 모든 것을 꽃으로 뒤덮었다. 그것이 다소 마음에 위로가 되었다."

라이트는 마차 곁에서 예배당까지 걸었다. "그곳에는 어떤 종도 울리지 않았다. 기다리는 사람도 없었다." 존과 두 젊은 사촌의 도움을 받아 그는 "꽃으로 덮이고 꽃으로 채워진 소나무 관을 새로 판 무덤 바닥에 내려놓았다. 그다음 나는 그들에게 나 혼자 있게 해 달라고 했다. 무덤에 흙을 혼자서 채우고 싶었다. 8월의 태양이 낯익은 인근 언덕의 등성이로 지던 것이 기억난다. 그리고 서서히 어둠이 몰려왔다. 나는 흙으로 무덤을 채우고 어둠 속에서 거기에 한동안 머물렀다."

"나는 언덕에 있는 검은 구멍을 보았다. 검은 밤이 사위에 깔렸다. 빛이 없는 괴상한 대낮이 지나가면 검은 밤이 찾아왔다. 아무런 흔적도 남기지 않고 그녀는 사라졌다."

7
미리엄 노엘의 등장과
제국호텔 건축

묘소에 비석을 세우지 않았다. 그는 자서전에서 "불행이 끝나고 나서 다시 불행이 시작된" 곳에 무엇 때문에 표시를 해 두느냐고 말했다. "최초의 끔찍한 고뇌가 지나간 뒤" 그는 더 이상 그녀의 존재를 상상할 수도 없고 그녀의 정신을 느낄 수도 없었다. 사건의 공포가 그의 감각을 마비시켰다. "그 사건이 안겨 준 타격은 매우 심각했다." 그는 어머니가 오는 것도 거부하고 아들도 보내 버렸다.

그는 스튜디오 뒤에 있는 작은 방에서 잤다. 밤은 "이상하고 터무니없이 몰려오는 공포로 가득 찼다. 아름다운 산등성이에 화재로 말미암아 생긴, 입을 크게 벌리고 있는 검은 구멍은 나 자신의 삶, 나의 전체적 삶에 입혀진 검게 탄 더러운 상처 같았다." 상처는 너무 깊어서 다스릴 수가 없었고, 실제이든 상상한 것이든 죄책감은 너무 커서 맞설 수가 없었으며, 상실감 역시 너무 커서 슬퍼할 수조차 없었다. 그는 등과 목에 생긴 부스럼 때문에 고통을 겪었다. 그는 장님이 되어 가고 있다고 생각했다. 얼마 후에 그는 시카고에 있는 집으로 돌아가서 가정부만 데리고 혼자 살았다.

그는 탤리에신을 재건하겠다고 맹세했다. 그를 구한 것은 실로 그것이었다. "행동을 해야 비애감으로부터 벗어날 수가 있다"라고 그는 썼다. "견딜 수 있게 해 주는 것은 오직 일뿐이었다." 그는 참혹한 기억을 쫓아내기 위하여 살인이 벌어진 장소를 다시 설계했다. 거대한 벽난로가 있는 새로운 집채가 건축되고, 헬레나밸리를 볼 수 있도록 집 밖으로 석제 로지아를 덧붙였다. "더디게, 돌을 한 개씩 쌓아 올리고, 널빤지를 하나씩 붙임으로써 탤리에신 II는 탤리에신 I의 잿더미로부터 솟아오르기 시작했다."

신문들은 비극적 사건의 전모를 뉴스거리로 활용했다. 라이트의 건축에 대해서는 아무것도 모르는 사람도 그의 개인적인 삶의 스캔들과 슬픔에 대해서는 모든 것을 알게 되었다. 도처에서 편지가 도착했다. 대부분은 동정을 표시했다. 라이트는 편지들을 읽지도 않은 채 끈으로 묶어서 태워 버렸다고 말했다. 그의 직원이 편지를 일차적으로 심사했을 가능성이 더 많다. 그러나 그 편지 중 하나는 그가 읽고 회신했다. 그 편지는 라이트가 발신인에 관하여 호기심을 느낄 정도로 그에 대한 이해심을 생생하게 표출했다. 편지를 쓴 사람은 부유한 이혼녀 모드 미리엄 노엘Maud Miriam Noel이었다. 그녀는 국외 거주자 겸 조각가로 파리에 살다가 제1차 세계 대전 발발로 강제 귀환되었다. 그녀는 이름 중에서 구식인 '모드'를 빼고 미리엄 노엘로 불러 주기를 선호했다. 그녀는 분명히 국제적이고, 사회의 인습으로부터 "해방된" 여성이었다. 라이트는 흥미와 마음의 위안을 느끼고 시카고 사무실에서 그녀를 만났다.

그는 첫눈에 반했다. 그녀는 그보다 두 살 아래로 45세의 세속적인 여인이었고 그가 기대하던 것보다 훨씬 더 매력적이었다. 라이트처럼 그녀도 자기 이미지를 관리하는 데 뛰어난 사람이었다. 그녀의 옷차림은 "예술가풍"으로 당시의 유행을 따랐다. 그녀는 터번, 스카프, 그리고 긴 가운과 어깨 덮개를 장식하는 목걸이, 모피류를 좋아했다. 그들이 이야기를 나눌 때 그녀는 외알 안경을 쓰고 만지작거렸으며, 라이트가 불 붙여 준 담배를 피웠다. 그녀는 세련미와 신비감을 풍겼으며, 그런 분위기는 그녀 자신의 "불운한" 정사에 대해서 말할 때 더욱 고조되었다. 단번에 라이트는 자신의 불행에 동병상련하는 그녀의 마음을 읽었다.

라이트는 미리엄 노엘이 아름답고, 표정이 풍부한 얼굴에 눈이 컸다고 기술했다. 사진들을 통해 보면 그녀는 놀랄 정도의 미모라기보다는 보통의 용모였다. 둥그스름한 얼굴에 두 눈 사이는 너무 좁아서 아름답다고 보기가 힘들다. 초기 사진들에 보이는 부드러운 표정이 나중 사진들에서는 사납고 유머가 없는 모습으로 바뀌었다. 그녀는 자기를 드러내는 개인 연출법을 익혔음에 틀림없다. 라이트가 그녀에게서 본 것은 발랄한 지성, 문학과 예술에 대한 공통적인 흥미, 라이트 자신과 마찬가지로 미적

미리엄 노엘. 탤리에신 비극 이후 크게 상처받은 라이트는
미리엄 노엘에게서 위안을 받는다. 그러나 후에 그 위안은
불행의 씨앗으로 변한다.

감각에 있어 일반인보다 우월하다는 확신 등이었다. 더불어 그녀는 열정적인 성향을 은근히 비추었고 영속적인 여성적 신비감을 주는 매력을 풍겼다. 그녀는 라이트에게서 천재성과 감수성과 심미안을 보았다고 고백했다. 라이트가 보지 못한 것은 그녀가 약물을 복용하고, 정서적으로 불안하여 격정적으로 기분이 동요하고, 이유 없이 화를 내며 걷잡을 수 없게 복수심을 표출한다는 점이었다. 나중에야 라이트는 그녀가 정신병을 앓는다는 것을 알게 되었다. 오늘날의 의학은 그녀를 정신분열증 환자로 여길 것이다. 그가 자서전에서 쓴 바에 따르면, 그녀의 행위가 파괴적이고 도덕적으로 타락할 정도로 이상해서 라이트의 삶이 "기묘한 독으로 마비되는 듯했다." 무엇보다도 닐 레빈이 통찰력 있게 지적한 바와 같이 "그들은 서로에게서 동병상련하는 자기 자신을 보았다."

실제로 그들은 차후 7, 8년 동안 서로 상대방을 불행하게 만들었다. 그들을 묶은 끈은 사랑에 대한 절박한 욕구였다. 라이트 스스로가 이름 붙인 "무서운 고독감"이 평소의 여성들에 대한 취약성을 배가시켰다. 1922년, 캐서린이 마침내 이혼에 동의했을 때 미리엄 노엘은 라이트의 두 번째 부인이 되었다.

라이트와 미리엄의 교제는 거의 만남과 동시에 시작되었다. 시카고의 집에서 아마도 황홀했을 밤을 지낸 후 미리엄은 고전적이고 문학적 수준으로 격상시킨 성관계 후의 격정을 가득 담아 라이트에게 편지를 썼다. 그녀는 편지에서 그를 "내가 수없이 꿈꾸던 주인"이라고 불렀다. 알키비아데스Alcibiades[41]와 아가톤

Agathon[42]을 인용하면서 그녀는 라이트의 머리에 제비꽃 관을 씌우고 금띠로 묶고 싶다고 말했다. 자기가 라이트의 노예가 되었다고 말했다. "나는 당신의 발에 입 맞춥니다. 나는 당신의 죄수입니다"라고도 썼다. 하지만 그녀는 라이트의 삶을 생지옥으로 만들게 된다.

사건이 터진 지 1년이 안 된 1915년 봄에 그녀는 탤리에신으로 거처를 옮겼다. 둘 사이의 관계는 시작부터 문제가 많고 뒤숭숭했다. 비극적인 1914년의 사건 직후 라이트는 지방 신문에 슬픔으로 얼룩진 글을 쓴 적이 있었다. 그 글에서 그는 이웃 주민들에게 놀라움과 공포를 끼친 데 대하여 사과했다. 여느 때와 같이 자신의 도덕성을 변호한 뒤 이웃 주민들이 마마에게 베풀어 준 친절에 대한 고마움과 평온하게 살고 싶은 자신의 희망을 피력했다. 이제 언론은 새롭게 즐길 스캔들을 갖게 되었다.

미리엄은 유난히 앞에 나서기를 좋아했다. 그에 비하여 마마는 라이트가 두 사람의 통상적이지 않은 동거에 대하여 경건한 말들을 쏟아 내는 동안 조용히 말을 아꼈다. 그러나 미리엄은 라이트가 둘의 특별한 관계를 주장하는 데에 동참했다. 남보다 뛰어난 감각을 지닌 이들에 대하여 세상이 특별한 지위를 인정해야 한다고 그녀는 공공연하게 주장했다. 그녀의 주장에 따르면, 그들이 스스로 만든 법도에 따라 살 수 있도록 세상은 허용해 주

---

41. BC 450~404. 그리스의 정치가이자 군인.
42. BC 445~400. 아테네의 비극 시인.

어야 했다. 탤리에신을 방문하는 사람들은 그녀의 의상에 놀랐다. 그녀는 몸에 착 달라붙는 흰색 공단 가운이나 아주 얇은 수제 手製 원피스를 입고 나타나곤 했다. 머리에는 옷에 어울리는 장식을 했다. 그녀가 연인 라이트를 조종하거나 통제하는 방식에 기분이 상한 사람들도 있었다. 라이트는 그녀의 손에 꽉 잡힌 듯 보였다.

둘 사이의 격렬한 싸움은 위스콘신에서 일본으로, 다시 캘리포니아로 장소를 바꾸어 가며 확대되었다. 미리엄은 마리 앙투아네트처럼 전원생활을 좋아하는 척하지도 않았다. 그녀는 라이트가 일하는 곳이면 어디라도 따라갔다. 미친 듯이 질투심이 많은 그녀는 라이트가 자기중심적이고 이기적이며 불성실하다고 비난했다. 그녀는 그에게 반복해서 투정을 부렸다. 라이트는 아무도 사랑할 수 없다, 세상을 떠난 마마는 물론 오랫동안 고통을 당하는 나(미리엄)도 사랑할 수 없다, 그는 다만 자신만을 사랑할 뿐이다, 나는 그의 몰인정을 견뎌 내려 했고 나의 커다란 사랑 때문에 이 사막까지도 혼자서 따라왔다, 그런데도 라이트는 나를 알아주지 않는다. 그녀는 이렇게 떠들어댔다.

라이트와 심하게 싸우고 집을 뛰쳐나올 때마다 그녀는 통렬한 냉혹함으로 가득 찬 긴 편지를 그에게 전했다. 그러면 라이트는 거기에 상응하는 과장법을 구사하여 자신을 비하하고 그녀에게 돌아올 것을 간청하는 편지를 보냈다. 미리엄은 라이트의 기괴함을 자세하게 밝힌 편지 중 일부를 임시 은신처인 시카고 집에서 부쳤다. 하지만 라이트의 해고에 앙심을 품은 전 가정부 넬리

브린이 그 편지들을 가로챘다. 미리엄에 맞먹는 복수심에 불탄 브린은 그 편지들을 신문사에 넘겨주었다. 그 덕분에 신문사는 선정적 인격 훼손이라는 큰 수확을 거둘 수 있었다. 다음으로 브린은 관계 당국의 공무원에게 라이트가 만법Mann Act을 어겼다고 지적했다. 그 법에 따르면 여자를 비도덕적 목적으로 주 경계선을 넘어 데려가는 것은 범죄 행위였다. 이 이상한 법률은 매춘부들이 한 주에서 다른 주로 강제로 이동되는, 이른바 '백인 노예'에 대한 사회적 동요에 대항하여 의회가 1910년에 통과시킨 것이었다. 라이트는 미리엄을 일리노이주에서 위스콘신주로 데려갔다는 사악하고 불법적인 행위로 기소되었다. 라이트의 경솔한 언행으로 큰 재미를 보던 언론은 두말할 나위 없이 회심의 미소를 지었다. 대체로 성희롱에 적용되는 이 법은 아직도 존재한다. 하지만 오늘날 법조문은 근본적으로 바뀌어, 범죄가 성립되려면 해당 남녀와 아이들까지 연루되어야 하고 주 경계를 넘는 목적이 범죄 행위를 위한 것이어야 한다고 명시하고 있다. 라이트는 이 사건에 있어서 "운이 없는" 자였다. 그는 후에 스코프스 '원숭이 재판'[43]을 맡게 되는 클래런스 대로Clarence Darrow를 변호사로 선임했다. 대로는 라이트의 혐의를 기각시켰다.

미리엄과의 생활은 1914년의 비극적 사건들을 치유해 주지 못했다. 미리엄이 옳게 인식한 것은 라이트의 마마에 대한 헌신이

---

43. Scopes trial 또는 the Monkey Trial. 1925년 테네시주의 생물학 교사 존 스코프스가 다윈의 진화론을 가르쳐서 주의 법률을 위반했다는 이유로 법정에 기소되었다가 유죄 판결을 받았다.

그녀의 죽음과 함께 사라지지 않았다는 점이다. 미리엄은 마마가 아직도 라이트의 사랑을 차지하는 데 있어서 가공할 경쟁자임을 깨달았다. 미리엄의 호된 박해로부터 벗어나게 해 주지는 못했지만, 라이트를 탤리에신의 상처로부터 구해 준 것은 도쿄의 제국호텔 건축을 의뢰받은 사건이었다. 미리엄의 박해는 둘 사이의 관계가 끝나고서도 몇 년 동안 지속되었다. 어쨌든 제국호텔을 수주받아 그는 상당히 오랜 기간 동안 미국을 떠나 멀리 가 있을 수 있었다. 호텔 공사가 시작되기 전 라이트는 수차례 일본을 여행했다. 첫 번째 여행은 1905년에 이루어졌으며, 나중에는 호텔의 완공을 위해 도쿄에서 4년 동안 머무르게 되었다.

제국호텔 건축 공사는 동일한 명칭의 오래된 호텔을 대체하는 것이었다. 새로운 건축물은 일본이 근대 국가의 반열에 들었다는 것을 선포하고 적합한 숙박 시설을 통하여 서구와의 접촉을 편리하게 하려는 것이었다. 흔히 있는 일로서 그 공사는 빈틈없는 추적을 통한 적절한 연줄을 통하여 라이트에게 맡겨졌다. 라이트 자신의 설명에 따르면, 천황이 보낸 일본 대표단이 적당한 건축가를 찾아 세계 곳곳을 돌아다닌 끝에 위스콘신에 있는 그를 찾아내어 즉시 (그리고 공손하게) 그 일을 제안했다. 그가 이 대표단의 방문을 받은 기간 동안에 라이트는 다른 일정이 잡혀 있지 않았다. 이것은 순전히 라이트 신화이다.

건축 의뢰에까지 이르게 된 접촉은 1911년 시카고에서 은행가이자 일본 판화 수집가인 친구 프레더릭 W. 구킨Frederick W. Gookin을 통해 이루어졌다. 구킨은 영향력 있는 일본 예술 애호가 그룹의 일원이었는데, 그 그룹에 '보스턴 동양 애호가'의 걸출한 지도자 어니스트 페놀로사Ernest Fenollosa가 속해 있었다. 페놀로사의 수장품이 보스턴 미술관의 웅장한 일본 전시관의 기초가 되었다. 라이트는 이미 히로시게와 호쿠사이와 같은 거장 그룹의 뛰어난 판화를 입수해 놓았다. 그는 일본 체류 중에 우키요에라고 불리는 풍경, 궁정 관리들, 일상생활의 모습 등을 그린 서민적인 판화를 다량으로 구입했다. 일본 수집가들은 지나치게 흔하고 비속하다고 여긴 것들이었기 때문에 라이트는 판화를 싼값에 사들일 수 있었다. 라이트의 수장품은 마침내 수천 점에 이르게 되었다.

구킨은 종전 제국호텔의 사장 하야시 아이사쿠林愛作를 알고 있었다. 구킨이 라이트를 추천하여 그는 마마와 함께 1913년에 도쿄를 방문해서 그 문제에 대해 토의했다. 사업은 일본 천황이 1912년 서거함에 따라 지연되었다가 얼마 지나 재개되었다. 일본은 1914년 8월 연합국 측에서 제1차 세계 대전에 가담했으며 미국이 1917년에 뒤따랐다. 라이트는 전쟁 기간 내내 맡은 일을 했다. 공사가 공식적으로 확정된 것은 1916년으로, 하야시가 탤리에신을 방문하여 라이트에게 설계를 계속 진행하도록 권한을 위임했다. 라이트는 1917년 다시 도쿄에 가서 설계도와 공사 도면을 작성했다. 1918년 10월 말, 그는 미리엄과 자신을 보좌할 아들 존과 함께 오랜 기간 묵을 작정으로 도쿄로 향했다. 공사는 1919년 여름에 시작되었다. 라이트는 해마다 미국으로 돌아왔다. 그러나 실제로 몇 번이나 태평양을 건넜는지는 불확실하다. 항해는 2주일이 걸렸다. 라이트는 항해 내내 뱃멀미를 했기 때문에 매번의 항해는 지독히 불쾌한 여행이었다. 건축가들이 휴대용 전자 통신 기기를 갖고 세계를 비행기로 다니려면 아직 50년은 더 기다려야만 했다. 그는 1922년까지 귀국하지 않았다.

제국호텔의 명성은 대체로 일본 역사상 최악의 지진이라고 불리는 1923년 9월 1일의 관동대지진을 이겨 냈다는 사실에 있다. 그때 10만 명 이상이 사망하고 대부분의 도쿄 건물이 파괴되었다. 전해 오는 말에 따르면, 지진으로 파괴된 '제국'자字가 들어간 건물들을 열거하는 첫 번째 뉴스가 미국에 도착했을 때 시카고의 한 신문은 제국호텔이 그 안에 포함되었다고 해석했다. 라이트는 늘 끔찍한 뉴스를 만들어 내던 사람이었으므로 기자는 그 사실에 별로 놀라지 않았다. 통신이 완전히 두절된 상태였기 때문에, 며칠이 지나서야 라이트는 유명한 문구가 들어간 전보를 받았다. "호텔은 귀하의 천재성의 기념비처럼 피해를 당하지 않고 우뚝 서 있음." 전보의 서명은 오쿠라 남작의 것이었다. 그는 호텔 건축 공사를 지원한 정부와 기업 컨소시엄의 지도자였다. 호텔이 살아남은 이유는 그가 자랑하던 플로팅 기초 공법floating foundations, 다시 말해 기초가 충격에 부서지는 대신 바로 밑에 있는 부드러운 진흙과 함께 움직이게끔 만든 공법에 있었다. 더불어 라이트가 디자인 겸 화재 안전 설비로서 연못을 설치하자고 주장했던 것에도 있었다. 그로 인해 호텔은 지진과 함께 뒤따른 맹렬한 화재를 견딜 수 있었다. 수백 명의 집 잃은 사람들이 그 호텔로 대피했다.

비평가들은 그 건물을 진기하고 과도적인 구조물이라고 여겼

제국호텔 건축 당시. 사진에서 프랭크 로이드 라이트 왼쪽이 엔도 아라타로 일본 건축가이며, 오른쪽은 호텔 사장 하야시 아이사쿠이다.

다. 많은 사람들이 그 건물을 이상하고 "미숙하여" 거론할 가치가 없다고 생각했다. 정통 모더니즘 법칙에 더 이상 구애받지 않고 오히려 그것을 모든 방면에서 비웃는 수정주의 학자들은 이와 다르게 그 건물을 높이 평가했다. 그들에 따르면, 지진을 견딜 수 있다는 확신을 갖고 일본에 "근대적" 빌딩을 짓는다는 일은 대단한 도전이었다. 그러기 위해서는 굉장한 자신감을 가져야 했다. 라이트는 자신감이 부족한 적이 없었다. 뿐만 아니라 기술을 숙지하고 현장의 조건에 대한 전문가적인 지식을 갖추어야 했다. 라이트는 일본으로 자신의 엔지니어 폴 뮬러를 데려갔다. 정교하고 선례가 없는 설계와 실험적인 엔지니어링은 거의 12년이 걸린 장기간의 어려운 사업을 통해서 실현되었다. 현대 미술관에서 개최된 라이트 도면 전시회에서 아서 드렉슬러Arthur Drexler가 지적한 바와 같이 라이트는 "힘든 공사를 통해 영감을 살찌우는 능력"을 발휘했다. 게다가 언어와 문화라는 거대한 방해물이 있었다. 그는 일본인 고객들과 오직 통역을 통해서만 일할 수 있었고 일본식 의사소통 방법의 전통이 지나칠 정도로 완곡하다는 것을 알았다. 그는 여전히 정서적으로 탈진하고 끔찍한 고독감에 시달리던 상태였다.

그가 아는, 자서전에 기술한 일본은 예전의 이국적이고 아름다운 일본이다. 기묘하고 개성이 강하며 색깔이 현란한 이국풍의 장소이다. 시각을 통해서 인지하는 라이트의 능력은 뛰어났다. 도쿄와 그곳의 전통적인 관습과 떠들썩한 광경에 대한 생생한 묘사는 선명하게 과거를 떠올려 주는 시각과 청각의 콜라주이다.

"사람들로 붐비는 넓은 맨흙바닥 거리. 덧문으로 안을 가린 자주색과 황금색 가마. 수많은 사람들이 게다를 신고 자갈 깔린 거리를 걸어갈 때 나는 소리. 기묘하고 눈부신 상품들로 가득 찬 상점. 대나무 장대에 달린 붉은 지등紙燈. 반딧불이를 잡아넣은 작은 바구니. 가지가 늘어진 소나무 아래서 빛나는 달 모양의 등. 여름철 벌판을 꽉 채운 벌레 소리처럼 사방에서 들려오는 샤미센 소리. 소리 없이 파도처럼 움직이는 게이샤. 쇼와 시게마사의 '작은 초가집의 아름다움'. 이 모든 것이 '바로 판화처럼 보인다!'"

제국호텔은 혼란과 혼돈 속에서 서서히 올라갔다. 얼마 지나지 않아 라이트는 이전에 설계한 것을 모두 현장에서 재설계해야만 한다는 것을 알아차렸다. 현대적인 시공법을 도입하려는 그의 시도는 실패했다. 전통적인 방법과 싸워서 졌으며 절충하는 것조차 불가능했다. 공사는 대나무로 만든 비계 위에서 수작업으로 힘겹게 진행되었다. 공사 자금에도 문제가 생겼으며 정부의 건축위원회도 그의 설계에 대한 소문과 의심에 흔들렸다. 1922년, 거의 완공될 즈음 발생한 작은 규모의 지진을 건물이 견디자 그제야 비로소 확신의 분위기가 회복되었다. 라이트는 한숨을 돌렸다. 그는 공사가 거의 끝나갈 때까지 해고당할 것을 우려했던 것이다.

그가 조직한 직원들은 동양과 서양의 혼합체였다. 그들 중에는 나중에 캘리포니아에서 자수성가한 루돌프 신들러Rudolf Schindler와 일본에 남게 된 안토닌 레이먼드Antonin Raymond와 같은 유럽 모더니스트들이 있었다. 두 사람은 모두 라이트의 작품과 명성

도쿄의 제국호텔 ⓒBetmann/CORBIS

에 매료되어 같이 일하게 되었다. 그리고 공사 관리와 구조상의 위기를 맞을 때마다 라이트를 인도해 준 일본인 조수와 인부 들이 있었다. 그는 호텔 별관에 자신이 거주할 아파트를 꾸미도록 허락받았다. 그 별관은 종전의 별관이 불탄 후 1919년에 곧바로 그가 지은 것이었다. 호텔의 서비스를 받는 그의 주거 겸 업무 구역은 벽난로가 있는 거실, 식당, 침실과 화장실로 구성되었다. 계단을 통해서 올라가는 옥상에도 스튜디오와 침실을 배치해서 밤늦게 일할 때 사용했다. 발코니에서는 정원을 내려다볼 수 있다. 그는 도쿄에서는 "쉽게 구할 수 없는" "작은" 그랜드 피아노 한 대도 있었다고 기록한다.

매우 인상적인 연구서 『프랭크 로이드 라이트의 건축 _The Architecture of Frank Lloyd Wright_ 』의 저자 닐 레빈은 제국호텔을 "엄숙하고 험악할 정도로 장엄한 벽돌과 화산암 덩어리"라고 기술했다. 제국호텔은 일본 양식도 흉내 내지 않고 라이트의 예전 작품 양식도 반복하지 않은 거대하고 장식적인 복잡한 건물이었다. 라이트 자신은 이 건물을 전함이라고 불렀다. 차후에 피력한 바와 같이 그는 자신이 "최후의 심판을 거스르며 건축 공사를 하고 있다"는 것을 알았다. 그는 전적으로 "지진의 공포"에 정신이 팔렸으며, 후지산의 영원한 위협과 영속적인 형상에 사로잡혔다. 이 신성한 산이 일본인의 삶과 문화의 중심이 되었듯이 그의 건축 개념의 중심이 되었다.

건물의 벽은 벽돌과 콘크리트로 구성된 이중 셸 구조였으며 상부보다 바닥이 더 두꺼웠다. 벽이 무게 중심을 낮게 유지할 수 있는 각도로 올라갔다. 서구식 객실이 있는 길고 낮은 호텔 객실동이 정원과 연못을 사이에 두고 사회적이고 공식적인 기능을 수행할 좀 더 높고 중심에 위치한 중앙 구조물을 둘러쌌다. 건물은 여러 부분으로 나뉘었다. 부분들은 캔틸레버로 지지되거나, 하중으로 파열될지도 모를 경직성을 피하는 방식으로 연결되었다. 또한 부분들은 지진의 충격에 자유롭게 움직일 수 있도록 설계된 플로팅 기초에 개별적으로 결합되었다. 피라미드형 지붕은 지붕 위로 지붕이 이어지게끔 중첩되며 올라갔다. 지붕은 지진이 일어났을 때 날아다니는 파편이 되는 전통적인 기와 대신 녹색 구리판으로 덮었다. 그를 사로잡은 후지산의 상징은 낮은 객실동 위를 나는 듯이 높이 솟은 지붕에, 그리고 그가 공사 자재로 선택한 오야 지방의 부드럽고 푸르스름한 화산암에 의해 표현되었다.

제국호텔에서 라이트가 성취한 것은 엄청났다. 그가 호텔 건축에서 독자적 건축 양식을 새롭게 발명한 깃도 아니고—상냥한 규모로 프레리 주택 양식이 반영되었다—또 이 건물만 지진을 무사히 견뎌 낸 것도 아니었다. 하지만 이 두 가지 주장은 쉽게 논박할 수 있다. 호텔 건축의 비전은 실용적일 뿐 아니라 독창적이기도 했다. 특별히 그는, 그 자신의 고유한 것이기도 하지만, 문화에 대한 깊은 존경심을 창조하기 위하여 수많은 원천들을 흡수하고 채택하고 종합했다. 탁월한 공간 배치는 오랫동안 인정받았다. 진실과 신화를 분리해서 말하면, 오쿠라 남작의 칭송을 받은 "천재성"은 그 일부가 라이트의 노련한 엔지니어이자 그의 오랜 친구이며 동료인 폴 뮬러에게 돌아가야 한다. 두 사람은 시카고에서 불안정안 토양의 부지에 마천루를 짓기 위해서 사용하던 기초 공사에 매우 익숙했다. 라이트의 플로팅 기초 공법은 1890년대에 도쿄에서 개발된 이전의 해결책과 유사했다. 이 방식을 채택한 빌딩들은 지진에 경미한 피해만 보았다. 궁극적인 진실을 말하면, 제국호텔은 엄청난 역경을 딛고 일구어 낸 대단한 성취였다.

비록 그 빌딩이 인상적이긴 하지만 우리는 그것이 특별히 멋지거나 매력적이라고 생각하지 않는다. 무사武士의 조상彫像들이 정문을 호위했다. 사진으로 보면 정교하게 세부 장식을 넣은 오야 지방의 화산암이 압도적인 느낌을 준다. 양식화된 공작새와 복잡한 기하학적 문양들로 뒤얽힌 용암 조각상들로 꾸며진 치솟은 인공 동굴 같은 공간들은 환상적이면서도 무시무시하다. 그 건물은 동화의 나라 혹은 공포의 방이라고 할 수 있었다. 그 두 가지 면이 조금씩 있었다. 호텔로서 수명이 다했을 무렵, 대다수는 지나치게 음침하다고 생각했지만 몇몇 사람들은 그 빌딩을 숭배의 대상으로 삼았다. 화려하게 장식된 이국풍의 건물은 상태가 악화되어 1968년 마침내 해체되었다. 그 건물은 시간적으로는 오래 버텼지만 그것이 지닌 의미는 오래 살아남지 못했다. 해체된 지 거의 10년이 지난 무렵, 건물의 정문과 로비가 메이지 시대의 유품들을 전시한 박물관 밖에 다시 세워졌다. 닐 레빈이 예리하게 지적한 대로 라이트에게 있어 "제국호텔의 건설은 재난을 견디는 그의 능력을 증명했다. 신화에 나오는 불사조가 잿더미로부터 날아올랐다."

그러나 이 일로 인하여 그는 큰 대가를 치러야 했다. 공사가 끝날 무렵 그는 외국인들을 많이 괴롭히던 위장병으로 고생했다. 그리고 80세가 된 어머니가 그와 함께 지내기 위해 일본으로 힘겨운 여행을 떠나왔다. 애나는 일본인들부터 존경과 환대를 받았다. 그러나 애나의 존재는 미리엄에게 영향을 미쳤다. 미리엄은 라이트 곁에서 안주인 마담 노엘 역할을 즐겼는데 그것이 어렵게 되었다. 호텔 공사에서 이제 남은 것은 빌딩의 일부를 이미 완성된 것대로 복제하는 것뿐으로, 그것은 라이트가 없어도 실행할 수 있었다. 건강이 좋지 않고 피로에 지쳤지만 그 자신의 말로는 의기양양한 "라이트상"은 이제 떠날 때가 되었다.

8

건축상의 미개척지,
캘리포니아

한 공사에서 다음 공사로 이어 가면서 살아가는 대부분의 건축가들처럼 라이트도 일이 없을 것을 항상 겁내며 살았다. 큰 공사를 의뢰받은 상태에서도 마찬가지였다. 제국호텔의 설계를 연구하기 시작했지만 아직 계약이 체결되지 않았을 때, 그는 석유 새벌의 상속자로 행위 예술의 후원자인 얼라인 반스달을 소개받았다. 엘레오노라 듀스와 함께 유럽에서 연극을 공부한 그녀는 시카고에 작은 극장을 세우고 싶어 했다. 탤리에신 참사가 일어난 지 약 1년 뒤에 두 사람이 만났을 때부터 극장 공사가 완공된 1921년까지 그 공사는 하나의 극장에서 큰 저택으로 늘어났다. 저택을 둘러싸고 연극 공연과 영화 상영을 위한 두 개의 극장은 물론, 예술가들의 스튜디오와 주거 공간 등으로 구성된 예술 단지가 들어서게 되었다. 그로 인해 공사 현장은 시카고에서 로스앤젤레스로 옮겨졌다. 야심 찬 계획은 완성될 줄을 몰랐지만 라이트 양식에서 근본적인 변화를 나타내는 대단한 저택을 산출했다.

현장 부지 위에 야생으로 자라고 얼라인 반스댈이 좋아하는 꽃이라고 말해서 접시꽃hollyhock의 이름을 따라 명명된 홀리혹 저택은 라이트가 이전에 설계했거나 혹은 지었거나 아니면 당시에 존재하던 어떤 건물과도 달랐다. 라이트는 실용적이면서도 양식적인 도전이라는 양 측면에서 공사에 접근했다. 저택의 부지가 위치한 올리브힐은 주변을 둘러싼 남부 캘리포니아 언덕들과 마주하여 도시와 바다가 보이는 명소였다. 일련의 지붕에 설치된 테라스는 전망이 훌륭하고 연극 공연 장소로도 사용될 수 있었다. 탤리에신이 초목으로 무성한 경치를 주위에 거느리고 있는 반면, 홀리혹 저택은 중앙에 위치한 마당과 연못을 중심으로 그 둘레에 지어졌다. 물은 설계의 필수적 부분으로 건물과 주위의 경관을 통과하거나 돌아서 흘러갔다. 정문은 양식화된 접시꽃이 부조浮彫된 사원 비슷한 구조물을 통과하도록 설계되었다. 기존에 확립되지도 않고 정체가 확인되지도 않은 양식으로 지어진 이 저택은 여러 가지 특징이 있었다. 사람들은 아스텍, 마야, 이집트, 콜럼버스 이전의 멕시코 등 여러 가지 양식을 열거하며 영향의 원천을 다양하게 설명했다. 겉으로 보이는 모습이 고대적이고 희미하게나마 중앙아메리카적일망정, 대칭적인 공간 배치와 좌우 양 측면에 배치된 건물들은 보자르풍의 격식을 여전히 지녔다.

고전적 이중 입방체 형태의 큰 거실은 황금색과 갈색의 라이트

반스댈 예술 단지 내에 위치한 홀리혹 저택

식 가구들과 금색 바탕의 일본제 병풍으로 온기를 유지했다. 거실의 한가운데에는 벽난로가 놓였는데, 그 벽난로는 라이트의 초기 저택에서 보이는 것들과는 근본적으로 달랐다. 벽돌 대신 콘크리트 블록으로 지었으며 추상적인 무늬로 아름답게 장식한 벽난로는 방 쪽으로 튀어나와 자체의 공간을 점유했다. 사람을 그늘지고 아늑한 외진 곳으로 깊이 끌어들이는 대신, 이 벽난로는 천장으로부터 쏟아져 들어오는 햇빛 아래에 놓였다. 더욱더 이례적인 것은, 벽난로가 바닥에 물이 얕게 찬 연못 한가운데 위치한 점이었다. 집의 생명에 대한 의식적儀式的인 상징처럼 벽난로는 생명 그 자체를 암시했다. 흙地, 물水, 불火, 공기風 등 생명의 모든 요소들이 거기에 있었다.

연극 사업을 위해 반스댈이 고용한 산업 디자이너 겸 무대 장치 디자이너 벨 게디스가 저택의 초기 스케치를 보았을 때, 그는 그것이 놀랍고 매혹적이라고 생각했다. 그리고 "어떤 고대 문명의 작은 궁전"이라고 불렀다. 라이트는 "단순히 캘리포니아풍"이라고 말했다. 어떤 의미에서 라이트의 말이 맞았다. 그 저택은 하나의 발명품이었고, 1920년대 초기의 캘리포니아는 스스로를 창조하고 있었다. 최근에 도입된 영화 산업은 매혹적인 비현실 세계의 흥분과 활기가 넘치는 시도였다. 할리우드는 의지의 상태, 환상의 상태였다. 라이트는 아무것도 존재하지 않는 곳에 토착적인 건축을 고안해 내고 있었다. 다시 말해 그는 외지인들과 그들이 고향으로부터 가져온 것들이 자리 잡은 땅을 위해서 동화같이 환상적인 주체성을 창조하고 있었다. 얼마 지나지 않아 땅은 고가의 부동산이 되었지만, 당시에는 많은 것이 아직 야생 그대로 풍성하게 아름다웠다. 아그네스 데밀Agnes de Mille은 어린 시절 눈부신 꽃들로 가득 찬 드넓은 들판을 뛰어다녔다고 기록했다. 그때 그녀의 삼촌 세실 B. 데밀은 웅장한 규모의 영화들을 만들고 있었다.

바빌로니아, 로마, 중동 등을 묘사한 영화들의 무대 장치는 당시 그 일대 경치의 일부였다. 그 무대 장치는 양귀비, 유칼립투스와 함께 제작된 곳에 그대로 남았다. 환상이 인식을 규정하고 주거의 조건을 마련했다. 유명 배우와 영화사 사장 들은 프랑스의 성château, 영국 영주의 저택manor, 스페인의 식민지풍 대농장 저택haciendas 등을 도용한 양식의 저택을 지었다. 약속의 땅은 건축적 속임수의 이상적인 장소가 되었다. 라이트는 그것들을 모두 모방적이고 인공적인 것이라고 비난했다. 말하자면 창조성이 결핍된 옛날의 건축이라고 멸시했다. 그는 새롭고 좀 더 살기에 적절한 건축이 필요했다. 물론 자신이 그것을 만들어 낼 것이라고 믿었다. 그 양식은 미국적이고 동시에 분명히 알아볼 수 있을 정도로 라이트식일 터였다. 그렇지만 과거를 거부하는 유럽의 건축가들과는 달리 라이트는 역사와 지리에서 아이디어를 추구하는 것을 싫어하지 않았다. 그러나 자신이 사용한 형태와 전통의 원천을 결코 확인해 주는 법이 없었다.

1909년 유럽에 체류하는 동안 동시대의 유럽 예술에 끼친 고대의 원시적 문화들을 관찰한 이래로 그는 그런 문화들에 매료되었다. 그는 일찍이 1893년 시카고 세계 박람회에서 멕시코와

중남미의 콜럼버스 이전 시대 도시와 사원의 전시물들을 보았다. 그리고 최근에는 1915년 캘리포니아에서 개최된 파나마 태평양 박람회에 멋지게 전시된 욱스말Uxmal과 치첸 이트사Chichén Itzá의 모형과 사진 들에서 그것들을 보았다. 그는 두 전시회의 사진집을 간직했다. 비록 열렬히 이의를 제기하기는 했지만, 그는 모든 건축가가 다 그렇듯이 역사상 위대한 건축물들을 숭배하고 연구했다. 그는 자신이 참고할 것들의 목록에 새로운 것, 다른 것, 시공간적으로 멀리 떨어져 있는 것들을 첨부하지 않은 적이 없었다. 그는 이들 초기 아메리카 문명으로부터 산출된 일체식—體式 형태와 내재된 장식을 갖춘 대담한 건물들이 유럽이나 미국 동부 해안으로부터 수입한 전통적인 양식들보다 초목이 무성한 경관과 온화한 기후를 지닌 캘리포니아에 지형적으로나 문화적으로 더 가깝다고 생각했다. 영감의 원천들로부터 가져온 것으로 그가 만들어 낸 작품은 여타의 것과 마찬가지로 순전한 창작품이었다. 암시된 지방주의가 그가 바란 자기 합리화였다고 하더라도, 그것은 탐구할 만한 심미적 가능성의 길을 열어 주었다.

그는 자신의 창작품에 캘리포니아 로만차California Romanza라는 이름을 붙였다. 그의 설명에 따르면 '로만차'는 음악에서 '자유 형식 혹은 자기만의 것을 만들 자유'로, 그 시대와 장소에 완벽하게 들어맞는 듯 보였다. 흘리혹 저택은 또한 꿈들이 얽힌 작품이었다. 단단한 돌이나 콘크리트로만 보이는 이 건축물은 윗가지[44] 위

---

44. 얇고 가느다란 나무 널판을 말하며 벽 안 혹은 지붕 속에 설치하여 회반죽을 그 위에 입힘.

에 회반죽을 입힌 것이었다. 라이트의 낭만주의는 유럽에서 지지를 얻은 엄격하고 반심미적인 미니멀리즘과는 전적으로 반목했다. 홀리혹 저택의 로만차와 르코르뷔지에의 사보아Savoye 주택은 10년 후 모더니즘의 양극을 이루며 서로 대립했다. 하지만 둘은 궁극적으로 역사의 동일한 시기를 공유했다.

라이트는 이 집에 대하여 위트와 매력적인 자책감을 갖고 이야기한다. 그런 위트와 애교 때문에 그를 신뢰하는 사람들이 좀 더 엉뚱한 행동을 즐기고 유별난 건물들을 짓기 위해 계속해서 그에게 돌아왔다. 그는 자신이 고객에게보다는 창조에 더 흥미가 있었다는 점을 인정했다. 자신은 그렇게 할 수밖에 없다고 생각했다. 그는 반스댈의 감정과 요구 사항 들보다는 자신의 미학을 표현하려는 시도와 자신의 욕구에 더 관심을 쏟았다. 그는 이런 점에 대해 죄책감을 인정했고 그렇게 함으로써 그것에서 벗어날 수 있었다. 이 집은 그가 일본에 가 있는 동안 그의 말대로 "대리인"이 지었다. 공사를 다른 사람에게 위임할 수밖에 없었으며 따라서 설계와 시공상의 문제가 발생했다. 둘째 아들 존이 도쿄 프로젝트에 투입되었기 때문에 공사 감독은 맏아들 로이드와 부하 직원 루돌프 신들러에게 맡겼다. 그는 잘못된 점이나 마음에 들지 않는 것들을 모두 그들의 탓으로 돌렸으며, 그들의 잘못을 매정하고 엄격하게 다그쳤다. 그러나 많은 부분이 라이트 자신의 잘못이었고 그도 그것을 잘 알았다. 그는 설계상의 실제적인 세부 사항을 공사 기간 동안 해결하는 일이 많았다. 그러나 그의 도움이 필요할 때 그는 현장에 없었다. 전례가 없는 독창적인 빌딩을 건축가가 부재한 상태에서 짓게 된 시공자는 공사 도면이 부족하다고 불평하며 관례대로 고객에게 타협을 요구했다. 고객은, 라이트가 반쯤은 유머러스하게 책망을 섞어 말한 대로, "친구 떼거리들"로부터 끊임없이 조언을 받았다. 그 친구들은, 라이트가 말한 바에 따르면, "소돔 사람들이 신성함에 대하여 잘 모르는 것"처럼 건축에 대해서는 잘 알지 못했다. 제국호텔 건설에 몰입하여 "심신이 극도로 지친 나머지" 그는 홀리혹 저택의 공사에 대한 통제를 포기했다.

일을 더 어렵게 만든 것은 건축가나 고객이 하나같이 의지가 강한 성격을 소유했다는 점이다. 변덕스럽고 자기 생각에 몰두하며 하고 싶은 대로 하고 원하는 것을 얻는 생활 방식에 익숙한 라이트는 부유하고 의지가 강한 여성 고객들을 잘 다루지 못했다. 얼라인 반스댈은 특히 더 골치 아픈 상대였다. 그녀는 의사 결정이 임박했을 때는 언제라도 스스로를 "재충전"하기 위하여 세계의 먼 곳으로 달려가는 버릇이 있었다. 그녀의 건축가도 그에 못지않게 자유로이 돌아다녔다. 그녀가 캘리포니아에 있을 때면 그는 일본에 있었고, 그가 돌아왔을 때면 그녀는 가 버리고 없었다. 여행 도중에 "전투기가 폭탄을 투하하고 창공으로 사라지듯 그녀는 불쑥 제안을 쏟아 냈다." 라이트는 그녀가 무슨 목적으로 이 집을 원하는지 궁금했다. 왜냐하면 그녀는 도무지 가정적인 여자가 아니었기 때문이다. 그의 회상에 따르면, "건축가와 고객은 멀리 떨어져 있었지만 모든 어리석음에도 불구하고 집은 '형태'를 갖추었다." 그에게 중요한 것은 그 저택에 대한 그의 "구상idea"이었고, 멀리 떨어져서 양성시키려고 노력한 것은 "아름다움"이었으며, 그의 말대로 "기적적으로" 그것이 마침내 성취되었다.

얼라인 반스델은 홀리혹 저택에 오랫동안 살지 않았다. 그녀는 어디서든지 진득하게 머물지 못했다. 예술의 "민주화"에 대한 신념이 있고 엠마 골드만Emma Goldman 같은 당대의 진실한 급진파들과 유대를 맺은 그녀는 할리우드에서 "말로만 볼셰비키"라는 비난을 들었다. 그녀가 도시 중심부와 주민들로부터 떨어진 외진 언덕 위에서 우아하고 예술적이며 호사스러운 건축물을 터전으로 삼아 은둔하면서 사치스럽게 살았다는 사실로 인하여 지역 사회와의 소원함이 더 깊어졌다.

그녀는 갑자기 "모든 것을 양도해 버려" 라이트를 경악케 했다. 다시 말해 집과 부지를 로스앤젤레스시 당국에 기증했다. 시 당국은 1927년까지 이 저택을 받아들이기를 주저하다가 마침내 갤리포니아 예술가 단체의 주선으로 기증을 받아들였다. 하지만 이 단체는 저택을 관리할 수 있는 수단이나 전문적 지식이 없었다. 건물의 가치에 대한 식견이 별로 없이 땜질식 보존만을 일삼는 가운데 저택의 상태는 크게 악화되었다. 시 관리인은 철제 울타리를 둘러침으로써 건물에 궁극적인 모욕을 가했다. 민간단체와 공공단체가 연합하여 만든 기관이 수년 동안 방치된 건물의 복구와 수리를 맡았지만 만성적인 자금 부족에 시달렸다.

1922년 7월 일본에서 돌아왔을 때 라이트는 예전에 텔리에신에서 누리던 안락함과 즐거움을 찾을 수 없었다. 그가 없는 사이에 많은 변화가 있었다. 시카고는 더 이상 실험적인 활동의 중심지가 아니었다. 창조적인 에너지는 사라지고 보수적인 취향들이 동부와 중서부를 장악했다. 사회와의 연결망도 끊어지고 그를 열렬히 찾던 고객들의 발길도 흘러간 과거의 일이었다. 미리엄의 흥분 상태와 정신병 증상은 더 악화되는 듯했다. 캐서린이 마침내 이혼에 동의한 지 석 달 뒤인 1923년 2월 애나는 세상을 떠났다.

라이트는 제국호텔이 완공되고 극적으로 지진을 이긴 것에 힘입어 자신이 유명해지고 산업과 상업에 종사하는 고객들이 쇄도할 것을 자신 있게 기대했다. 그러나 그는 해외에서 오랜 기간을 보낸 건축가에게 흔히 일어나는 것과 같이 자신이 국내에서 완전히 잊혔음을 깨달았다. 일본에서 4년을 보냄으로써 그는 국내에서 일어난 모든 것으로부터 고립되었다. 그는 자신이 모더니즘의 유일한 발명자라고 끊임없이 주장했다. 하지만 1930년대 유럽으로부터 미국의 지적 전위파에게 옮겨 온 국제양식을 옹호하는 사람들은 그를 초기 모더니즘의 쇠퇴기에 속한 자로 폄하했다. 그는 이론만을 일삼는 모더니스트인 적이 없었다. 그는 자신의 것 외에는 어떤 이념에도 순종하지 않은 건축상의 원죄를 지었다. 더불어 모더니즘 신조 옹호자들에게 그는 언제라도 마음대로 양식을 바꾸는 용서할 수 없는 죄를 지었다.

그러나 일본으로부터 귀국하고 1년 뒤, 라이트는 제국호텔과 홀리혹 저택의 양식적 무절제를 하나의 "탐닉"이었다고 언급했다. 다시 말해 그는 정도를 벗어날 만큼 그림같이 아름다운 양식의 길을 밟음으로써 자신의 전위적인 원칙들로부터 한참 벗어났다는 것이다. 그는 일찍이 1901년 헐 하우스 연설에서 기계주의를 옹호한 적이 있었다. 이제 와서 그는 표준화된 건축이라는 진보적 이상으로 되돌아갈 양심상의 의무를 느꼈다. 이것을 다시 깨닫게 된 까닭은 아마도 기계주의 예술을 지향하는 모더니스트들의 경쟁이 증대되었기 때문일 것이다. 그가 그들을 비웃은 만큼이나 그들은 그에게 그 자신의 방향을 재음미하는 건설적인 계기를 마련해 주었다. 그러나 그는 그것을 자기 방식대로, 그리고 자기 양식대로 했다. 그의 즉각적인 반응은 조립식 '텍스타일 블록' 주택이라는 혁신적인 방식을 위해서 홀리혹 저택의 벽토로 이루어진 로만차를 포기하는 것이었다. 그러나 그가 이룩한 좀 더 영구적인 기여는 1930년대의 작고 복제가 가능한 유소니언 주택이었다. 이것은 그의 이름의 동의어가 되었다.

미국에서 무엇인가 새로운 것을 제공하는 지역이 있다면 그것은 지금이나 그때나 캘리포니아였다. 그곳은 기회와 변화가 엉속되는 땅이었다. 그의 아들 로이드는 1910년에 로스앤젤레스로 옮겨 어빙 길Irving Gill과 함께 유럽 양식의 일련의 모더니스트 주택을 짓느라 계속해서 그곳에 머물렀다. 라이트는 서부 해안을 건축상의 마지막 남은 미개척지대라고 보아 홀리혹 저택 공사가 완공되자 1923년 로스앤젤레스에 사무소를 열었다. 로이드의 도움으로 그는 1920년대에 캘리포니아에 일련의 텍스타일 블록 주택을 지었다. 일본이 마마의 죽음 후 피난처였다면 캘리포니아는 탤리에신의 기억으로부터 벗어나는 또 하나의 도피처였다.

그는 근본적으로 다시 시작했다.

그는 이제 대량 생산 재료 중에서 가장 대중적인 콘크리트 블록으로 돌아왔다. 그는 콘크리트 블록의 디자인과 생산은 빠르고 쉬우며 비용이 적절하고 멋진 시공을 위하여 표준화할 수 있을 것이라고 믿었다. 미운 오리 새끼를 조립된 백조로 변형시킬 작정이었다. 블록은 라이트의 추상적이고 양식화된 무늬 틀 속에서 제작되어 철근을 이용하여 결합될 것이다. 그다음에 그것을 이중으로 올려 세운 후 콘크리트로 단단히 고정할 것이다. 표면의 무늬는 추상적인 기하학적 모티프로부터 양식화된 꽃 형태에 이르기까지 다양했다. 블록은 단단한 덩어리를 암시하거나 혹은 이국풍으로 구멍이 뚫린 가리개screen로도 사용될 수 있었다. 내벽과 외벽 사이의 공간이 단열 효과를 냈다. 라이트는 이 방식을 "옷감 짜기"라고 불렀다. 표준화된 콘크리트 블록과 철제품들이 시간이 많이 드는 노동으로 다종의 재료를 결합하는 다단계 공법을 대체할 수 있었다. 그는 표준화되고 부분적으로 조립된 시스템을 미숙련 인부들도 최소한의 비용으로 사용할 수 있다고 믿었다. 이 아이디어는 기발했고, 놀랄 것도 없이 그 효과는 캘리포니아 로만차와 거의 유사해 보였다. 그는 두 마리 토끼를 좇았다.

다수의 발명이 그렇듯이, 이론은 나무랄 데 없었지만 실행에는 많은 문제점이 있었다. 값싼 노동력을 투입하여 대량 생산한다는 꿈은 수작업, 작업 지연, 비용 초과 등으로 인해 과장된 것이었음이 드러났다. 미숙련 노무자들은 공정의 수정을 요구했다. 그러나 1923~1925년에 찰스 에니스Charles Ennis, 새뮤얼 프리먼Samuel Freeman, 앨리스 밀러드Alice Millard, 존 스토러John Storer를 위해 지은 텍스타일 블록 주택들은 배경에 있어서 대담하게 독창적이고 기억에 오래 남는 것이었다. 에니스 저택은 강력하고 개성적인 면모를 지녔으며 경사가 급한 언덕에 요새처럼 서 있다. 이 저택은 차후의 주인들이 대리석과 거대한 샹들리에를 붙임으로써 호화로운 대저택으로 바꾸어 놓으려는 시도들을 성공적으로 물리쳤다. 라이트와 싸운 사람들은, 비록 라이트가 자리를 비울 때가 많았어도, 대개는 싸움에서 패배했다. 좀 덜 육중하고 더 트인 블록 디자인을 지닌 프리먼 저택은 아담하고 신비스러우며 매혹적이다. 오크파크의 놀이방에서처럼 라이트의 낮고 그늘진 입구는 환하게 밝고 넓은 공간으로 갑작스럽게 이어진다. 커다란 거실에는 눈에 보이지 않게 결합된 유리 창문이 코너에 달렸는데, 당대에는 혁신적인 모습이었다. 창문을 통해 뜻밖에 아늑하게 주위를 둘러싼 경치를 볼 수 있다. 이 저택은 언덕 경사면에 단계적으로 내려오는 폭포 모양으로 들어섰으며 무성한 초목 속에 거의 파묻힌 듯하다.

한 저택은 걸작이다. 결점이 있지만 그럼에도 불구하고 경이롭다. 결함이 있지만 논란의 여지 없이 아름답다. 이 집을 라이트가 라 미니아투라La Miniatura라고 부른 까닭은 규모가 작고 스페인 무어풍의 분위기를 연상시키기 때문이다. 이 집은 끈기 있고 영웅적으로 참을성이 많은 고객 앨리스 밀러드를 위해 지었다. 그녀는 미망인으로 서적, 예술품, 골동품 수집가였다. 얼라인 반스

대량 생산을 위해 블록 사용을 시도한 아름다운 성과물 라 미니아투라
© Los Angeles / Wikipedia Commons

댈이 부재 중인 악마였다면 앨리스 밀러드는 현장에 상주하는 천사였다. 그녀는 집과 건축가가 초래하는 모든 시련과 고생거리를 참아 냈으며 건축가에 대하여 진정한 믿음을 가진 사람이었다. 그 시련과 고생의 강도는 대단했고 그칠 줄을 몰랐다.

라이트는 원래 예정된 부지를 거부하고 유칼립투스 나무가 두 그루 서 있는 "아름답고 작은 계곡"을 부지로 선정했다. 모래 빛깔에 무늬처럼 구멍이 난 옷감 재질의 블록 모습은 놀랍도록 기념비적이다. 그러면서도 집의 규모는 친밀한 느낌을 준다. 이곳의 블록에는 철근을 사용하지 않고 모르타르(회반죽)를 사용하여 결합시켰다. 공사는 시공상의 문제들과 습기와 누수 등으로 처음부터 어려움을 겪었다. 공사 지연은 다반사였고 건축 비용은 치솟았다. 완공 직후 폭우가 쏟아져 물길이 계곡을 덮치며 안팎으로 폭포들을 만들어 놓았다. 라이트의 물 새는 지붕은 흔히 발생하는 일이었다. 이런 이야기들은 맥맨션McMansions이라고도 부르는 소박한 스플릿 레벨split-level[45]의 물 샐 틈 없는 지붕 밑에서 편하게 사는 사람들을 끊임없이 즐겁게 해 준다. 그들은 로만차 양식의 집을 지으려는 모험심이 전혀 없다. 실리콘 봉랍과 고무 지붕 자재가 개발되기 전에 지어진 라이트의 주택들은 당시에 이용할 수 있는 재료에 의존했으며 당대의 기술은 그가 구상한 설계를 실현시켜 주지 못하는 때가 많았다. 그는 밀러드 부인에게 잘못은 건축가의 세부 지시 사항을 수행하지 못한 시공업

---

45. 1, 2층과 중간 2층으로 나뉜 집.

자에게 있다고 말했다. 잘못은 또한 공사가 어떻게 진행되고 있는지를 검사하지 못한 건축가의 것일 수도 있었다. 시공업자는 사람을 쉽게 믿는 밀러드 부인이 유럽으로 여행을 떠나기 전에 지불한 선금을 받고 증발해 버렸다. 그 뒤를 이어 건방진 시공업자가 들어왔다. 증발한 시공업자를 수소문 끝에 찾아냈을 때 그는 그 돈으로 멋진 자기 집을 짓는 중이었다. 라이트는 좀처럼 불평이 없는 고객으로부터 뒤늦게 누수에 대한 소식을 들었다. 그는 필요한 수리를 했다고 주장했다.

누수, 공기 지연, 비용 증가는 라이트 고객들이 살면서 감당해야 할 현실이 되었다. 라이트의 건축물이 비전통적이었기 때문에 대체할 수 있는 기성의 부품이나 표준화된 시공 절차가 있을 수 없었다. 그의 예비 설계도는 개념상으로는 완전하지만 공사가 진척됨에 따라 완성될 기초적인 개념도에 지나지 않았다. 발생하는 문제들은 공사 중에 해결되었다. 항상 문제가 생겼고 그때마다 그는 문제를 해결했다. 그러나 경험이 있는 여느 고객이나 시공업자 들이 아는 바와 같이 '가외'의 공사가 숨겨져 있는 이런 식의 특별한 맞춤 방식 공사는 당연히 고가일 수밖에 없었으며, 궁극적인 비용을 계산하거나 정해진 예산에 맞출 수 없었다. 천부적 재능과 성격과 파격적 공사 방식으로 라이트는 초과 비용을 사실상 보장받았다. 올바른 해결책과 적절한 공사 마무리를 위해 필요한 시간과 돈에 대해서는 얼마든지 마음속으로 정당화할 수 있는 방안이 있었다. 그것은 호사스러운 그의 생활 방식을 유지해 온 방식과 비슷했다. 건축 아이디어는 우아하고 단순하고 합리적이었으나, 실제 공사 과정에서 추가 비용과 복잡한 문제가 발생했다고 둘러대면서 정당화했다.

라이트는 혁신자일 뿐만 아니라 실무적인 건축가로서, 건축 예술의 위대한 전통에 있어서 마지막 건축 명인 중 한 사람이었다. 그는 집에서 어떻게 생활해야 할 것인가를 포함하여 모든 세부 사항들을 지시했다. 고객들은 공사 비용을 예측하지 못하는 것만 아니라 그의 독단적인 통제에 대해서도 불평을 하곤 했다. 선례가 없는 아이디어와 입증이 안 된 기술로 인한 시련과 공포를 견디려면 건축가와 고객 사이에 맹신에 가까운 신뢰가 필요했다. 그들 중 몇몇은 집을 짓고 사는 과정이 삶을 변화시키고 고양시키는 경험임을 발견하기도 했다.

1923년 11월, 캐서린과의 이혼 후 법적으로 필요한 대기 기간이 다 되자 라이트는 미리엄 노엘과 결혼했다. 예식은 탤리에신에서 치렀다. 한밤중에 위스콘신강에 놓인 다리 한가운데서. 낭만적인 결혼식도 둘 사이의 관계를 개선시키지는 못했다. 우리는 그토록 미리엄과 불행을 겪고도 그가 왜 결혼식을 올렸는지 궁금해진다. 그는 통상 의지가 강한 자신의 여자들에 대해서 최소한으로 대항하는 길을 밟았다. 온갖 스캔들에 의한 나쁜 명성에도 불구하고 그는 특정 세대에 속한 신사였다. 오로지 신사만이 죄책감을 느낀다. 그는 미리엄의 고통을 자신이 유발한다는 것을 알았다. 더불어 두 사람이 서로에게 상처를 주었음에도 불구하고 자신이 그녀에게 고통을 안긴 책임이 있다고 믿었다. 그가 아무리 남녀 사이의 자유롭고 열린 관계를 지지했더라도, 그는 그 시대의 남자로서 여자가 결혼하지 않은 채 남자와 동거함으로써 그녀 자신의 사회적 명성과 입지를 희생시켰다는 사실을 이해했다. 자신이 미리엄을 사회에서 따돌림받게 만들었다고 생각했다. 그는 자서전에서 그러한 사실을 십분 인정했다. 이 일이 일어난 때가 50년 뒤였다면 그 이야기는 어떻게 달라졌을까! 여성 해방과 성적 혁명이 "죄 속에 사는 것"을 고대의 기이한 일로 만들어 버린 뒤였다면 얼마나 무의미하고 사소한 일로 보였을까! 그는 아마도 결혼이 미리엄을 "평온하게" 만들 수 있을 것이라고 생각했는지 모른다. 하지만 결과는 정반대였다. 결혼 뒤 그녀의 상태는 악화되었다. 그녀를 대하는 측은한 감정을 상쇄시킬 정도로 그녀는 비합리적이고 폭력적인 행위를 일삼았다. 그녀의 증세에 대하여 임상적 설명을 듣기 위해 정신과 의사를 방문한 요인 중 하나는 의심할 나위 없이 그녀에 대한 라이트의 죄책감이었다. 의사는 그녀 자신을 위하고 파괴적인 충동들로부터 그녀를 "구하기 위해" 좀 멀리 가 있게 하라는 조언을 했다. 그 조언은 몇 개월 뒤 그녀가 결혼 생활을 청산하고 탤리에신을 떠났을 때 그의 안도감을 정당화해 주었다.

그는 반려자 없이 오랫동안 지내지 않았다. 미리엄이 떠난 뒤 얼마 되지 않아 올가 라조비치 힌젠베르크Olga Lazovich Hinzenberg를 만났다. 그녀는 몬테네그로[46]의 유명한 집안 출신에 젊고 매력적인 여성으로, 예술적이고 신비스러운 성향으로 그를 단번

---

46. 옛 유고슬라비아 연방의 한 공화국 이름.

에 사로잡았다. 두 사람은 시카고의 한 발레 공연에서 만났다. 그녀는 파리에 살다가 시카고로 이주했다. 미국으로 이민 온 러시아인 건축가 블라디미르 힌젠베르크(별거 중인 남편)와 사업상의 일을 의논하기 위해서였다. 그녀는 26세였고 라이트는 57세였다. 그녀의 젊음, 검은 눈, 얼굴로부터 뒤로 수수하게 늘어뜨린 검은 머리, 유행과 달리 희미하게 민족적인 취향이 풍기는 옷차림 등은 미리엄의 허세와 내숭과 유난히 대비가 되었다. 올가는 전쟁 뒤 남편을 떠나 어린 딸 스베틀라나와 함께 파리로 갔다. 그곳에서 그녀는 인간의 조화로운 발전 학교Institute for the Harmonious Development of Man에서 정신적인 삶의 방식을 가르치는, 카리스마 있는 영적 지도자 게오르기 구르지예프의 추종자가 되었다. 라이트는 그녀를 항상 올기반나라고 불렀다. 그녀는 수년 동안 파리와 퐁텐블로에 있는 단체 본부에서 구르지예프와 함께 학생이자 교사로 근무했다. 철학, 신비주의, 음악, 시, 운동, 무용 등의 수련과 더불어 힘든 노동, 단식, 매우 짧은 수면 등의 육체적, 정신적 고난을 요구하는 단체의 일과 덕에 그녀는 앞으로 라이트와 함께 살 때 겪게 될 스트레스를 견딜 수 있었다. 만난 지 몇 달 안 된 1925년 봄에 그녀는 그에게로 와서 함께 살게 되었다. 탤리에신으로 온 직후 그녀는 남편과 이혼했다.

라이트는 사업과 명성을 회복하기 시작했다. 제도사들을 고용할 만큼 일감이 많았다. 유럽의 젊은이들이 라이트와 함께 일하는 특권을 누리고 싶어서 계속 그의 스튜디오로 몰려들었다. 그중에 한 사람, 오스트리아인 리처드 노이트라Richard Neutra는 캘리포니아에서 세련된 모더니즘풍의 주택으로 독립적인 명성을 얻었다. 라이트는 다양한 공사들을 수주했다. 시카고의 보험 회사 마천루, 매디슨의 컨트리클럽. 거기다 그를 항상 매료시키고 사로잡은 초기 형태의 나선형 건물 오토모빌 오브젝티브 빌딩과 플라네타륨 빌딩이 있었다. 사람들은 일요일 전원 드라이브를 할 때 이곳을 항상 목적지로 삼았다. 나선형 주제는 30년 뒤 뉴욕의 구겐하임 미술관으로 실현될 터였다.

그의 작품은 독일과 네덜란드 등 해외에서 주요 출판물에 등장했다. 네덜란드의 전위파 잡지 『벤딩겐*Wendingen*』은 그에 관한 기사를 실었다. 네덜란드의 건축가 베이데벨트는 기사들을 바탕으로 인상적인 모노그래프 『미국 건축가 프랭크 로이드 라이트의 삶과 작품*The Life-Work of the American Architect Frank Lloyd Wright*』을 저술했다. 라이트의 미래는 밝아 보였다. 그러나 모든 것이 산산조각 나기 시작했다. 1925년 4월, 탤리에신에 두 번째 화재가 일어났다. 이번에는 불량한 전선이 원인이었다. 거주 구역이 완전히 파괴되고 그가 일본 여행길에 구입한 오래되고 진기한 보물들이 잿더미가 되었다. 이 예술품들은 그가 청구서 지불 대금을 빼돌려 샀을 만큼 그를 매료시킨 것들이었다. 재건하기 위한 자금을 확보하기 위하여 그는 소유한 모든 것을 저당 잡히지 않을 수 없었다. 집, 스튜디오, 토지, 가축 및 그의 재산 전부를 저당 잡혔다. 1914년의 1차 화재 후 재건을 위해 빌린 빚을 아직 갚지 못했는데 새로운 빚이 추가로 쌓였다.

미리엄이 떠나간 지 1년이 넘었을 때인 그해 7월, 라이트는 가정 유기를 근거로 미리엄에 대한 이혼 소송을 냈다. 소송은 조용하게 진행되다가 미리엄이 올기반나가 텔리에신에 거주한다는 것을 알게 되면서 급격히 방향을 틀었다. 올기반나가 라이트의 아이를 임신했다는 것을 알고 격노한 미리엄은 격렬하고 폭력적인 방해 공작을 벌이기 시작했다. 라이트의 딸 이오반나Iovanna는 1925년 12월에 태어났다. 미리엄은 올기반나가 출산 직후라 피곤하고 몸이 회복되지 않았는데도 그녀를 외국인이라며 국외 추방시키려고 시도했다. 미리엄은 이미 정신병이 심해서 그 증세가 특히 심했을 때는 라이트의 체포 영장을 받아서 텔리에신에 침입하여 그곳이 자기 집이라고 주장하며 강제로 떠밀려 나올 때까지 닥치는 대로 물건들을 파손하기도 했다. 미리엄은 육체적 학대를 근거로 이혼을 위한 맞소송을 냈다. 1926년 8월, 미리엄은 올기반나에 대하여 제3자에 의한 부부 사이의 이간離間을 들어 10만 달러라는 천문학적 금액을 청구하는 소송을 냈다. 소송은 결국 기각되었다.

그해 늦은 여름, 미리엄의 점점 심해지는 법적 공세와 텔리에신의 늘어만 가는 문제로 인하여 라이트는 심한 스트레스를 겪고 있었다. 변호사는 라이트에게 결혼 문제가 해결되고 주변 일들이 안정될 때까지 멀리 가 있으라고 조언했다. 그는 올기반나와 두 딸 스베틀라나와 젖먹이 이오반나를 데리고 미네소타에 있는 호숫가 오두막을 은신처로 삼아 비밀리에 도망쳤다. 그러나 그곳에서 신분을 숨긴 채 조용히 살 수 있기는커녕 두 남녀가 "사생자"를 데리고 "사라진 일"이 언론의 표적이 되었다. 기사는 온갖 이야기로 넘쳐났다. 불륜, 사생자, 복수심에 불타는 "격분한" 아내, 소송과 맞소송, 돈과 법률에 관계된 심각한 문제 등등. 미리엄은 언론에 부지런하게 다량의 기삿거리를 제공했다. 신문의 헤드라인들은 굵은 글자로 사라진 두 남녀를 "도망범"이라고 이름 붙였다. 올기반나를 두고는 "몬테네그로 무용수"라고 말했다. 이 무렵 미리엄과 올기반나의 전남편은 동일한 변호사를 채용했다(사람들은 미리엄이 격렬한 복수심에서 일부러 그렇게 조치했다고 추측했다). 힌젠베르크는 자신의 딸 스베틀라나가 "유괴되었다"고 주장하며 올기반나가 도덕적으로 부적합한 엄마임을 내세워 아이의 보호 감독권을 얻기 위한 소송을 시작했다. 그는 라이트도 제3자에 의한 부부 사이의 이간을 문제 삼아 고소했다.

라이트가 동일한 실수를 두 번씩이나 저지를 수 있었다는 것이 믿기지 않는다. 결혼을 하지 않은 채 올기반나를 위스콘신에서 미네소타의 은신처로 데려감으로써 그는 다시 한 번 비도덕적 목적으로 여자를 주 경계선을 넘어 불법적으로 데려갔다고 고소를 당했다. 그들은 두 달 후 10월 말경에 발각되어 간통과 만법 위반으로 체포되었다. 라이트, 올기반나, 젖먹이 아이, 어린 스베틀라나는 모두 헤네핀 카운티 감옥에 수감되어 그곳에서 이틀을 보냈다. 라이트는 다른 가족들과 따로 격리되어 퍽 친절하게 대해 주는 형사범들과 한방에 수용되었다. 감옥에서 이틀째 되던 밤에 죄수들 사이에서 라이트는 명사로 추대되었다. 그의 사회적 지위를 알아차린 간수는 더러운 매트리스를 갈아주고 방을 청소해 주었다. 다음 날 그는 변호사를 선임하여 보석으로 나왔

올기반나와 딸 이오반나

다. 풀려나자마자 그는 같은 감방을 쓴 수감자들에게 돼지고기와 으깬 감자로 된 요리를 사식으로 넣어 주겠다고 제의했다. 그러나 그들이 음식을 받았는지에 대해서는 아무런 기록이 없다. 후에 만법 위반 혐의는 기각되었으며, 올기반나와 힌젠베르크는 스베틀라나를 공동 보호 감독한다는 데 합의했다. 라이트의 악명은 절정에 이르렀다. 생명 보험에 가입하려고 하자 보험 회사는 그가 지나치게 대중들에게 알려졌다고 거절했다.

사태는 실제로 바닥을 쳤다. 그는 탤리에신에 대한 담보대출금을 상환할 수 없었으며, 여태껏 피신 중이던 1926년 9월에 위스콘신 은행은 담보권을 행사하겠다고 선언했다. 선택의 여지 없이, 은행이 강력하게 요구하자 그는 일본 판화 수집품을 경매에 부칠 수밖에 없었다. 그의 가장 값진 판화들은 뉴욕의 한 화랑에서 실제의 가치보다 훨씬 싼값에 팔렸다. 게다가 화랑은 터무니없게 35퍼센트의 수수료를 챙겼다. 라이트 재산의 공동 소유자임을 선언하고 나선 미리엄은 그 돈에 대한 소유권을 주장했다. 그러나 은행이 그 돈을 차압했다. 부채를 다 갚으려면 여전히 돈이 턱없이 부족했다.

재정 문제에 엄격해진 위스콘신 은행은 부채가 다 상환될 때까지 라이트가 탤리에신에 머무르는 것을 허용하려 들지 않았다. 은행은 이미 저택의 관리원을 접수하는 조치를 취했다. 그는 공식적으로 쫓겨난 것이다. 라이트, 올기반나, 아이들은 말 그대로 살 집이 없었다. 그들은 1926년 겨울을 캘리포니아주 라호야에 있는 바닷가 집을 임차하여 지냈다. 미리엄은 그곳까지 쫓아가 이번에도 그 집의 가재도구를 닥치는 대로 부쉈다. 구르지예프 학교에서 아무리 인내력을 단련했다지만 올기반나는 이오반나 출산 이후 완전히 회복하지 못하여 점점 허약해지고 여위어 갔다. 1927년 봄, 그들은 올기반나의 강제추방령에 대항하기 위하여 뉴욕으로 갔다. 위스콘신 은행은 이미 가축들을 처분했으며 나머지 것들도 모두 경매에 부칠 준비를 했다. 그해 5월, 후에 위스콘신 주지사가 되는 라이트의 새로운 변호사 필립 라폴레트 Philip La Pollette가 은행과 1년간의 대출금 상환 유예를 합의하여 라이트는 탤리에신에서 일할 수 있는 허가를 받았다. 그러나 은행은 빅토리아 시대의 멜로드라마처럼, 라이트가 올기반나와 결혼하지 않았기 때문에 탤리에신에서 올기반나와 함께 "불법적으로" 살 수는 없다고 명시했다. 은행은 죄를 용서할 수 없었고, 죄를 짓는 행위에 돈을 대 줄 수는 더욱더 없었다.

미리엄과의 이혼이 1927년 8월에 마침내 성사되었다. 이제 그녀가 제정신이 아니라는 것이 모두에게 확실해졌다. 그러나 위스콘신 법률에 따라 라이트는 결혼하려면 1년을 더 기다려야 했다. 라폴레트와 라이트의 친구들이 미리엄과의 이혼과 부양비 문제가 해결되도록 손을 써 주었다. 라폴레트는 미리엄과의 이혼이 "완벽해질" 때까지 라이트가 탤리에신에서 일을 재개하는 동안, 올기반나와 아이들이 1년 동안 국외로 나가 있을 것을 권했다. 라이트는 거절했다. 빚을 상환하는 것이 더욱더 어려워졌기 때문에 절박한 상태에서 구상된 아이디어가 실행되었다. 그것이 라이트의 교활한 꾀의 하나였는지 아니면 변호사의 독창적인 생각이었는지는 불확실하다. 소송과 채권자 들로부터 라이트와 그의 수입을 보호하고 그와 관련된 문제들에 질서와 통제를 부여한다는 의도 아래, 라이트의 친구들은 라이트를 프랭크 로이드 라이트 주식회사의 일원으로 내세웠다. 위험천만한 투자임을 알면서도 항상 낙천적인 친구, 고객, 가족 들이 주식을 샀다. 언제나 기꺼이 라이트의 청을 들어주는 다윈 마틴은 상당한 자금을 내놓았다. 다양한 인사들로 구성된 주주들 중에는 극작가 찰스 맥아더Charles MacArthur, 비평가 알렉산더 울코트Alexander Woollcott, 라이트의 여동생 매기널 등이 포함되었다. 용기 있는 시도이기는 했지만 라이트의 얽히고설킨 재정 문제를 풀 수는 없었다. 이혼 협상 중에 미리엄과 접촉할 필요가 있어서 라이트의 후원자들이 그녀가 어디 있는지를 묻자 라이트는 아무런 대답을 할 수 없었다. 이에 당황한 마틴은 자신과 마찬가지로 참을성 많은 형에게 보고했다. "아내를 어디에 두고 잊어버릴 만큼 부주의한 사람은 프랭크뿐일 거야."

사태는 더 이상 나빠지려야 나빠질 수가 없었지만 실제로 그렇게 되고 말았다. 라이트가 올기반나와 함께 돌아온 것을 안 위스콘신 은행은 "그 구역이 비도덕적인 목적으로 사용되고 있기 때문에" 라이트가 더 이상 그곳에서 일하거나 살 수 없다고 통보했다. 라이트는 저당권자의 권리 행사가 "부당하다"고 말했다. "저당권자가 우리의 동거에 반대하면서 우리더러 떠나라고 요구했다." 가족은 다시 집 없는 상태에 처했다. 구원의 손길은 앨버트 체이스 맥아더Albert Chase McArthur로부터 왔다. 예전에 라이트의 도제였던 젊은 앨버트 맥아더는 자신의 형제 찰스와 워런 2세를 위해 피닉스에 애리조나 빌트모어라는 새로운 호화 호텔을 설계 중이었다. 〈라쇼몽羅生門〉[47] 같은 라이트의 인생에서 이 건을 두고 두 가지 이야기가 있다. 독자들은 어떤 것이 진짜인지 마음대로 고를 수 있다. 앨버트의 미숙함을 걱정한 형제들이 라이트에게 도움을 요청했거나 아니면 라이트의 설명대로 앨버트 자신이 호텔 건축을 위해 텍스타일 블록 시스템을 사용할 가능성에 대하여 라이트에게 자문을 구하는 편지를 보냈다. 추정하건대 라이트는 앨버트 맥아더의 안이 훌륭하다고 답신했을 것이다. 라이트는 가족과 함께 한동안 머무르기 위하여 컨설턴트로서 애리조나에 오게 된 것을 기쁘게 생각했을 것이다. 1928년 초에 라이트가 피닉스에 주재할 것을 요구하는 계약이 체결되었다. 어디까지가 자문이고 어디까지가 실제적인 라이트의 설계였는지는 정확하게 결정되지 않았다. 호텔의 도면은 맥아더에게 속하는 것으로 간주되었다. 라이트는 사정상 자신의 주장을 내세우지는 않았다. 하지만 그는 4층을 추가하는 것은 물론, 의심스러운 엔지니어들이 자신이 고안한 콘크리트 블록 시스템 뒤에 전통적인 구조물을 끼워 넣는 것에 강하게 반대했다. 그러나 컨설턴트의 신분이었으므로 그 결정을 번복할 권한은 없었다.

한편 탤리에신에서는 멜로드라마가 계속되었다. 부채를 상환할 날짜가 지나자 은행은 토지와 건물에 대한 권리를 접수하고

---

47. 일본 구로사와 아키라 감독의 영화.

1928년 5월 말에 탤리에신을 경매하겠다고 발표했다. 입찰자가 없어 경매는 유찰되었다. 은행은 프랭크 로이드 라이트 주식회사 후원자들이 탤리에신을 확보할 자금을 마련하는 조건으로 라이트의 재산을 되사들였다. 그해 8월, 괴로움에 시달리던 라이트와 올기반나는 마침내 결혼할 수 있게 되었다. 손수 색칠한 청첩장에는 두 살 반이 된 이오반나의 그림이 맨 위에 들어 있었다. 신혼을 피닉스에서 보냈다. 그해 9월에 회사는 은행이 요구하는 자금을 마련했다. 10월에, 새로 결혼한 부부는 탤리에신으로 왔다. 1년 후인 1929년, 미리엄 노엘은 병을 앓다가 사망했다. 1914년의 참사 이래 라이트의 삶을 지속적으로 괴롭히던 시기 중에서 최악의 것이 끝났다. 그는 거의 4년간 일을 공쳤다.

9
탤리에신 펠로십

일을 재개하기에는 결코 좋은 때가 아니었다. 1929년 10월, 증권 시장이 붕괴되고 대공황이 시작되면서 1920년대의 건설 붐은 갑작스럽고 파멸적인 종말을 맞이했다. 사업 계획들은 취소되고 이미 시작된 건물들도 완공이 되지 않은 채 몇 년 동안 그대로 서 있었다. 라이트가 매우 기대하던 호화판 호텔 '사막의 샌 마르코스San Marcos-in-the-Desert' 신축 공사가 자금 부족으로 무산되었다. 이 공사는 애리조나주의 흥행가이자 개척자로서 사막의 많은 땅을 관리하던 알렉산더 챈들러Alexander Chandler 박사가 의뢰했다. 라이트는 글을 쓰고 강연하며 살아남을 궁리를 하는 데 많은 시간을 보냈다.

그러나 애리조나에서의 경험이 하나의 전환점이 되었다. 그것은 선택이 가능한 여러 가지 가능성과 감각을 열어 주었으며, 거기에는 여느 때처럼 우연한 일들이 괄목할 만한 역할을 했다. 챈들러와 라이트는 1928년에 만났다. 그 당시 라이트는 애리조나 빌트모어 공사에 참여하고 있었다. 만나자마자 두 사람은 의기투합했다. 챈들러의 재산 중에는 그의 이름을 딴 애리조나주의 소도시 챈들러가 있는데, 유명한 샌 마르코스 호텔이 그곳에 위치했다. 챈들러는 그 호텔을 애리조나 빌트모어와 경쟁 상대가 될 수준 높은 것으로 만들고 싶어 했다. 그는 건축가를 물색하다가 라이트가 피닉스에 있다는 소식을 들었다. 라이트는 노신사의 야심찬 비전을 공유했다. 또한 챈들러의 사막에 대한 지극한 사랑도 함께 나누었다. 라이트는 사막의 빛과 색깔, 강렬한 태양과 끝 간 데 없는 하늘, 암석층과 멀리 바라다 보이는 언덕, 거대한 사구아로 선인장과 기묘하게 꽃이 피는 초목 등에 압도되고 매혹되었다. 그는 이전에 이곳을 방문했을 때 그 매력에 사로잡혔으며, 경외심마저 일으키는 아름다움에 대한 애착은 빌트모어에서 자문역을 하는 동안 점점 더 강해졌다. 1960년대에 레이너 배넘이 훌륭한 논문에서 기술한 바와 같이, 사막은 여러 가지 면에서 라이트에게 하나의 계시요 삶을 변화시키는 경험이었다.

라이트는 1928년 봄, '사막의 샌 마르코스'에 대한 일을 시작했다. 설계를 완성한 것은 그해 여름, 아직 탤리에신으로 돌아가는 것이 금지된 채 어쩔 수 없이 라호야에서 올기반나와 체류하고 있을 동안이었다. 그해 9월, 라이트 내외가 결혼 후 애리조나에서 신혼을 보내는 동안 라이트는 도면을 챈들러에게 보여 주었으며 이어서 계약이 체결되었다. 그해 10월, 마침내 위스콘신으로 돌아오는 것을 허락받았다. 하지만 챈들러와의 계약에 따라 라이트는 공사 기간 중에 애리조나에 체류해야 했다. 1929년 1월 초, 앞이 보이지 않는 세찬 눈보라 속에서 그는 집과 사무실을 애리조나로 옮겼다. 공사 기간 동안 그곳에 머무를 작정이었다. 도제들, 일꾼들, 가족, 아이들을 위한 보모 등을 포함하여 열다섯 명이나 되는 일행이 묵을, 값이 헐한 숙소를 찾을 수가 없자 그는 솔트 레인지 산맥 근처의 챈들러 소유의 땅에 임시 캠프를 지었다. 오코틸로ocotillo[48] 숲의 불꽃같은 주홍색 꽃을 보고 이름 붙인 오카틸라 사막 캠프Ocatilla Desert Camp는 탤리에신 웨스트의 전신이었다. 나중에 탤리에신 웨스트를 스코츠데일 근처에 지어 매년 겨울철에 탤리에신의 전체 기구機構가 위스콘신에서 이곳으로 이동했다.

라이트는 챈들러에 있는 사무실의 추운 빈 방에서 임시 캠프 설계도를 신속하게 그렸다. 그가 제도판을 상자 위에 올려놓자 도제들은 그에게 제도 도구를 건넸다. 캠프 건설은 다음 날 일찍 시작되었다. 해가 "사막의 산등성이와 해가 뜨는 멋진 하늘이 만드는 웅장한 장관" 위로 떠올랐다. 그의 회고에 따르면, 사막의 전망과 배경에서 활기를 얻고 아침 추위에 몸을 떨고 노래를 부르면서, 일행은 "폭이 96킬로미터나 되는, 우주만큼이나 길고 높은 멋진 식당"에서 아침을 먹었다.

---

48. 미국 남서부와 멕시코에 서식하는 사막의 관목으로, 가시 돋친 가지가 있으며 우기가 지나면 잎사귀와 주홍색 꽃을 피운다.

그들은 열다섯 채의 막사를 건설했다. 나무로 만든 틀 위에 캔버스를 덮어서 지붕을 만들었다. 높이를 돋운 대臺가 있는 중앙의 캠프파이어를 중심으로, 막사 벽은 각진 상자 모양으로 나무판자들을 연결하여 둘렀다. 맨 위와 아래의 판자에는 오코틸로꽃과 같은 붉은색 페인트를 칠했다. 그가 자서전에 쓴 바에 따르면, 캠프는 "날개에 주홍색 반점이 있는 커다란 나비 떼 같았고, 사막 바닥으로부터 부드럽게 솟아올라 여기저기 노출된 검은 바위 덩어리들의 모양과 우아하게 일치했다. 마치 메사mesa[49]를 내려오는 배들처럼" 어떤 새로운 종류의 사막 선단船團 같았다.

사막이라는 프리즘을 통해서 그는 사물을 다르게 보았다. "천장에 달린 흰빛을 내는 캔버스. 내부의 빛의 굴절은 기분을 매우 유쾌하게 만들고 사막의 분위기와 어울렸다. 나는 지나치게 무거운 중서부 주택의 어둡고 견고한 천장을 생각하면 마음이 답답했다. 그곳의 드넓은 공간에 나와 있으면 지나치게 빤히 드러나는 사물들의 모습이 눈을 쉽게 피로하게 하고 상상력을 엉망으로 만들었다. 유난히 두드러진 대칭이 대화가 시작되기도 전에 말을 막아 버렸다." "곧은 선은 점선이 되고, 평평한 면은 넓고 낮고 겹지고 펼쳐진 평면이 되어야 한다. 왜냐하면 이 놀라운 사막에는 단단하고 점이 찍히지 않은 선이 하나도 없기 때문이다." 캠프의 가벼움과 힘찬 모습, 비대칭성 등은 대칭과 일상적인 것과 전통적인 것을 넘어서서 건물 짓는 방법을 암시했다.

---

49. 침식에 의해 생긴 대지. 해안이 침식되었을 때 암석층이 남아서 형성된다.

건물의 배경에 조응하는 것, 그리고 실제 모습을 환기시키는 추상적인 모습으로 바꾼 주제와 모티프 양면에서 또다시 라이트는 자연을 사용했다. '샌 마르코스'를 위하여 설계한 빌딩의 꼭대기에서 바닥까지 거침없이 일관되게 구사된 곧고 톱니 모양을 한 정면들은 사구아로 선인장을 재생해 낸 것이었다. 그에 따르면, "모든 평평한 면은 사구아로 선인장과 같이 이랑 무늬를 입히고 그 형태를 본뜬다. 빌딩 전체는 이 산악 지역의 추상적 표현이다." 샌 마르코스 계획안은 이전의 캘리포니아 주택들에서 보이는 것보다 구조적이고 미적인 면에서 그의 텍스타일 블록 시스템을 한 걸음 더 앞으로 발전시켰다. 현장에서 만들어진 습작품과 실물 크기의 모형 들은 블록을 반복적이고 개별적인 구성 단위로서가 아니라 통합되고 일률적인 형태를 표현하기 위해 사용했다. 건물마다 테라스를 달고 집 뒤쪽에 층계를 낼 참이었다. 그렇게 함으로써 각 방마다 발코니와 넓은 범위의 전망을 갖추게 할 수 있었다. 이런 방식은 차후 리소트 호텔에는 거의 보편적으로 적용되었다. 그는 뉴욕의 아파트 건물 '세인트 마크스 인 더 보워리St. Mark's-in-the-Bouwerie' 설계에 사구아로의 비유比喩를 다시 사용할 터였다. 그는 이 빌딩이 사구아로 선인장과 내부 구조가 동일하다고 기술했다. "수직 막대와 같은 내부 구조가 몸체를 견고하게 수직으로 세워 주며, 몇 세기 동안 세로로 홈이 팬 둥근 기둥 모양의 거대한 덩어리를 지탱한다." 그는 사구아로 선인장을 "강화된 건축 공법의 완벽한 본보기"라고 불렀다.

그러나 샌 마르코스는 세상에 태어나지 못할 운명이었다. 10월

증시 붕괴로 챈들러는 자금을 마련할 수 없었다. 동시에 라이트가 재정적 구제를 위해 기대하던 수수료 4만 달러도 날아갔다. 설상가상으로 늘어만 가는 탤리에신의 빚더미에 1만9천 달러를 추가할 수밖에 없었다. 그는 영원한 낙천가였음이 틀림없다. 혹은 그의 불굴의 의지는 그의 야망, 그리고 재능과 임무에 대한 믿음처럼 견고했다. 미래에 성취될 씨앗이라고 본 것들 중에서 어떤 공사도 실패하지 않았고 어떤 설계 의뢰도 놓친 적이 없었다. 단명에 지나지 않은 오카틸라조차도 교훈을 주고 짚고 넘어가야 할 독특한 면들을 보여 주었다. 탤리에신으로 철수한 뒤 한 철이 지나기도 전에 오카틸라는 자재의 특성상 파괴되어 사라졌다. "인디언이 그것들을 몽땅 짐수레로 실어가 버렸다"고 그는 말했다.

레이너 배넘은 라이트의 사막 여행과 그곳에서 보낸 시간을 그의 "황량한 시기"라고 기술했다. 다시 말해 직업상으로나 정신적으로 황량하던 시기로, 그는 직업적인 고립감과 육체적 및 정서적 변화로 인한 황량함을 견뎌야 했다. 배넘이 쓴 바에 따르면 "사막은 누구에게나 그랬듯이 그를 동요시켰다. 사막은 매혹적이고 무정하게 아름다웠지만 그와 함께 황량한 황무지와의 접촉은 솔직히 말해서 불안감을 주는 면도 있었다." 중서부 교외로부터의 망명치고는 사막에서의 생활은 강력하고 감동적이고 해방감을 느낄 수 있는 체험이었다. 예전에 그는 망명의 일환으로 유럽과 아시아의 오래된 문명을 여행한 적도 있었다. 배넘에 따르면 사막에서의 경험이 그에게 안겨 준 것은 새로운 자유, 전통적인 공간 배치의 거부, 말하자면 "축대칭으로부터의 자유, 직각으로부터의 자유, 중앙 집중화된 공간으로부터의 자유", 그의 초기 작품을 특징짓는 선통석인 기하학으로부터의 자유였다. 그는 가볍고 활용성이 많은 유소니언 주택과 그가 말년에 받아들인, 비약적 환상을 표현하는 양식으로 넘어가는 궤도에 있었다.

5월의 찌는 듯한 더위가 시작되고 뱀을 비롯하여 동면에서 깬 동물들이 캠프를 침입하자, 라이트는 가족들을 위스콘신으로 데려가기 위하여 "덮개 없는" 중고 패커드 스포츠형 페이튼 자동차[50]를 구했다. 여러 곳을 둘러 가는 여정은 끝이 없는 듯했다. 그는 여행 경로를 수시로 바꾸어 예측할 수 없게 만드는 것으로 악명이 나 있었다. 그들은 애리조나에서 시카고를 거쳐 뉴욕으로 갔다. 그곳에서 세인트 마크 사업을 의논했다. 그러나 그 건물은 대공황이 깊어지자 공사 계획이 취소될 운명이었다. 1920년대 말 라이트는 국제적인 이미지와 명성을 얻었다. 그러나 이제는 라이트는 물론 다른 건축가들도 한가하게 지내는 시기였다.

올기반나와 함께 미네소타 호숫가 방갈로에서 법과 채권자 들로부터 피신하면서 일체의 업무 활동을 중단하고 있던 무렵, 그는 올기반나의 성화에 못 이겨 자서전 집필을 시작했다. 나중에 두 번씩이나 수정되고 재출간된 이 별난 기록은 사실을 드러내기도 하고 감추기도 하는 기억과 사건 들을 선택적으로 가렸다는 점에서 하나의 창조적이고 감정을 정화하는 행위의 결과였다. 그 진실과 거짓이 서술체 이야기와 철학적 반추 속에 엮어

---

50. 포장마차형의 자동차.

져 있다. 그의 이야기는 아름다움에 대한 위대한 묘사로부터 도덕과 미학에 대한 긴 설교까지 넘나들어서 독자들은 끈질긴 인내력과 꼼꼼한 이해력을 지녀야만 읽을 수 있다. 루이스 설리번과 헨리 애덤스Henry Adams의 회고록을 모델로 삼고, 대단히 개인적인 문체를 거침없이 구사하는 휘트먼풍의 산문체로 쓰인 그의 자서전을 비평가들은 실패한 문학 작품으로서 무시했다. 그러나 장소, 경치, 공사 현장 등을 묘사하는 대목에 이르러서는 상당 부분 매우 훌륭하다. 자서전은 그가 스스로에 대하여 생각하는, 그리고 남들에게 비쳐지기를 바라는 모습의 라이트를 묘사했다. 진실이건 거짓이건 간에 그가 쏟아 낸 말들을 통해 우리는 복잡하고 재능 있고 일에 몰두하고 자아 중심적이고 건방지고 깊이 믿고 자기 기만적이고 자발적으로 곤경에 빠지는 인간에게 가장 가깝게 다가갈 수 있다. 그러나 우리에게 직접적으로 전달되는 것은 카리스마와 위트이다. 그의 계산된 행위, 정도를 벗어난 행동과 말 들은 모두 이 카리스마와 위트를 통해 표출되었다.

자서전은 1932년에 출판되었다. 당시의 시대적 상황은 라이트가 추구한 것과는 다른, 지적이고 예술적인 양식을 향해 옮겨 가고 있었다. 라이트의 재능이 인정받지 못했거나 그의 작품에 대한 존경이 부족했다는 뜻이 아니라, 라이트의 성취가 지나간 과거의 일부로 여겨졌다는 뜻이다. 그는 65세로 은퇴할 나이였다. 혁신적이고 유명한 빌딩들을 30년간 지었다는 것은 그 나름대로 완벽하게 완성된 경력이라고 간주할 수 있었다. 그는 변화와 발전에 대한 끊임없는 가능성을 예시했다. 그러나 아무도 라이트가 경력을 계속해서 쌓아 가리라고는 기대하지 않았다. 젊은 세대는 라이트를 괴짜에 성마른 노인으로서 그의 "한창 시절이 왔다가 가 버렸다"고 생각했다. 1932년, 그는 일감과 앞날에 대한 전망이 없었다. 대부분의 건축가들도 마찬가지였다. 그는 돈도 새로운 경험도 없었다. 다른 이들도 다 그러했다. 그는 자기에게 상당한 액수의 채권을 가진 자들을 피하는 데 능란했다. 채권자들에게 계산에 오류가 있거나 상환을 요구하는 시기가 적절하지 못함을 확신시켰다. 그는 항상 돈을 구할 수 있거나 수중에 넣을 수 있다고 믿었다. 그러는 한편으로 자신이 보기에 적절한 생활 수준을 유지하기 위하여 때로는 건방을 떨고 때로는 애교를 부려서 남에게 빌고 허세로 속였다.

별도의 생활 수단 없이 건축계의 원로 지도자 역할을 떠맡게 된 그는 광범위하게 글을 쓰고 강연을 했다. 그는 스스로 생각하기에 한참 때늦은 명예와 초청을 받기 시작했다. 1929년, 베를린 예술원은 그를 '특별 명예회원'으로 만들었다. 1930년, 그는 프린스턴대학에서 칸Kahn 강의를 했다. 그 강의 내용을 묶어서 다음 해에 『현대 건축Modern Architecture』이라는 이름으로 출판했다. 그와 올기반나는 리우데자네이루 범미주연맹의 초청을 받았다. 그곳에서 라이트는 콜럼버스 기념관을 위한 공모전을 심사했다. 1931년, 뉴욕에서 그의 작품에 대한 회고전이 열렸으며, 그 후 암스테르담, 브뤼셀, 프랑크푸르트, 베를린 등의 해외로 순회 전시되었다.

1932년, 그는 몇 해 전에 설립되어 곧바로 영향력을 발휘하기 시작한 뉴욕 현대미술관에 의해서 구설수에 올랐다. 이 미술관이 역사적인 전시회 〈현대 건축: 국제전〉을 개최했을 때, 라이트가 비평가와 동료 들의 불의와 배신행위를 알아차리고 품은, 때로는 무분별한 적의가 고통과 분노의 상태로까지 깊어졌다. 전시회를 조직한 사람 중 신참 필립 존슨은 건축계의 중추적인 세력가이자 유행의 선두주자로 발돋움할 사람이었다. 또 한 사람 젊은 헨리-러셀 히치콕Henry-Russell Hitchcock(아직도 하이픈을 쓰지 않고 그의 이름을 사용하고 있다)은 막 이름난 건축사가로서 경력을 쌓는 참이었다. 두 사람과 미술관에 새롭고 현대적인 것은 라이트가 아니라 그 당시부터 국제양식이라고 알려진 유럽의 건축운동이었다. 이 전시회는 르코르뷔지에, 발터 그로피우스, 미스 반 데어 로에, 독일의 바우하우스, 네덜란드의 데스테일De Stijl, 오스트리아의 리처드 노이트라와 유럽 양식을 구사하는 몇몇 재능 있는 미국인들의 작품을 높이 내세웠다.

라이트의 건물들이 이 전시회가 규정하는 기계주의 모더니즘의 독단적인 양식상의 규칙에 들어맞지 않기 때문에, 그의 작품을 어떻게 취급할지 망설이던 두 큐레이터가 라이트의 작품을 제외시켰다. 그러나 가능한 한 미국적인 것을 강조하라는 주문에 그들은 재고했다. 그로 인하여 이루어진 단속적斷續的인 협상에서 라이트는 처음에 전시회에 참여하기를 거부했다. "나는 이 전시회와 호흡이 맞지 않고 전시회의 목적에 부합하지 않는다"라고 존슨에게 서신을 보냈다. 그 서신에는 개인적인 모욕과 고상한 원칙에 대한 표현들이 가득했다. 자신이 말썽쟁이이고 비타협적인 이기주의자임을 인정하면서 라이트는 평판에 맞추어 행동하겠다고 선언했다. 그는 존슨과 히치콕이 선정한 건축가들의 "판박이 양식"을 비웃었다. 더불어 두 큐레이터에 대하여 "당신들이 선호하는 사람들을 허황되게 선전"하고 있다고 호되게 꾸짖었다. 라이트는 "나는 건축적으로 말하자면 현재 국가가 없는 사람이라고 생각한다"라고 결론을 맺었다. 덧붙여 "당신들의 전시회에 참여함으로써 건축과 행동에 대한 나 자신의 원칙들을 위반할" 이유가 없다고 말했다. "나는 적어도 내 주장을 굽히지 않을 것이다!"

마침내 그는 주택 부문에 참가자로 포함되었다. 전시회를 위해 그는 도전적으로 "메사 위의 주택"을 준비했다. 큐레이터들의 모더니즘, 그 밖의 모더니즘, 라이트 자신의 모더니즘 등 모든 모더니즘에 대하여 자신이 통달했다는 것을 과시하려는 목적에서였다. 전시회가 끝날 때까지 자신이 전시회에 참여하게 된 것을 후회하고 항의하면서 그는 미술관 측과 불쾌한 관계를 유지했다. 하지만 미술관은 후에 그의 주요 작품 전시회를 개최했다. 라이트를 "흘러간 19세기의 가장 위대한 건축가"라고 무시한 존슨은 후에 자신의 평가를 수정했다.

닐 레빈이 지적한 대로 라이트와, 국제양식 옹호자와 실행자들 사이의 괴리는 현실적이고 깊었다. 레빈에 따르면, "국제양식 모더니즘의 기하학적 추상에 대하여 라이트는 상당히 구상적인 자연주의를 제시했고, 유럽인들의 기계적 기능주의에 대해서 라이트는 낭만적인 표현으로 대항했다. 유럽인들의 표준화에 대하여 라이트는 재료별, 현장별로 거기에 맞는 개별적 공법을 주장했다. 그들의 규칙화된 교외의 질서라는 집단적 비전에 라이트는 토지 이용과 개발에 대한 전형적 미국 방식에 기초한 실용적 개인주의를 대립시켰다."

라이트는 진정한 미국식 건축의 탐구에 대한 자신의 헌신을 끊임없이 강조했으며, 그것을 발명한 자신의 공적을 계속해서 주장했다. 그는 자신의 작품이 시대와 공간의 심원한 진리를 구현한 것이라고 생각했다. 그는 문화 엘리트들이 받아들이는, 유럽식 모더니즘이라는 표피적이고 일시적으로 유행하는 "동질적인" 매너리즘에 반대했다. 그는 자연과 건물이 하나가 되는 유기적 건축이라는 이상, 부지敷地와 재료와 실물을 환기시키는 세부 장식 등에 대한 강조, 형태에 주입시킨 상징주의, 아늑하고 이해하기 쉬운 가정적 분위기의 강조 등을 옹호했다. 이 모든 것들 때문에 그의 건축물은 경쟁 상대자들의 뚜렷하게 휜 표면과 세련된 기계주의 예술 양식과 비교할 때 구식처럼 보였다. 사람들은 그를 전통주의자라고 불렀다. 더 나쁘게는 "신전통주의자"라고도 불렸다. 이 말은 그가 이룬 혁신은 인정하지만 그것을 지나간 역사의 한 부분으로 치부해 버린다는 의미였다. 그는 자신과 국제양식 옹호자들 간의 분열을 영속화시켰다. 유럽 "적들"의 건축양식을 "비인간적인 수술실"의 모습이라고 지속적으로 질타했다. 그러나 라이트의 심정은 착잡했다. 국제양식의 장점과 재능을 알아챘기 때문이다. 그는 리처드 노이트라와 공개적인 적이되기 전에 노이트라가 로스앤젤레스에 지은 로벨 저택을 숭배했다. 과거에 모든 종류의 자극물에 대하여 항상 반응하던 것처럼, 라이트는 여전히 자신에게 흥미를 일으키고 항상 변화하는 자신의 양식과 관련이 되는 것은 무엇이든지 연구하고 흡수하여 자기 것으로 만들었다.

그는 물론 미술관의 평가를 받아들일 생각이 없었다. 그는 새로 결혼한 지 4년이 되었고, 어린아이의 아버지였으며, 그 어느 때보다도 중요하고 새로운 빌딩들을 설계할 수 있다고 확신했다. 그는 젊은이들을 지치게 만들 수 있을 정도로 지칠 줄 모르고 일하는 사람이었다. 그의 삶은 비극과 역경과 자신의 비타협적인 태도와의 싸움으로 일관했다. 그는 예술가와 혁신가로서 자신이 응당 누려야 할 지위를 유지하기 위하여 어느 때보다도 더 맹렬히 싸우려 했다.

대중의 지명도와 언론을 능숙하게, 그리고 기회를 잘 타서 주무르는 데 재주가 있는 그는 직접적으로, 그리고 글을 통하여 계속 공격했다. 그는 문화 및 지적 지도자들을 계속하여 비난했다. 그들의 죄는 주로 라이트 자신을 건축적 진리의 유일한 대표자로서 인정하지 않는 데 있었다. 그는 다른 동료 건축가들이 유기적 건축의 배타적 유효성을 전혀 모른다고 비난했다. 불공정하다는 느낌과 편집증이 강해져 보자르에서부터 바우하우스에 걸친 그의 적들의 명단에 미국 건축가 협회가 들어가게 되었다. 더 나아가 좀 더 개인적인 차원에서 모든 시공업자, 변호사, 부동산업자, 은행가, 고객의 아내들까지 적이 되었다. 신랄하고 논쟁적이며 개인적인 의향이 강렬하게 표출된 그의 의견들은 언론의 끊임없는 기삿거리가 되었다. 잘 모르는 것에 대해서도 그는 의견을 삼갈 줄 몰랐다. 모든 사안에 대하여 조금이라도 알거나 말거나 상관없이 뻔뻔하게 떠들었다.

사실을 취급하는 그의 교만한 자세로 인하여 대중들이 그의 인격을 낮게 평가했을 때도 그는 유명세를 즐겼다. 레이너 배넘이 말한 대로 "그는 논리와 정보보다는 개인적 매력과 카리스마에 훨씬 더 많이 의존했다." 스스로 누릴 자격이 있다고 믿는 대중적 관심을 확보하기 위하여 그는 자신이 미국의 가장 위대한 건축가라고 끊임없이 주장했다. 그다음에는 더 뻔뻔하게 세계에서 가장 위대한 건축가라고 추어올리고, 마침내는 모든 시대를 통틀어 가장 위대한 건축가라고 공언했다. 실제로 그가 어느 정도로 믿었는지는 몰라도, 그는 자신의 재능과 신념 들을 확고하게 믿었으며, 그것들을 실행하는 데 지나치게 헌신적이었다. 그러나 에머슨과 러스킨의 낭만적인 19세기 전통 속에서 재능과 정신을 반#신비적으로 결합한 그의 양식은 새로운 세대로부터 아무런 공감도 얻지 못했다. 새로운 세대는 위대한 빅토리아풍 양식에서 더 이상 의미나 심원함을 찾을 수 없으며, 라이트의 혁신이 얼마나 급진적이고 앞으로도 계속해서 그러리라는 것을 알지 못했다. 자연으로부터가 아니라 산업과 기술로부터 영감을 이끌어 내고 기능주의를 옹호하는 사람들은 라이트를 한물간 사람으로 여겼다. 그는 문화적 중심의 변방에 있었으며 사회와 예술에 있어 문화가 미치는 영향권을 벗어나 있었다.

그는 자신에게 늘 충성심을 보이던 구원자들로부터 자금을 마련할 수 없었다. 그의 가장 큰 후원자이자 손쉽게 돈을 빌릴 수 있던 다윈 마틴이 1935년에 세상을 떠남으로써 앞으로 지원받을 수 있는 길이 막혔다. 하지만 라이트는 살아갈 궁리를 하는 데 결코 궁지에 빠지는 법이 없었다. 그는 고용자가 아닌 교육자가 되기로 작정했다. 물론 이때 설계 의뢰도, 그가 고용한 직원도 없었다. 그는 언제나 자신을 위해 일하려고 스튜디오에 모여든 재능 있고 젊은 남녀들에게 의존했다. 이제 그는 직원을 도제로 대체하려 했다. 도제들은 "일하면서 배울" 참이었다. 라이트가 그들에게 대가를 지불하는 대신, 그들이 그와 함께 일하면서 배우는 특권에 대하여 대가를 지불할 터였다. 그리하여 1932년, 절박한 상태에서 창의력을 발휘하여 눈부신 계획을 짰다. 그것은 궁핍한 사태를 이익이 나는 것으로 바꾸거나, 적어도 탤리에신이 제 기능을 유지할 수 있게 하기 위한 목적이었다. 과거에 구르지예프 교육 기관의 제자이자 교사이기도 했던 올기반나의 경험에 힘입어 탤리에신 펠로십Taliesin Fellowship이 탄생했다.

라이트에게는 통상적인 일이지만 펠로십은 개념상으로는 실제보다 훨씬 더 웅장한 면모를 지녔다. 현실적인 고려로 규모와 범위가 곧바로 줄어들었다. 그가 작성해서 보낸 사업 요강에 따르면 일흔 명의 도제를 모으고 도제 한 사람이 1년 동안 생활 공동체의 일원으로서 체험을 쌓는 비용으로 각각 650달러를 납부하게 되어 있었다. 그 비용을 내고서 숙소와 음식, 재능이 뛰어난 거주자들과 무도舞蹈를 통한 교제, 도자기, 옷감 짜기, 여타의 예술 활동 등을 제공받으며 위대한 건축가와 가까운 접촉을 통해

1930년대에 탤리에신 펠로십의 참여를 독려하기 위해
제작된 출판물

건축 지식을 습득할 수 있을 터였다. 펠로십은 물질적으로나 재정적으로 자급자족하는 체계로 운영할 예정이었다. 펠로십의 규칙에도 이곳이 협동적이고 자급자족하는 공동체임을 명시했다. 일과는 오전과 오후 두 시간씩 도합 네 시간을 농장 일이나 잡다한 가사에 보내고 나머지 시간은 예술적이고 지적인 활동에 전념하도록 되어 있었다. 도제들은 자신들이 먹을 것을 손수 기르고 숙소도 지었다. "실제로" 참여하는 숙소와 스튜디오의 건설이야말로 "일하면서 배우는" 체험이었다. 저녁에는 오락이 마련되었다. 음악적 재능이 있는 사람들의 콘서트와 초청 공연이나 초청 연설 등으로 구성되었다. 라이트는 전통적인 교육 과정은 없을 것임을 강조했다. 그는 실제적으로나 예술적으로나 효용이 없다는 이유로 여러 건축 학교에서 가르쳐 달라는 요청을 거절했다. 그러던 그가 학교 학생들 중에서 교육 과정 대신 라이트의 "삶 전체"를 배우겠다는 사람들, 말하자면 학교 이탈자들을 위하여 그 교육 기관에 펠로십 모집 요강을 돌렸다. 지원자들은 정신적이고 실용적인 욕구를 충족시키는 포괄적인 경험을 기대할 수 있었다.

기존의 수용 시설로는 일흔 명의 도제들을 받아들일 수 없다는 것이 곧 드러났다. 계획상으로는 이모들이 버려둔 근처의 힐사이드 홈 스쿨을 재건하려고 했으나 일정에 맞추어 건축할 수 없는 형편이었다. 그리하여 도제의 숫자는 서른 명으로 줄어들고 그들이 각자 부담할 비용도 1년에 1천1백 달러로 인상되었다. 라이트가 자신의 선택에 따라 지원자들을 받아들이거나 거부하겠다는 점을 분명히 했음에도 서른 명의 자리가 즉시 찼으며, 남은 사람들을 대기자 명단에 올려놓을 정도였다. 펠로십이 아니라 지원자들이 테스트를 받을 지경이 되었다. 그는 유토피아 같은 모험을 약속하며 자유와 단련이 동등하게 주어지는, 구성원들의 민주주의를 천명했다.

또다시 두 개의 이야기가 있는데 독자들은 그중 하나를 선택해야 한다. 하나는 펠로십이 전적으로 라이트의 이익에 봉사하는 교묘한 사기극이었다는 것이고, 다른 하나는 펠로십이 건축가의 삶을 보장하는 의미심장한 준비 과정이었다는 것이다. 부연하면, 전자의 경우 펠로십은 약속된 건축 교육을 받고자 했지만 하나도 받지 못한 자들을 이용한 몰염치한 속임수, 혹은 일종의 연한제年限制 도제살이였다. 후자의 경우 펠로십은 운이 좋은 참여자가 당대의 가장 위대한 예술가 중 한 사람의 눈과 손과 마음을 가까이서 접할 수 있는, 독특하고 문화적이고 창조적인 체험이었다. 펠로십은 동지들이 건강한 기술을 개발하는 개화된 공동체였다. 혹은 라이트는 느슨하게 올기반나는 엄하게 지배하는 엄격한 위계질서 체제로서 어떤 행동이나 동기라도 철저하게 감시받고 통제받는 곳이었다. 펠로십을 중상하거나 이탈한 자들은 그곳의 체제를 노예제라고 부르며, 순진한 희생자들이 달리 운영할 수단이 없는 장원의 영주가 재산을 유지하도록 돈까지 지불하며 노동을 했다고 비난했다. 두 설의 중간은 없었다. 영감을 받았다고 한 사람들이 있는 반면, 다른 이들은 그것을 착취라고 생각했다. 어떤 이들은 왔다가 떠나지 않았으나 다른 사람들은 가능한 한 신속히 그곳을 떠났다.

펠로십 도제들 중에서는 위대한 건축가가 거의 배출되지 않았다. 경제가 호전됨에 따라 펠로십이 시공한 공사는 모두 라이트의 영향 아래 이루어졌다. 논평자들은 도제 시스템이, 일찍이 보수를 받는 피고용자로서 라이트의 스튜디오에서 일하던 재능 있는 건축가와 같은 사람들을 길러 내는 데 실패했다고 주장했다. 월터 벌리 그리핀, 매리언 마호니, 뒤에 루돌프 신들러와 리처드 노이트라 같은 건축가들은 라이트의 스튜디오에 와서 지식을 흡수하고 시공에 기여했으며 그 후 다른 곳으로 자리를 옮겼다. 라이트 전기 작가 로버트 트웜블리는 펠로십이 일종의 숭배 의식으로 전락했으며 그곳에서 조성된 라이트식 건축학 지식은 규제가 심하고 불필요한 노력이 되었다고 비난했다. 그러한 질책은 일부 옳다. 그것은 시간이 지남에 따라 어쩔 수 없이 생겨난 변화였다. 라이트의 유산은 펠로십과 그것으로부터 발전된 프랭크 노이드 라이트 재단에 몸담았던 라이트의 추종자와 그에게 충성심을 보이던 사람 들에게 엄청난 신세를 지고 있다. 이들은 후에 역사적인 유산과 매우 귀중한 공적 기록의 관리자가 되었다.

1932~1941년까지 도제였던 에드거 태펠Edgar Tafel은 펠로십을 매우 호의적으로 기술했다. 라이트는 그를 몇몇 중요한 공사의 프로젝트 매니저로 임용했다. 태펠은 자신이 수주한 공사들의 수임료 분할 문제를 해결할 수 없게 되자 그제야 펠로십을 떠났다. 라이트는 이러한 문제를 결코 만족할 만한 방식으로 해결할 수 없었다. 회고록『프랭크 로이드 라이트와 함께한 세월들:

천재의 도제*Years with Frank Lloyd Wright: Apprentice to Genius*』에서 태펠의 회상은 존경심과 즐거움, 애정과 자애로움으로 가득 차 있다. 토머스 제퍼슨의 고향 버지니아주 샬러츠빌 근방 사람들이 제퍼슨을 부를 때 "미스터 제퍼슨"이라고 존칭을 쓰는 것처럼, 펠로십이나 라이트 재단 사람들은 스승을 부를 때 다른 이름을 일체 부르지 않고 반드시 "미스터 라이트"라고 호칭했다. 태펠은 어떻게 해서 미숙한 도제들이 말에서 떨어졌는지, 팔다리가 부러졌는지, 낯선 장비들을 사용하다가 베이거나 화상을 입었는지, 그리고 탤리에신이 끊임없이 닥쳐오는 위기를 어떻게 견디었는지를 기술했다. 순조롭게 넘어간 일은 하나도 없었다. 계속되는 재난에도 걱정을 하지 않는 라이트는 "일이 원만하게 해결될 것이라고 믿었다." 그는 "소동"을 즐겨 없을 때는 일부러 만들려고 했다. 쇼핑하러 갈 때마다 매번 상인들과 대결이 벌어졌다. 라이트는 일방적으로 값을 매겨서 물건을 사려고 했다. 흥정이 이루어지기도 하고 실패하는 때도 있었으나 라이트는 실패를 대수롭지 않게 여겼다. 라이트는 사람들이 자기 말 들어 주는 것을 좋아했으며 펠로십은 항상 그런 자리를 마련해 주었다. 라이트가 "혼자 살거나 스스로를 돌볼 수 있는 사람이 아니"라고 언급하면서 태펠은 올기반나야말로 라이트의 삶을 "안정시키는 요소"라고 불렀다. 그녀는 하루하루의 살림을 꾸려나가고 "모든 사태를 수습했다." 라이트는 일이 돌아가는 잡다한 사정으로 골머리를 앓는 법이 없었다.

탤리에신에 대한 라이트의 이미지는 20년 전 그가 품었던 본래의 개념에서 변한 것이 없었다. 그는 유년 시절 밸리에 대한 감상적인 추억을 그대로 간직했다. 풍성한 들판, 배부른 가축 떼, 넘쳐나게 쌓아 올린 지하 저장고, 가족 소풍, 그리고 벌꿀, 잼, 케이크, 파이 등 풍요로운 먹을 것으로 가득 찬 여름의 식탁 들. 그는 그런 일들이 마술적으로 실현되기를 기대하며 느닷없이 소풍을 가자고 요청하곤 했다. 그는 도제들이 만사를 제쳐 두고 자신이 기억하는 그 옛날의 음식물이 가득 든 바구니를 들고 나타나 유년기의 낯익은 장소에서 즐겁게 시간을 보낼 것이라고 확신했다. 그 당시의 사진을 보면, 소풍의 주인공답게 모자를 쓰고 아마포 바지를 입은 라이트가 즐겁기보다는 다소 혼란스러워하는 분위기 속에서 바닥에 앉은 젊은 남녀들의 모임을 주재하고 있다. 자동차에 나눠 타고 떠나는 다양한 모습의 여행이 충동적으로 이루어지곤 했다. 도제들은 갑작스럽게 마련된 여행을 위해 며칠 동안 집을 비우고 운전기사 노릇을 했다.

탤리에신은 친절하게 손님들을 접대했다. 라이트는 마음 내키는 대로 손님들을 초대했다. 주말에는 항상 대중없는 인원수의 손님들이 찾아와 종종 올기반나를 실망시켰다. 포로가 된 청중을 웃게 하거나 혹은 무료하게 만들 작정으로 라이트는 "국에 물을 더 타!"라고 유쾌하게 외치곤 했다. 놀랄 것도 없이 도제들이 내는 수업료로는 비용을 충당할 수 없었다. 도제들은 펠로십을 구경하고 싶어 하는 대중들을 위하여 한 사람당 10센트를 받고 구내를 안내해 주었다. 아마추어 연극이나 일요일 영화 상영을 위한 놀이방이 지어져—라이트는 영화를 좋아했다—현지 주민들은 5달러를 내고 영화를 보고 도넛과 커피를 대접받을 수 있었다. 하지만 이 모든 것도 항상 적자인 재정 상태를 도와주지는 못했다.

라이트는 저명인사답게 당대의 이름난 사람들과 교제했다. 탤리에신의 정기적인 방문객 중에는 『뉴요커 *New Yorker*』지의 평론가 알렉산더 울코트와 원탁의 단골손님으로서 신랄한 위트로 유명한 앨곤퀸Algonquin 등이 있었다. 앨곤퀸은 특별히 호화스러운 여름철 아침 식사를 접대받고는 "천재"라는 말을 어떤 한 사람에게 붙인다면 라이트가 바로 그 사람이라고 말했다. 이슬이 아직 묻어 있는 딸기가 담녹색 도자기에 담겨 나오고, 이어서 농장에서 직접 가져온 달걀, 베이컨, 아스파라거스, 신선한 건지Guernsey종 젖소 우유, 진한 크림, 김이 모락모락 나는 커피 등이 예쁜 수가 놓인 중국제 아마포 식탁보 위에 보기 좋게 놓였다. 아침의 안개 자락이 눈부신 태양이 비치는 하늘 아래서 스러졌다. 받침 접시 크기의 물방울무늬 파란색 파자마를 입은 뚱뚱한 울코트는 통상 수다스러웠지만, 저택 아래 목초지에서 소 방울 소리가 나고 테라스에서 공작새가 울 때는 입을 다물었다. 수목이 무성한 전원에서 가져온 이 모든 것은 물론 도제들이 기르고 준비하고 돌본 것들이었다. 라이트는 자서전에서 이것들을 매혹적으로 상세하게 기록했다.

국제양식을 구사하는 유럽 건축가들에 대한 라이트의 경멸과 비난은 다들 잘 안다. 그러한 사실을 잘 말해 주는 일례로, 라이트는 발터 그로피우스를 탤리에신으로 맞이하거나 그에게 말하기를 거부했다. 또 하나의 사례로, 르코르뷔지에가 탤리에신을 방문하고 싶어 했을 때 라이트는 그와 만나기를 거절했다. 예외도 있다. 핀란드 건축가 알바 알토Alvar Aalto와 그의 아내를 초청해서 "시골에서 우리와 함께 며칠을 보냈다." 미스 반 데어 로에의 경우, 독일에서 입국하자마자 라이트는 자신이 지은 빌딩들을 두루 살펴보도록 순례 여행을 마련해 주었으며 마지막에는 탤리에신으로 초청했다. 하루 동안 묵을 예정이던 그는 3일을 체류했다. 평상시 흠 없이 깨끗하던 옷들이 구겨지자 로에의 대답은 단지 "예"로 짧아졌다.

그러나 도제들은 그때 양배추와 감자만 먹던 것도 기억했다. 그렇지 않으면 구르지예프가 고안한 맛없는 소금에 절인 양배추만을 먹은 때도 있었다. 1935년 구르지예프가 탤리에신을 방문했을 때 이 형편없는 음식을 몇 통이나 남겨 놓고 떠났다. 그렇지만 상황이 어떻든 간에 도제들은 탤리에신을 훌륭하게 관리했다. 일요일 저녁이면 대청소를 마친 뒤 모두 정장을 하고 만찬에 참석했다. 음악이 연주되고 거의 언제나 라이트의 자발적인 논평이 뒤를 이었다. "40년이 지난 지금도 나는 그의 말들을 생생하게 기억한다. 왜냐하면 나는 그를 무척 좋아했기 때문이다"라고 태펠은 회상했다. "게다가 나는 그 이야기들을 무수히 들었기 때문이다." 마침내 평등한 사람들의 모임은 일종의 궁정 연회가 되었다. 스스로 과시하던 평등주의 원칙을 거부하고 라이트와 올기반나는 높은 자리에 앉아 만찬과 퍼포먼스를 주재했다. 그가 자주 언급하고 기술하는 민주주의는 상대적인 것이었다. 개개인의 가치를 칭송하는 동시에 자신의 견해를 알지 못하는 개성 없고 미개한 대중들에 대하여 그는 "우민정치mobocracy"라는 말을 만들어 냈다. 언젠가 탤리에신을 방문한 사람에게 그가 심술궂게 말했다. "이곳에서 우리는 매우 민주적입니다. 내가 배고플 때 사람들은 음식을 먹습니다."

라이트가 돌아왔을 당시의 탤리에신은 황폐한 상태였다. 펠로십을 위해 힐사이드 홈 스쿨을 개조하는 것 외에도 거대한 규모의 재건 사업이 필요했다. 필요 시설 건축이 늦어져 1939년에 이르러서야 비로소 완공되었다. 대량 실업 사태를 몰고 온 대공황의 한복판에서 항상 현금이 없어도 라이트는 공사 완공 후 약간의 금액을 지불하기로 하고 노무자들을 고용할 수 있었다. 프랭클린 루스벨트 대통령이 '구호자금'의 즉각적인 지불을 선포하자 모든 노무자들이 현장을 떠났다. 개중에는 라이트로부터 받을 돈이 있다고 믿고 그에게 소송을 제기하기도 했다. 라이트는 일이 끝나지 않았기 때문에 그들의 주장이 근거가 없다고 해명했다. 돈 문제로 일어난 또 다른 분쟁에서, 어떤 사람이 밀린 빚의 청산을 요구하다가 흥분한 나머지 라이트의 코를 쳐서 부러뜨렸다. 충실한 도제들이 조심성 있게 복수를 시도했지만 현지 감옥에 갇히는 불장난이 되고 말았다.

전문 지식을 갖춘 시공업자 없이 도제들이 공사를 맡았다. 라이트에게 외상으로 목재를 팔 사람이 없었기 때문에 그는 현지의 농부들과 '현금 거래'로 수림의 벌채를 계약해서 도제들이 나무를 베고 운반하고 톱으로 켰다. 모르타르용 석회석을 구할 수 없게 되자 도제들은 석회석을 몸소 구웠다. 라이트는 '현금 거래'를 요구받았지만 현금이 없어서 현지의 채석장으로부터 돌을 구할 시도가 좌절되자 도제들은 손수 돌을 잘라 내고 현지 석공의 지시에 따라 담을 쌓았다. 서서히 건물들이 올라가고, 도제들은 "실행을 통한 배움"의 체험과 "피로에 피로를 가중시키는" 의미도 체득했다.

『매디슨 캐피털 타임스*Madison Capital Times*』지 편집장이자 기자인 어니스트 L. 메이어Ernest L. Meyer는 1934년에 펠로십에 몇 주 동안 머무른 적이 있었다. 그는 기사를 통해서 놀라울 정도로 현장감 있게 탤리에신의 모습을 기술한다. "갓 잘라낸 나무의 향기와 회반죽 냄새가 바람에 실려 오고 끌로 잘라 낸 돌에서 지독한 먼지들이 날아오른다. 이곳은 완성되지 못한 광대한 제도실이다. 신축한 공공 오락실도 있다. 재난의 잿더미로부터 불사조가 여러 형태로 날아오르고 있다. 잿더미가 새로운 것들과 예술적으로 섞인다. 한때 탤리에신을 빈껍데기로 만든 화재로부터 간신히 구해 낸 불상과 중국 여신상 들이 새로 쌓은 돌담 위에 튼 둥지로부터 내려다보고 있다. 새로운 탤리에신은 기묘하고 아름답다. 세계에서 이와 같은 것은 아무것도 없다."

트랙터를 몰고, 지붕에 타르를 칠하고, "맛있는 옥수수를 따고, 뜨거운 태양 아래서 양파를 캐고" 나서 오후 휴식 시간을 가졌다. 나무 밑에서 얼음으로 차게 한 찻주전자에서 차를 따라 마시고 "저 멀리 그랜드 피아노에서 연주되는 브람스 곡을 들었다." 라이트는 열한 대의 그랜드 피아노를 건물 여기저기에 놓아두었다. 휴식이 끝난 뒤 "페인트, 붓, T자" 등을 사용하는 좀 더 조용한 활동이 이어졌다. 만찬 후에 "새로 완공된 화랑"을 방문했다. 메이어의 기사는 라이트가 "일본 판화에 대하여 어떻게 강연을 하는지" 기술하며 이어진다. "도제들에게 그들을 둘러싼 세계의 표면을 넘어 그보다 더 많은 것들을 보라고 호소하고, 소나무를 소나무이게 만드는 특별한 천재성과 본질을 배우라고 간청하고, 일단 세계의 복잡한 결texture을 탐구하면 예술과 건물을 통해서 해석할 수 있다고 말한다. 라이트는 조용히, 확신을 갖고, 직접적으로, 그리고 힘차게 이야기한다."

메이어처럼 짧은 기간 탤리에신을 체험한 관찰자들은 파격적인 커리큘럼과 "옥수수와 요리와 코니스의 비밀"을 배울 수 있는 기회에 매료된다. 그러나 정반대로 편파성, 아첨, "안"과 "밖"의 엄격한 위계질서 등을 본 사람들도 있었다. 탤리에신에서 생활하는 동안 원한, 연애 사건, 결혼 등이 이루어졌는데, 그중에는 올기반나가 배후에서 연출한 것도 있었다. 초기에 입주한 도제 웨슬리 피터스Wesley Peters는 올기반나와 전남편 사이의 딸 스베틀라나와 사랑에 빠졌다. 그들이 결혼하자 못마땅하게 생각한 올기반나와 라이트는 젊은 부부를 잠시 동안 추방했다. 그들이 돌아오자 MIT에서 훈련받은 엔지니어 피터스는 라이트의 소중한 조수가 되었다. 그 밖에 태펠과 유진 마셀링크는 각각 비서와 개인 조수로서 라이트의 생활을 꾸려나갔다. 탤리에신 초기에 와서 수년 동안 라이트와 함께 머무른 브루스 브룩스 파이퍼Bruce Brooks Pfeiffer는 그대로 남아서 탤리에신 문서 보관자가 되었다. 태펠이 회상하는 바에 따르면, "처음에 우리는 그날그날 되는 대로 살았다. 우리는 정해진 일상생활을 해 본 적이 없었다. 그럼에도 불구하고 우리는 라이트를 숭배했다." 아무도 라이트가 강력하고 창조적인 유력자로 다시 부상할 것이라거나, 향후 25년간 맹활약하여 그의 삶과 경력에서 웅대한 시기를 열 것이라고 기대하지는 못했다. 펠로십이 결성된 지 5년 뒤 그는 놀랍게 재기하여 세상을 경악시키고 새로운 차원의 성취와 명성을 차지하게 된다.

10
누구도 예측하지 못한
새로운 전성시대

건축가들은 한가한 시기에도 게으른 법이 없다. 그들은 꿈꾸고 그린다. 이런 시기에 산출된 것으로서 공상적 건축이라고 불리는 완결된 형태의 작품이 있다. 그 작품은 미래적인 판타지로부터 웅대한 도시 계획에 이르기까지 다양한 형태를 지닌다. 그것은 최상의, 어떤 경우는 최악의 건축적 사고방식을 보여 준다. 건축적 사고방식이란 다시 말해 예술가의 고매한 상상력으로서, 현실적인 제한이나 조건에 구애받지 않으며 위대한 아름다움과 독창성이 깃든 디자인들을 산출한다. 그러한 유토피아적인 계획을 수립하는 건축가들은 재기 넘치고 종종 비인간적이며 사회적으로 순진한 아이디어들을 창안한다. 이들의 아이디어는 어수선하고 누추한 일상적 삶과 공간을 쓸어버릴 목적으로 주변 환경에 완고한 질서를 강요한다. 멋진 도면과 인상적인 모형으로 만들어져 제시된 공상적 건축은 자칫 관념적 도시 계획의 논리에 휩쓸리기 쉽다. 게다가 건축가들은 굳은 신념인 양 이러한 아이디어와 이미지 들에 애착을 갖는 경향이 있다. 그러나 겉보기에 매력적으로 합리적인 작품이 도시의 진정한 건축가라고 할 수 있는 정치적, 사회적, 경제적 세력들의 요구와 무관한 경우가 많다.

르코르뷔지에의 1925년도 작품 부아쟁 계획Plan Voisin의 예에서 보듯, 이러한 극적인 계획들 일부가 만약에 조금이라도 수행되었더라면 분명히 재난을 초래했을 것이다. 부아쟁 계획은 열여덟 채의 독립된 마천루를 세우기 위하여 2제곱마일이나 되는 파리 중심부 지역을 파괴할 터였다. 마천루들은 거대한 공원 같은 부지 안에 세워질 예정이었고, 여러 개의 슈퍼하이웨이[51]에 의해서 구역이 나뉘거나 슈퍼하이웨이들과 연결되도록 계획되었다. 부지 안에는 세 개 층에 걸쳐서 나무 높이의 고가高架 보행자 산책로도 설치되도록 설계되었다. 급진적인 개혁을 통하여 완벽한 사회를 구현할 수 있다는 신조에 물든 1920년대의 사상적 맥락에서 볼 때 이 계획은 아주 매력적이다. 한편 이 계획이 실행될 공간은 자연적 증대를 통해 가장 풍요한 면모를 갖춘 도시 안에 자리 잡았고, 따뜻한 인간미를 지녔으며, 역사적이고 문화적인 다양성을 품기도 하고, 또한 많은 사건들이 벌어지는 장소였다. 이 계획은 바로 그러한 곳을, 무자비하게 강요된 질서와 메마른 무

---

51. 여러 주들을 통과하는 장거리의 다차선 입체 교차식 고속도로.

미건조함으로 이루어진 어정쩡한 공간으로 대체하겠다는 이야기였다.

거의 모든 건축가들이 어떤 시기에 이처럼 유토피아적인 게임을 하게 마련이다. 라이트는 이미 1932년에 출판된 『사라지는 도시*Disappearing City*』를 통해 자신의 아이디어를 공표했다. 이것에 따르면 그는 전통적인 도시의 밀집화에 반대하는 입장을 취했으며 대신 반半전원적이고 지방으로 분산된 사회를 선호했다. 그곳에서 개인은 모두 1에이커씩 땅을 소유하고 농사를 지으며, 주택건축의 단위는 일가족형 주택이었다. 그것은 소형화된 탤리에신과 같은 것으로 원형原型이라고 불렀다. 그것들이 확대되어 군郡들로 연결된 지역 정부를 형성했다. 그는 도시와 소도시를 간단히 제거했다. 교회와 학교, 관청 건물과 상업용 구조물 들은 전략적인 지점에 위치하여 각 지역을 위해 제 기능을 수행했다. 그는 올바른 장소에 위치한 높은 건물에 반대하지 않았다. 다른 건축가도 마찬가지이다.

라이트는 독립적인 개인들을 전원으로 분산시키는 것이 진정한 민주주의라고 믿었다. 더불어 이러한 이상은 거리 개념을 없애 주고 새로운 형태의 삶과 노동의 시대를 열어 준 자동차의 도움으로 실현될 수 있다고 생각했다. 라이트는 초기부터 자동차를 옹호했다. 그는 자동차를 빠르고 현란하고 멋진 장난감으로서 사랑했으며, 악명 높게도 쉬지 않고 과속으로 달리는 것을 도로 주행의 원칙으로 삼았다. 건축, 사회, 동시대적 삶 등에 걸친 종합적 기술을 수용한 르코르뷔지에와 달리 라이트의 유토피아적 사상을 압도한 것은 유동성과 즐거움을 구현하는 수단인 자동차였다. 그때는 자동차가 도로 혼잡과 오염을 발생시키고 도시를 파괴할 것이라는 전망이 확실하지 않았다.

라이트는 자신의 계획을 '브로드에이커 시티Broadacre City'라고 불렀다. 그 이름이 시사하듯 지방 분권화된 이 공동체는 토머스 제퍼슨이 주창한 토지균등분할계획으로 거슬러 올라가는 것으로서, 19세기 후반의 산업 및 도시의 중앙 집중화와는 거리가 멀었다. 닐 레빈이 지적한 바와 같이 라이트가 이 계획을 구상할 당시는 일감이 전혀 없었으며, 도제들은 탤리에신의 저택과 헛간을 위한 여러 가지 실무적인 가사家事에 대한 보상으로 라이트가 약속한 건축적 경험을 열망하고 있었다. 이에 덧붙여 레빈은 '브로드에이커 시티'가 개인이 작성한 일종의 공공사업촉진국의 사업 계획으로서, 라이트가 대공황 시기 중에 펠로십을 위해서 고안한 것이라고 말했다. 놀랄 것도 없이 라이트의 계획은 르코르뷔지에의 계획과 정반대였다. 만약 그것을 도시 계획이라고 부를 수 있다면, 훨씬 더 순화된 도시 계획이라고 할 수 있다. 그의 계획은 흔히 접할 수 있는 미국식 건축과 토지 이용 관습을 따라서 구상한 것이었다. 1935년 뉴욕 록펠러 센터에서 약 1.11제곱미터짜리 모형이 제작되어 전시되었다. 그 장소는 라이트가 종종 경멸한다고 주장하던 도시였으며, 개인주의적이고 민주적인 전승傳承에 기초한 라이트의 꿈과는 거리가 한참 먼 곳이었다. 이런 아이러니를 관람자와 논평자 들은 미처 생각하지 못했다. 이모형은 워싱턴과 피츠버그로 옮겨져 순회 전시되었고, 즉각적으로 세인의 관심을 끌었다.

'브로드에이커 시티'는 대중적 관심을 모으는 효과를 냈고, 라이트의 사고방식과 일하는 방식을 도제들에게 주입시킨 교육적 용도로 사용되었을 뿐만 아니라 유소니언 주택을 낳기도 했다. 유소니언 주택이란 라이트가 설계한 단일 가족의 주택으로서, 시공업자들이 랜치 주택ranch house[52]으로서 신속하고 성공적으로 채택했다. 랜치 주택은 20세기 미국 주택 중에서 가장 합리적이고 건축비가 적당하며 인기가 있는 집이었다. 라이트와 제자들은 유소니언Usonian이란 명칭을 여러 가지로 설명했다. 이 말은 유용성usefulness과 미국USA이라는 용어에 대한 말장난이고, 집이 들어설 땅과 그곳에 소재한 토종의 재료를 존중하는 유기적이고 자연적인 집을 암시하는 의미를 지녔다. 이 집의 설계는 복제가 가능하고 건축비가 적당하며 거의 모든 장소나 상황에도 들어맞게끔 개조할 수 있었다. 라이트는 항상 이 주택의 민주적이고 보편적인 특성을 강조했으며, 5천 달러에서 1만 달러 정도로 지을 수 있다고 주장했다.

유소니언 주택의 훌륭한 점은 미국 사회와 가정생활에서 일어나던 변화를 알아차렸다는 것이다. 이 집이 즉각적으로 호응을 받자 라이트는 다시 적극적인 건축 활동을 할 수 있게 되었다. 실용적이고 값이 적당하며 시공업자의 통상적인 디자인을 훨씬 뛰어넘는 유소니언 주택은 라이트가 통상적으로 거래하는 중상층

---

52. 교외의 단층집으로서 폭은 좁으나 길이가 길며 경사가 급하지 않은 지붕을 지녔다.

중에서 교육을 잘 받은 전문 직업인 고객들을 매료시켰다. 이 주택은 미국 여성들의 변화하는 역할을 반영하여 좀 더 단순하고 이동성이 많고 격식을 차리지 않는, 갓 창안한 생활 양식을 겨냥했다. 미국 여성들은 예전보다 다양한 활동을 추구하고, 하인들 없이 생활하며, 기능적으로 편하고 자유롭고 새로운 방식으로 가정 살림을 꾸려 가고 있었다.

유소니언 주택은 20세기로 들어설 무렵 라이트가 복잡한 빅토리아풍 주거지를 급진적으로 재고안하여 물 흐르듯 통하는 열린 공간으로 변화시킨 프레리 주택과는 한참 거리가 있었다. 유소니언 주택은 'L'자형이 많았다. 이 집은 전통적인 벽난로는 있으나 격식을 차린 식당과 하인방을 없앴다. 거실 안에 있는 식당은 부엌과 직접 연결되었다. 부엌에서 세로로 난 동과 가로로 난 동이 만났다. 침실이 있는 동은 거실과 비스듬히 배치될 경우 세로 및 가로 동과 접한 바깥마당을 둘러쌌다. 라이트가 자신이 발명했다고 주장하는 간이 차고를 붙임으로써 유소니언 주택이 완성되었다.

유소니언 주택의 원형은 1933~1934년에 미니애폴리스에서 사회학 교수 맬컴 윌리Malcolm Willey 부부를 위해 지은 것이었다. 이것으로부터 유사한 주택이 많이 생겨났다. 단층에다, 벽돌이나 목재로 된 구조로서 따뜻한 느낌을 주는 나무로 인테리어를 하고 벽돌이나 돌로 벽난로를 만들었으며, 창문이 열을 지었고 벽에 달린 유리문을 통해서 옥외 테라스로 연결되었다. 이 주택들 중에서 매우 유명하고 대중에 잘 알려진 집으로는 제이콥스

Jacobs, 루이스Lewis, 베어드Baird, 포프Pope, 하나Hana 가족의 집 들이 있다. 제이콥스 가와 루이스 가 사람들처럼 주택이 자신들의 삶을 범상치 않은 방식으로 바꾸어 놓았다고 생각한 사람들은 그 체험을 책으로 썼다. 몇몇 사람들은 가족이 늘어나자 두 번째 집을 의뢰하기도 했다. 그러나 모든 사람이 유소니언 주택을 좋아한 것은 아니며 라이트가 가장 중요시하는 미적 감각이나 아이디어에 찬성하지도 않았다. 세월이 지남에 따라 집주인 중에는 자기들이 집에 갇혀서 마지못해 라이트 주택의 "관리자" 노릇을 한다고 생각하는 사람들도 있었다. 끊이지 않는 집 구경꾼에 화가 난 그들은 좀 덜 알려진 구역으로 가 버렸다. 라이트의 비관습적인 건축의 문제점과 혼란스러움과 비용 상승에 관해 많은 이야기가 쓰였다. 더불어 고객이 절박한 상태에 빠져서야 겨우 나타나 매혹적인 말로 달래는 심술궂고 만나기 힘든 건축가에 대해서 실망한 체험들이 덧붙었다.

그러나 라이트의 수택들은 거주자들이 추상적인 건축적 이상에 맞추어 살 것을 결코 고집하지 않았다. 그는 독선적으로 자기가 고안한 가구와 액세서리 들을 들여놓았으며 그 가구들 중 몇가지는 아주 불편했다. 게다가 그는 주인이 없을 때 자기가 지은 주택으로 들어가 자기 취향대로 모든 것을 재배치한다고도 알려졌다. 그렇지만 그는 국제양식 추종자들이 저렴한 주거지를 위하여 장려한 기능적 미니멀리즘을 결코 채택하지 않았다. 국제양식의 강요된 간결함과 비교할 때 라이트가 지은 주택들은 아늑했다. 건축상의 전위파들이 미니멀 아트적인 완벽함을 추구

유소니언 주택 중 하나인 포프 주택

할 때 국제양식의 강요된 간결함은 도전적인 엄격함에 이르렀다. 유소니언 주택은 과거에나 지금이나 매력적이고 살기에 좋다. 그 집을 의뢰한 사람들은 자신이 무엇을 얻었는지를 알았다. 심지어 라이트가 기하학을 더욱 응용하여 설계한 후기 유소니언 양식의 육각형 공간 배치와 같이 예기치 않은 효과를 얻었을지라도 그들은 유연하게 대처했다. 육각형 양식의 집과 어울린다고 하여 라이트가 디자인해서 들여놓은 탁자는 쓰러지고 등받이 없는 의자는 넘어지기도 했지만 그래도 고객들은 잘 참아 냈다.

1930년대 중반에 이르자 유소니언 주택 양식은 확고한 자리를 차지했으며 라이트는 좀 더 대규모 저택에 도전할 준비가 되었다. 도전은 낙수장의 의뢰와 함께 찾아왔다. 펜실베이니아주 베어런의 숲 속에 있는 폭포 위에 지어진 그 저택은 세계에서 가장 유명하고 숭배를 받는 집들 중 하나가 되었다. 우연히도 이때 나타난 고객이 에드거 J. 코프먼으로 피츠버그에 있는 한 백화점의 부유한 사장이었다. 그는 예술과 양식, 특히 건축에 관심이 있어서 그로 인하여 1934년 말에 라이트와 손이 닿게 되었다.

라이트 삶의 수많은 경우에서처럼, 코프먼이 어떻게 탤리에신을 방문하게 되었는지에 대하여 두 가지 크게 다른 설명이 있다. 표준이 되는 이야기는 코프먼의 아들 에드거 코프먼 2세가 말한 것이다. 20대 초반에 에드거 코프먼 2세는 빈에서 예술과 디자인을 공부했다. 그가 한 말에 의하면, 미국으로 돌아왔을 때 그는 한 친구로부터 라이트의 자서전 한 권을 받았는데 이것이 계기가 되어 아버지에게 라이트를 추천했을 뿐 아니라 그 자신이

후에 탤리에신 펠로십에 머물렀다. 그의 말에 따르면, 코프먼 부자와 라이트 세 사람은 저택의 부지를 함께 방문했으며 라이트를 건축가로 선임하기로 한 결정은 아들의 제안과 개입으로 이루어졌다. 이와 다른 설명은 건축사가 프랭클린 토커Franklin Toker가 들려준다. 그는 관련 인물과 상황 들을 깊고 철저하게 조사했다. 『낙수장 건설Fallingwater Rising』에서 토커는 아들이 자신의 역할을 극대화했거나 적어도 과장했다고 말한다. 토커는 아들 코프먼이 최초의 부지 방문에 참여하지 않았다는 증거를 제시한다. 더불어 그는 연구를 통해 라이트의 자서전을 주었다고 생각되는 인물의 흔적을 아무것도 발견할 수 없었다고 말한다. 토커는 앞서 말한 상충적인 사실들로 인해 에드거 2세의 설명과, 흔히 인정된 그의 역할이 무색해졌다고 주장한다. 토커에 따르면 사정은 뒤바뀐다. 토커는 아버지 코프먼이 적극적인 역할을 수행했으며 그 자신이 건축과 건축가에 대한 관심을 가졌기 때문에 아들의 도움 없이 라이트를 만나게 되었다고 말한다. 토커는 또한 아들을 탤리에신으로 인도한 것은 아들의 설명과 정반대로 아버지 코프먼이었고, 그는 아들에게 탤리에신에 들어가라고 요구했다고 믿는다. 토커는 아들이 탤리에신을 싫어해서 단지 짧은 기간만 머물렀으며 라이트를 포함하여 그곳 사람들과 어울리는 데 실패했다고 주장한다. 라이트는 아버지 코프먼과의 관계가 돈독하기 때문에 아들을 멸시하는 짓도 서슴지 않았다고 한다.

두 이야기의 배경과 진실은 말할 나위 없이 매우 복잡하다. 부자 사이의 갈등과 반목을 과장할 수는 없다. 에드거 코프먼 1세는 매우 성공적이고 영향력이 있는 사람으로 고집이 세고 자신의 취향을 가졌으며 진취적인 사람이었다. 그는 아들에게 많은 실망감을 느꼈다. 그는 아들의 행동 방식과 동성애적 취향을 좋아하지 않았다. 아버지 코프먼은 아들의 생모이자 아내인 릴리애나에게 몰염치할 정도로 불성실했다. 그것을 언론은 좋은 기삿거리로 여겼으며 아들은 그런 아버지에게 수치심과 고통을 느꼈다. 아내가 죽자 그는 애인들 중 한 여자와 재혼했다. 아버지의 사치스러운 생활과 유난히 드러나는 호색을 아들은 언제나 혐오했다. 아들은 수준이 높고 내성적이며 신중하게 삼가는 미적 감각을 지녔다. 아버지가 세속적이고 방종한 반면에 아들은 고독을 즐기고 금욕적이었다. 아들은 자기 이름에 'Junior(2세)'라는 말을 대문자로 쓰기를 거부하여 'jr.'라고만 썼으며 아버지가 세상을 뜨자 그것조차 떼어내려 했다.

에드거 코프먼 2세는 대단한 지성과 섬세한 감각과 세련되면서도 이색적인 취향을 가졌고 열정과 격렬한 심미를 지녔다. 그는 유난히 신중한 성품에다 나무랄 데 없는 점잖은 성격을 소유했다. 그것들은 일차적으로 훌륭한 훈육에서 유래했으나 한편으로는 그의 직업적이고 개인적인 인간관계로부터 길러졌다. 거대한 부의 소유자로서 그는 말년에 많은 자선과 친절을 베풀었다. 미술관과 학계와 재계에서 예술과 디자인의 스승 및 유행의 선구자로서 잘 알려지고 존경을 받았다. 그의 자선 사업은 전시회와 출판 및 교육 사업 등 그가 관련된 분야에 집중되었다. 논리적으로 추정하건대 그는 토커가 말하는 것처럼 하찮은 사람도 아니고 본인의 이야기대로 오점이 없는 영웅도 아니었다. 논란이 많은 라이트의 여느 이야기에서처럼 우리는 우리가 좋아하고 중요하다고 생각하는 쪽을 선택할 자유가 있다.

궁극적으로 낙수장의 걸출함은 두 가지 이야기를 모두 무색하게 한다. 끊임없이 재생되는 낙수장의 유명한 모습은 다음과 같은 놀라운 이미지로 다가온다. 폭포 위쪽을 흐르는 시냇물 위에 마술적으로 떠 있는 상태로 폭포처럼 단계별로 이어져 내려오는 콘크리트 발코니들. 이것은 매우 희귀한 예의 예술 작품으로서 자연을 위축시키지 않고 반대로 풍요롭게 만든다. 저택이 자연스럽고 암석 덩어리 모양에 숲이 우거진 산비탈을 완성시키고 동시에 산비탈과의 완벽한 대비를 창조한다. 사진에서 미끄러져 내려오는 듯한 평면들로 이루어진 평평하고 추상적인 구성으로 보이는 것은 서로 맞물리고 뒤얽혀 균형을 맞춘 덩어리들의 복잡한 3차원적 구조이다. 이것은 라이트가 즐겨 말하듯이 웨이터의 손바닥에 얹힌 쟁반처럼 수직으로 서 있는 돌탑에 결합되고 고정되었다. 캔틸레버로 받쳐진 쟁반들(콘크리트 발코니들)에는 창문틀이 금속으로 된 유리 창문이 연이어 달렸고, 방과 열린 발코니 공간 들이 들어섰다. 사진에는 보이지 않지만 하류에는 일련의 또 다른 폭포들이 있다. 카메라의 극적이지만 정적인 시각은 단지 집과 세차게 흐르는 물과 철따라 색깔이 바뀌는 부지 등이 미묘하게 여러 가지 형태로 연결되어 있는 모습을 암시한다.

폭포의 모습이 전면으로 확실히 나오게끔 시냇물로부터 떨어진 곳에 집의 위치를 잡는 정상적인 해결 방식을 라이트는 무시

낙수장

했다. 대신 대담한 설계상의 결정을 내려 집을 시냇물 바로 위에다 지었다. 그것은 관례적인 아이디어와 전통적인 공사 방식에 대한 도전이었다. 그는 콘크리트 "받침대"를 써서 집을 바위 위에 고정시켰다. 그러나 상징적인 고정 장치는 집 안에 있는 거대한 바위이다. 이 바위는 폭이 약 11.5미터에 길이가 약 14.6미터인 넓은 거실 안에 들어 있으며 벽난로가 거기에 조심스럽게 붙어 있다. 라이트의 습관대로 천장은 방의 크기에 비해 낮다. 그러나 이러한 크기에도 불구하고 방은 시골풍의 친밀감을 품었다. 현장 주위에서 모은 돌에 왁스를 발라 지은 한 층은 테라스들과 출입구로 연결되며 그 출입구에서 시냇물 아래로 내려가는 계단이 나 있다. 집은 시냇물 위에, 그리고 동시에 시냇물과 같은 높이에 있으며 시냇물과 직접 연결되었다.

비록 그가 지은 저택들 중에는 낙수장의 선례들이 있지만 공중에 떠 있는 추상적인 콘크리트 슬래브에는 새로운 비전이 표출되었다. 낙수장에는 라이트가 경멸한 유럽풍 모더니즘과의 관련성이 분명 어려 있다. 그는 말할 필요도 없이 모더니즘을 연구하고, 건물이 자연적 부지와 유기적 관계를 갖도록 모더니즘을 응용했다. 주변 환경과 냉담하게 거리를 유지하는 유럽식 건물과 달리, 라이트가 낙수장에서 구사한 슬래브들은 현장의 거친 돌과 자연적인 무늬결과 색깔 등을 통해서 땅과 실제적으로나 상징적으로 연결되게 해 주었다. 1938년 현대미술관의 낙수장 전시회는 슬래브가 거의 흰색으로 보이는 사진들을 사용했다. 놀랄 것도 없이 미술관이 이 건물을 전시한 방식은 건물에 깃든 국제양식의 성향을 강조하려는 것이었다. 그러나 라이트는 공중에 떠 있는 평면들을 하얗게 칠할 생각이 전혀 없었다. 처음에 그는 발코니에 금박을 입힐 작정이었다. 그러나 그럴 경우 지나치게 화려하다고 여겨질 것 같아 따뜻하고 살굿빛이 나는 베이지색 페인트로 도색할 것을 결정했다. 국제양식이 즐겨 사용하는 어두운 빛깔의 산업용 금속제 내장재 대신 그는 자신이 좋아하는 담홍색 재료를 사용했다. 새로운 건축 시대에 대한 그의 이해는 완벽했다. 심지어 그가 새로운 시대 양식을 구사하는 건축가들을 경멸할 때조차 그것을 철저하게 파악했다. 그러나 라이트의 디자인을 이끄는 원동력은 멋진 배경과 그 정신을 건축에 깊이, 그리고 직접적으로 끌어들이는 것이었다. 닐 레빈이 완벽하게 요약한 것처럼 낙수장은 "궁극적으로 돌, 물, 나무, 나뭇잎, 안개, 구름, 하늘의 점증적 효과를 살린 결과물이다."

전하는 바에 따르면, 도면을 애타게 기다리던 코프먼이 곧 방문한다는 연락을 받고서 급박해진 라이트는 낙수장을 거의 즉석에서 설계했다고 한다. 라이트는 펜실베이니아 현장을 몇 달 전 두 번 방문하고 지형도를 요청해서 받았지만 아무것도 그려 놓지 않았다. 코프먼으로부터 그가 밀워키에 와 있으며 디자인을 보러 탤리에신을 곧 방문하겠다는 연락을 받고서 라이트는 설계가 이미 끝났다고 대답했다. "오십시오, 코프먼. 우리는 당신에게 보여 줄 준비가 되었습니다"라고 큰소리쳤다. 그 사건을 목격한 에드거 태펠과 다른 도제들에 따르면, 라이트는 제도 탁자에 앉아 그 집의 설계도를 그리며 큰 소리로 떠들었다고 한다. 집이 어떻게 위치해야 하며, 어떤 모습이어야 하고, 어떻게 사용될 것이며, 주인집 가족들이 어디에 앉고 물건들을 어디에 두어야 하며, 심지어 벽난로 위에서부터 아래로 매달린 붉은색 주전자로 찻물 끓이는 방식까지 정확하게 말해 주었다는 것이다. 평면도, 입면도, 단면도 등이 신속하게 준비되고 코프먼이 도착한 바로 그 시각에 그는 의기양양하게 일을 끝냈다.

라이트는 마술사처럼 디자인을 소매 속으로부터 끄집어낸다고 말하기를 좋아했다. 그러나 이미 그전 여러 달 동안 낙수장의 설계를 뚜렷이 생각하고 있었다. 모든 건축가에게는 시각화의 능력이 있다. 멍하니 텅 빈 도면 앞에 앉는 건축가는 거의 없다. 라이트는 문제에 대한 총체적 해결책을 개념화하고 시각화하는 능력이 비범했다. 종이에 그리기 오래전에 완전하게 구상된 계획을 머릿속에 짜 놓는 것은 라이트에게 흔한 일이었다. 이것을 의심하고 부질없이 예비 스케치가 있는지 부지런히 찾은 사람들은 아무것도 발견하지 못했다. 낙수장에 대한 라이트의 개념은 도면에 선을 그리기 전에 이미 그의 마음속에 들어 있었다. 하지만 고객에 대한 최초의 프레젠테이션 말고도 좀 더 상세한 세부 도면과 시방서 들을 더 많이 작성해야 했다. 이 건물의 급진적인 특성 때문에 일어나는 문제들은 공사 기간 중에 해결해야 했다. 이러한 관행은 고객과 시공업자 들을 낙담시키고 비용을 증가시킬 수 있었다.

낙수장의 놀랄 만한 디자인은 즉각 예술품으로서 인정받았다. 또한 즉각적으로 해결해야 할 수많은 문제들을 낳았다. 집이 완성되기도 전에 벽에 금이 가고 구조적 결함들이 나타났다. 코프먼은 별도로 다른 곳에 엔지니어링을 의뢰했다. 이에 격노한 라이트는 공사를 그만두겠다고 으름장을 놓았다. 비밀스러운 설계 보강을 두고 건축가와 건축주 사이에 줄다리기 게임이 벌어졌다. 고객과 건축가 양쪽이 지시를 내리고 철회하는 일이 벌어졌으며 표현이 생생하고 개인 특유의 표현법이 나타나는 서신들이 오갔다. 그러나 건물이 지은 지 60년이 지나 마침내 거의 붕괴되기에 이른 까닭은 예상이 가능하던 상황과 불가능하던 상황 들이 합쳐졌기 때문이다. 이런 상황을 초래한 요소로서 다음 몇 가지를 꼽을 수 있다. 첫째로 건물의 비전통적인 구조에 대하여 적용된 엔지니어링 계산이 대체적으로 경험에 의존했고 검증되지 않았다. 둘째로 침실 캔틸레버 아래 창문틀에서 필수적으로 집어넣어야 할 철근이 생략되었다. 셋째로 콘크리트 철근이 부적당하고 부적절하게 만들어졌다. 넷째로 공사 기간 중 경험이 미숙한 도제들은 감독을 소홀히 할 수밖에 없었으며 라이트기 부재 중인 상태에서 중요한 결정을 내려야 했다. 그것은 라이트가 필요한 도면을 제때에 제공하지 못한 탓이었다. 이렇게 저질러진 많은 잘못과 필수적 재료가 생략된 사건 들이 몇십 년 후 보수 공사를 할 때 비로소 발견되었다. 표준적인 관행을 벗어난 디자인의 위험성을 증가시킨 모든 과실과 누락은 오늘날에나 이용 가능한 재료와 기술을 적용해야 해결할 수 있는 것들이었다. 결론적으로 낙수장 디자인의 성공적인 시공은 오늘날의 재료와 기술이 있어야 보장할 수 있는 것이었다.

Frank Lloyd Wright 1867-1959 Fallingwater Mill Run PA
Architecture USA 20c

2000년, 미국 건축가 협회(AIA)는 낙수장을 20세기의
건축물로 선정했다.

부모가 세상을 뜨자 에드거 코프먼 2세는 이 집을 수년 동안 사용하며 훌륭하게 유지했다. 이 저택이 대중에 공개될 경우 보존과 전시의 적절한 표준을 확립하고 확실하게 할 목적으로 그는 자신이 죽기 20여 년 전인 1963년에 집과 부지를 웨스턴 펜실베이니아 관리위원회에 기증했다. 국가적 상징물이 된 이 저택은 주요한 관광 코스가 되었다. 1990년대에 저택에 대한 총체적인 보수 공사가 이루어졌다. 공사의 목적은 대중에 너무 많이 알려져 위험할 정도로 약해진 캔틸레버를 개수하는 외에 오래되고 낡은 배관, 난방 장치, 전기 배선 등을 교체하기 위한 것이었다. 이 집은 원래 가족용으로만 시공된 것인데 당시 세월이 지남에 따라 피로가 누적되고 예상하지 못한 관광객들의 하중을 견뎌야만 했기에 보수가 불가피했다.

2000년, 미국 건축가 협회는 낙수장을 20세기의 건물로 선정했다. 이러한 명예는 라이트가 세상을 떠난 지 41년 후에 찾아왔다. 살아생진 라이트는 협회와 공개적인 싸움을 벌이며 그 와중에 동료 건축가들을 끊임없이 모욕하고 자신과 등지게 만들었다. 그들이 마침내 협회의 골드 메달을 라이트에게 주었을 때 그는 80세였고(실제는 82세), 그는 메달 수여식에서 가차 없이 그들을 꾸짖었다.

운이 좋게도 1930년대에 이상적인 두 고객이 라이트를 찾아와서 그의 활동을 활기차게 만들 주요한 프로젝트를 갖다 주었다. 첫 번째 사람은 에드거 코프먼으로 그에게 낙수장을 지어줌으로써 라이트는 놀라운 저택을 지을 수단과 기회를 얻을 수 있었다.

두 번째 사람은 존슨 왁스 회사 사장 허버트 F. 존슨Herbert F. Johnson 으로, 그는 당시 라이트가 작업해 보지 못한 대형 상업용 빌딩을 의뢰했다. 이 빌딩은 위스콘신 라신에 있는 가족 소유 기업의 관리 본부였다. 두 사람 모두 라이트와 고객 이상의 관계를 맺었다. 그들은 라이트의 후원자로서 여러 가지 방법으로 라이트를 지원했다. 코프먼은 '브로드에이커 시티'의 모형 제작을 위한 자금을 대 주었으며 라이트에게 백화점 구내의 현대적 양식의 사무실 설계를 의뢰했다. 후에 빅토리아 앤드 앨버트 미술관이 그 사무실을 취득했다. 허버트 존슨은 라이트의 옹호자 겸 가까운 친구가 되었다.

라이트는 1936년에 존슨 회사의 관리동 공사를 시작했다. 그때 그는 여전히 낙수장 공사에 힘을 쏟고 있었다. 라이트는 존슨에게 '브로드에이커 시티' 스타일을 강조하며 본사 건물을 시골로 옮기도록 설득했다. 존슨이 거부하자 일찍이 수년 전 버펄로의 라킨 빌딩에서 그랬던 것처럼 그는 빌딩이 산업 지대와 접한 면을 창문 하나 없는 벽으로 둘러 차단했다. 라킨 빌딩의 경우처럼 내부 한가운데에 광대하고 탁 트이고 발코니가 있는 주 작업장을 만들었으며 관리실은 발코니 위에 배치했다. 더불어 라킨 빌딩을 모델로 하여 비품과 설비를 모두 라이트가 디자인했다. 그러나 엄격하고 견고한 기념관 같은 느낌을 주는 라킨 빌딩과는 달리 존슨 빌딩은 밝고 우아하고 최신 유행인 '유선형 모양'이었다. 라이트가 늘어 가는 나이를 적극적으로 거부하는 인상을 주는 양식의 건물이었다. 굽은 모서리가 천장과 만나는 곳을 유연하게 흘러내리는 듯한 유리관으로 처리해서 햇빛을 담뿍 밀려 들어오게 했다. 유리관은 새로운 실험적 재료로서 전에 이런 식으로 사용해 본 적이 없었다. 밑으로 갈수록 차차 가늘어지는 기둥은 매혹적인 건축의 숲을 조성했다. 이러한 효과를 높이기 위해서 구조상으로 필요한 것보다 더 많은 수의 기둥을 설치했다. 기둥 위 천장받이로부터 솟아오르는 빛은 방 안의 분위기를 비물질적으로 만들어 주었다. 그것은 영속적이고 마술적인 공간이었다.

유리관 공사는 검증받지 못한 것으로 어쩔 수 없이 물이 샜다. 새로운 재료와 증명되지 않은 공사 방법에 대한 라이트의 열광은 그에게 창조적인 이점들을 안겨 주었다. 그런 이점들은 고객의 불편이라는 결점보다 더 중요한 가치를 지녔다. 불편한 점에 대하여 라이트가 무성의하게 개의치 않자, 고객들은 실험적인 시스템을 라이트가 지은 주택의 복사 난방 시설처럼 취급했으며, 그것이 곧 선축의 관행이 되었다. 놀라울 징도로 우아하게 위에서부터 아래로 내려오면서 가늘어지는 기둥은 현지 건축 담당 당국으로부터 의혹을 샀다. 라이트는 여느 때처럼 허세를 부려서 기둥 모형 위에, 기둥이 무너질 때까지, 모래주머니를 필요한 하중 감당 용량을 훨씬 초과하게끔 많이 쌓았다. 라이트가 자칭 자신의 무결점을 극적으로 증명한 이벤트였다. 관리동 공사는 조건부 공사 허가밖에 받지 못했으나 계속 진행되었다. 부분적으로는 허버트 존슨이 자신의 건축가를 모든 위원회 심사나 공사 의뢰 심사에서 밀어 주었기 때문이다.

관리동 건물이 순조롭게 진척되자 라이트는 존슨과 존슨이 최근에 맞이한 신부를 위해 윙스프레드Wingspread 저택을 설계했다. 1937년 라신에 지은 이 저택은 낙수장이 시냇물과 숲으로 이루어진 배경에 특유하게 어울리는 것과 마찬가지로 프레리 지대와 특별하게 조화를 이루었다. 네 개의 구역 혹은 네 개의 '동'이 높은 '인디언 천막집wigwam' 같은 중앙의 방으로부터 뻗어 나갔다. 중앙의 방에서 솟아오른 벽돌로 만든 굴뚝 밑에 각각의 방향으로 뻗은 동마다 벽난로를 설치했다. 그러나 이 주택은 제 수명만큼 사람이 거주할 운명이 아니었다. 집이 거의 완공될 즈음 존슨의 젊은 아내가 세상을 떠나자 그는 주택 건설에 흥미를 잃었다. 공사를 완공할 수 있었던 것은 순전히 라이트가 성화를 부린 덕이었다. 라이트는 그토록 중요한 디자인을 무위로 그치게 하기 싫었다. 건물이 준공되자 라이트는 부지가 "생생하게 보이는" 것 같다고 말했다. 라이트는 이 집이 존슨의 마음을 치유할 것이라고 믿고 싶었다. 그러나 존슨은 그곳에서 짧은 기간 동안만 기거했으며 늘 마음이 우울했다. 마침내 건물은 회의 센터로 사용되었다.

명성이 치솟자 라이트는 대중을 위해 활동하는 시간이 많아졌다. 그는 1937년, 소련 건축가총연맹에 초청받아 참가했다. 그는 공산주의와 소련의 건축에 대해 순진하게 열광적인 견해를 품고 돌아왔다. 그 당시 소련을 방문한 예술가와 지식인 들이 가진 의견에 그도 함께했다. 1938년 뉴욕 현대미술관에서 열린 낙수장 전시회 덕분에 라이트는 즉각 높은 명성을 얻었다. 건축계는

존슨 회사 관리동. 이 건물의 특징인 가느다란 기둥은 건축 허가를 받는 데 걸림돌이 되었지만 라이트는 기둥 모형에 엄청난 용량의 모래주머니를 매달아 기술적 가능성을 극적으로 보여 주었다.

선도적인 출판물 『건축 포럼*Architectural Forum*』의 특별판을 편집하여 그의 작품을 게재했다. 그의 명성과 미디어가 조화할 수 있는 가능성을 입증하는 것으로 주간지 『타임』이 그의 사진을 표지에 실은 사건이 있었다. 같은 해, 차후에 헌신적인 후원자가 된 러드 M. 스파이비Ludd M. Spivey 박사가 장기적인 기관機關 공사 설계를 의뢰했다. 플로리다주 레이크랜드에 지을 플로리다서던대학 설계였다. 1939년, 라이트는 런던에서 일련의 강연을 했는데 그것을 『유기적 건축*An Organic Architecture*』이라는 제목으로 출판했다. 또한 현대미술관이 1940년에 '두 사람의 위대한 미국인'이라는 이름으로 그리피스D. W. Griffith[53]와 함께 라이트의 작품을 전시하게 되는데 그 전시회 준비를 도왔다.

70대 노인이 감당하기에는 힘든 일정이었다. 한 차례 심한 폐렴을 앓고 난 뒤 의사는 위스콘신의 거센 겨울 날씨를 피하라고 라이트에게 조언했다. 그 충고 덕에 그는 사랑하는 애리조나 사막을 다시 찾았다. 계절에 따라 활동 장소를 옮김으로써 감기를 피할 수 있는 것은 물론 겨울철 난방비 3천5백 달러를 절약할 수 있었다. 상당한 금액으로 과연 그만큼이었는지 의문이 가는 액수이다. 여러 가지 가능성을 점쳐 본 뒤 그는 피닉스와 스코츠데일에서 멀지 않고 당시에는 작은 리조트 공동체이던 파라다이스 밸리의 마리코파 메사에 약 600에이커의 땅을 얻었다. 부지 일

---

53. 1875~1948. 미국의 위대한 감독으로 새로운 영화 제작 및 촬영 기법을 고안한 것으로 유명하다. 작품에는 〈국가의 탄생*The Brith of a Nation*〉(1915), 〈불관용*Intolerance*〉(1916) 등이 있다.

부는 정부 토지청으로부터 구입하고 나머지는 임차했다. 펠로십 도제가 서른 명에서 예순 명 이상으로 늘자 그는 추가로 땅을 사서 결국 1천 에이커의 땅을 갖게 되었다. 그의 말에 따르면, 그 장소는 맥다월 산맥을 배경으로 하는 사막의 고원 지대로 "세계의 가장자리를 굽어보는 곳"이었다. 하지만 그는 그곳에 물이 없다는 사실을 무시했다. 여느 때처럼 자기는 틀릴 수 없고 운이 따르지 않은 적이 없다는 확신을 가지고 계속 구멍을 파도록 지시했다. 결국 기적적으로 물이 나왔다.

1937년에 가족과 도제들이 해마다 떠나는 여행이 시작되었다. 그들은 그 여행을 "이주", "집단 이주", "헤지라(도피)"라고 불렀다. 선호하는 최신의 자동차를 탄 라이트와 가족이 앞장서고 뒤따르는 자동차와 트럭의 행렬이 크리스마스 무렵에 탤리에신을 떠났다가 부활절을 지낸 후 위스콘신으로 돌아왔다. 라이트는 경로를 자주 바꾸어 돌아가도록 명령하면서 대략 3천2백 킬로미터의 여행을 즐겼다. 사막 캠프 건설 공사는 1938년 초에 시작되었으며 네 차례의 겨울 동안 도제들과 일부 고용한 인부들의 힘으로 1941년에는 기본적인 건물들이 완공되었다. 그러나 증축과 개축이 끊인 적이 없었다. 사막 캠프라는 명칭은 처음에 붙여진 것으로 오카틸라 캠프가 이 사막 캠프를 짓는 총연습이 된 셈이었다. 온갖 이름을 다 갖다 붙여본 후에 사막 캠프는 간단히 탤리에신 웨스트라고 불리게 되었다.

캠프 건설 공사가 진행되는 동안 그들은 침낭이나 임시 텐트에서 야영을 했다. 매우 원시적인 조건 아래서 더위, 추위, 모래 폭풍, 계절별 홍수 등을 견뎠다. 옥외의 끝없이 펼쳐진 하늘 아래서 도면을 그렸다. 눈을 멀게 하는 태양빛과 강렬한 사막 복사열을 둔화시키려고 흰색 제도 용지 대신 갈색 마분지를 사용했다. 라이트는 개정된 자서전에서 "어떤 형태들은 이미 충만했다. 단순하고 특징적인 실루엣, 열을 지어 쌓여 있는 암석 등. 우리는 가벼운 캔버스를 씌운 삼나무 틀을 만들어 온 주위를 둘러싼 산비탈에 속하는 거대한 석조물 위에 올려놓았다."

그들은 곧 그 땅을 아메리카 토착민들이 수세기 동안 의식용으로 사용했다는 것을 알았다. 높이가 낮고 1층 막사들로 이루어진 단지는 가시적인 물질적 측면뿐만이 아니라 경관 속에 포함된 역사적이고 신화적인 지형지물에 방향을 맞추도록 했다. 호호캄족이 거대한 암석 위에 남겨 놓은 사각형의 나선형 무늬 암석 조각彫刻을 펠로십의 로고로 사용했다. 거대한 암석들을 원래의 방향을 재현할 수 있도록 나침반으로 방위각을 자세히 살펴본 뒤 캠프로 옮겨 와 표지나 조각물로 삼았다. 라이트는 호호캄족이 다시 오더라도 모든 것이 멀쩡하게 그대로 남아 있을 것이라고 말했다. 제도실, 식당, 주거지, 거실과 온실, 라이트의 사무소와 가족 구역 등은 통합되었다. 하지만 각각의 구조물은 플랫폼, 테라스, 다리, 계단, 연못, 옥외 테라스, 신중하게 조정한 산의 경치 등을 통해 연결되었다. 육각형 공간 배치는 삼각형 공간들로 이루어진 역동적인 흐름을 창조했다. 이들 공간의 아름다움은 사막으로 돌진하는 듯한 모난 뱃머리[54]에서 절정을 이루었다.

캠프는 사막으로부터 솟아오르는 동시에 사막 속으로 사라졌

애리조나 스코츠데일에 위치한 탤리에신 웨스트.
1937년부터 생을 마감한 1959년까지 라이트는 가족과 제자들을 이끌고 겨울마다
이곳을 찾았다.

다. 벽, 기둥, 난간은 라이트가 말하는 "사막의 조각돌"로 만들었다. 색깔과 크기가 제각각인 돌조각을 현지에서 모아 거푸집에 넣고 경█시멘트로 접합했다. 갈색으로 얼룩진 거칠게 켠 삼나무가 지느러미 형태를 형성해서 캔버스 지붕을 지지했다. 지붕은 산의 기울기를 반영하여 비스듬하게 만들었다. 라이트의 기록에 따르면, "어느 맑은 날 캔버스 지붕의 흰색 꼭대기와 측면 뚜껑을 젖혀서 열었을 때 사막의 공기와 새들이 그 사이로 흐르듯 지나갔다. 종탑에 큰 종이 매달렸다. 정원들이 있었다. 거대한 뱃머리 같은 정원 하나가 사막 아래의 광대한 세계를 굽어보는 메사 쪽으로 뻗었다. 그 안에 삼각형 모양의 연못이 자리를 잡았다. 우리의 새로운 사막 캠프는 마치 천지창조 때 이곳에 서 있던 것처럼 애리조나 사막에 속했다." 시간이 흐름에 따라 피닉스와 스코츠데일의 교외가 근접해져서 라이트의 예비 행렬이 사막에서 길을 잃기도 했다. 시간과 기후가 캠프에 피해를 입히자 목재와 캔버스를 철과 플라스틱으로 교체했다. 그러나 막사의 배치와 디자인의 비유적 특성은 그대로 유지되었다.

라이트의 다른 빌딩에서도 그렇지만, 이 캠프의 이론적 근거와 원천 들을 탐구해 보면 이것 역시 아주 특이하다는 사실을 터득하게 된다. 다시 말해, 캠프는 매우 놀라운 개성의 성취인 것이다. 그러나 이 캠프가 특별한 천재성과 보편적 명성을 얻게 된 이

---

54. 캠프의 모양이 캔버스로 된 돛을 단 배처럼 생긴 것에 착안해서 앞으로 튀어나온 캠프의 모서리를 비유적으로 가리킨다.

유는 새롭다는 사실 때문이 아니라 사막 자체로부터 영감을 얻어 마련한 현지에 맞는 해결법을 시적으로 표현한 데 있다. 캠프의 비범한 디자인이 지닌 특성은 반항적이고 낭만적인 독불장군 건축가의 창조성에만 달려 있는 것이 아니라, 그 이상의 것에 기초를 두었다. 언제나 그렇듯이 라이트는 동시대의 사태 전개에 대하여 긴밀하게 적응했다. 1930년대의 고고학과 인디언에 대한 붐에 이어서 정부의 개혁과 학술적 발굴이 뒤따랐다. 학술적 발굴은 미국 토착민의 문화를 중앙아메리카 전통의 주요 부분으로서 해석하고 격상시켰다. 닐 레빈이 지적하는 바에 따르면, 라이트는 이미 선사 시대 문화에 관심이 있었으며 그것이 "원시적인 것"을 비전의 원천으로 강조하는 모더니즘과 자연스럽게 결합되었다. 라이트는 자연과 더불어 단순하게 살던 사람들의 "진정한 가치"를 칭송했다. 특유의 토착적인 건축 방식에 대한 그의 아이디어에서 배제될 만큼 시공간적으로 너무 멀리 떨어진 문화나 너무 비의적인 예술, 너무 복잡한 것이나 너무 기초적인 것, 너무 새로운 것이나 너무 오래된 것은 아무것도 없었다. 사막에서 그는 자신의 세계를 창조했다.

11
구겐하임 미술관의
탄생

"세상과 맞서는 진실"과 "세상과 맞서는 라이트"는 이제 하나였다. 위스콘신과 애리조나 탤리에신에 있을 때 세상의 표준을 완전히 거부하고 세상이 요구하는 것들로부터 완벽하게 격리될 수 있었다. 그러나 그가 애리조나 사막에서 예언자로서 계속 설교를 했을망정, 결코 은둔자는 아니었다. 그는 속세의 무대를 사랑했기 때문에 어떻게 해서든 거기에 머물렀다. 그는 세상의 주목을 받고 싶어 했다. 세상에 보여 줄 자신의 이미지를 창조해서 그에 어울리는 옷을 챙겨 입었다. 트위드 천으로 만든 옷, 케이프, 늘어진 타이, 그의 트레이드 마크로서 파리 샤르베Charvet[55]에서 맞춘 펠트제 중절모자, 적절하게 멋있는 길이의 회색 머리카락

---

55. 양품점 이름.

등. 그의 제스처는 크고 유난히 눈에 띄었다. 그는 거만스럽게 허세를 부리듯 지팡이를 휘둘러 댔다. 그의 목소리는 카랑카랑했다. 마치 배우의 목소리처럼 세련되고 울림 깊고 특색 있으며 반향을 지녔다. 그는 그 목소리를 이용해서 남들에게 충격을 주거나 놀라게 하거나 즐겁게 해 주기를 즐겼다. 그는 전문적인 지식으로 사람들을 매혹하기도 하고 동시에 모욕을 주기도 했는데 두 가지를 모두 즐겼다. 그는 자신이 수행하는 역할을 이해했으며 능란한 솜씨로 그것을 이용했다.

그는 1930년대에 들어 명성이 높아짐에 따라 무대에 설 기회가 많아졌으며 그 후 20년 동안 계속 그러했다. 대중에 크게 알려지고 칭송받은 최근 작품들이 이전에 그가 이룩한 성취들을 상기시켜 주었다. 그는 사람들이 자기를 인정해 주는 것을 당연히 누릴 권리로서 받아들였으며 그것이 더 일찍 찾아왔어야 했다고 생각했다. 그는 자신을 숭배하는 자들을 꾸짖을 기회를 놓치지 않았으며, 자기의 천재성을 거듭 주장하고 다른 사람들이 자신의 아이디어를 도용한다고 비난했다. 1941년, 그는 영국 왕립 건축가 협회가 주는 골드 메달을 수상했으나 정작 국내에서는 그 후 8년이 지나서야 비로소 그와 유사한 영예를 얻었다. 그는 우루과이와 멕시코의 국립 건축가 아카데미와 핀란드 국립 아카데미, 스톡홀름의 왕립 미술 아카데미, 그리고 국내의 국립 예술 및 문학 아카데미 등의 명예 회원이 되었다. 그는 프린스턴대학, 예일대학, 웨슬리언대학, 플로리다서던대학, 위스콘신대학(마침내!), 취리히연방공과대학으로부터 명예 학위를 받았다.

탤리에신에서 자신이 만든 왕국의 주인으로서 그는 그 방식을 배우러 온 사람들에게 둘러싸였다. 탤리에신 밖에서 일어나는 일에 대해서 그는 별로 개의치 않았다. 히틀러의 부상과 임박한 전쟁은 다른 우주에서 일어나는 일인 듯싶었다. 어김없이 계절의 리듬을 타는 중서부 농장과 멀리 떨어진 사막 캠프의 맑은 공기 속에서 커져만 가는 전쟁의 먹구름은 쉽게 망각되거나 라이트의 마음 뒤편에 처박혔을 뿐이다. 눈앞의 일에 대한 몰입과 지금 당장의 일을 최우선으로 삼는 것은 천재의 일반적인 경향이다. 그의 편견과 의견은 절대적이고 필연적인 것이었고, 그것이 의심에 의해 희석되거나 어떤 새롭거나 수정된 정보로 인해 훼손되는 법이 없었다.

라이트는 위대한 예술가에게서 흔히 발견되는 고전적인 딜레마를 보여 주었다. 예술에 있어서는 위대하지만 태도에 있어서는 왜소했다. 이와 같은 현상은 인간적 차원이 반드시 예술가의 창조적 재능과 조화를 이루어야 한다고 고집스럽게 믿는 사람들을 항상 당혹하게 했다. 예술가의 창조적 재능이 인간적 차원과 조화를 이루는 경우는 매우 드물다. 성격과 창조성은 서로 다른 길을 가기 십상이다. 라이트는 보통 사람들처럼 그릇된 행동과 그릇된 판단에 취약했다. 그는 스스로 전쟁은 없을 것이라고 확신했다. 그가 전쟁에 대한 반대를 합리화하는 까닭은 부분적으로 전쟁이 펠로십에 미치는 영향을 두려워했기 때문이다. 집과 농장과 스튜디오를 가꾸어 주는 젊은이들이 떠난다면 그는 그토록 정성 들여 건설한 것을 잃게 될 판이었다.

그러나 그의 반전反戰 입장은 성장 배경과 종교적 믿음이 이바지한 바 컸다. 웨일스 출신 선조들이 가난과 영국의 억압적인 법률 및 영국 국교에 반대하는 유니테리언파로서 영국 국교로부터 받은 박해를 피하여 고향을 떠난 지 이미 두 세대가 지났다. 그럼에도 그는 여전히 가문 특유의 성향을 나누어 가지고 있었다. 그는 공개적으로 반反영국적인 입장을 드러냈고 그것은 곧 양차 세계 대전에서 미국과 영국의 연합에 반대하는 것을 뜻했다. 미국 중심부 출신으로서 그는 비전통적인 개인적 도덕성과 말뿐인 급진주의적 성향에도 불구하고 철저히 보수적이었다. 견실한 고립주의자인 그는 아메리카 퍼스트회America First Committee[56]에 가입했다. 그러나 그가 악명 높던 이 단체에서 도덕적으로 불미한 의제에 찬성했을 법하지는 않다. 그는 정치를 지나치게 소홀히 취급했다.

그의 취향과 애착은 젊은 시절이던 19세기 말 시카고를 압도한 독일 문화 속에서 형성되었다. 그는 파리 미술학교의 강력하고 인기 있는 영향을 거부했다. 파리는 베를린이나 빈만큼 그에게 흥미를 일으키지 못했다. 제2차 세계 대전에서 반영국적이고 친독일적인 그는 친일본적이기도 했다. 그러나 그가 사랑한 것

---

56. 1940~1941년 결성된 미국의 영향력 있는 정치적 압력 단체로서 제2차 세계 대전에서 미국이 연합군에 지원하는 것을 반대했다. 그것은 전국적으로 강제 징집한 군대가 전쟁에 개입하는 것을 우려했기 때문이다. 회원이 80만 명에 이르렀으며 비록 소기의 목적을 달성하지는 못했지만 나치의 공격을 받고 있던 영국에 대한 미국의 군사적 지원을 규모 면에서 약화시켰다. 진주만 공습 이후에는 입장을 바꾸어 전쟁 수행에 참여하도록 회원들을 격려했으며 곧이어 해체되었다.

은 자서전에서 설명했다시피 "옛날의" 독일과 "옛날의" 일본이었다. 이들 옛날의 독일과 일본은 지금 적이 된 나라들이 아니었다. 일본과 일본인에 대한 그의 친밀한 관계와 일본 예술과 문화에 대한 사랑은 30년 전으로 거슬러 올라가며, 그의 생계의 상당한 부분이 일본 판화 수집가와 거래자 역할에 의존했다.

그가 쓴 논평과 인용된 말에 의거하여 그가 반유대적이라는 추정이 제기되었다. 그는 예전 애들러 앤드 설리번 건축 사무소 제도실 동료 중 일부를 불쾌한 어조로 유대인이라고 분류했다. 그러나 그는 자신과 다른 종교적, 민족적 출신 성분의 사람들을 대함에 있어서도 유대인들과 차이를 두지 않고 그들 모두에 대하여 동일하게 혐오감을 나타냈다. 애들러 앤드 설리번의 재기 넘치는 독일계 유대인 엔지니어링 동업자 단크머 애들러에 대한 그의 존경과 사랑은 진솔한 것이었다. 마찬가지로 도제이자 친구인 에드거 태펠 같은 젊은 유대인 건축가들에 대하여 그는 애착이 있었다. 에드거 태펠이 펠로십을 떠난 뒤에도 라이트는 전과 다름없이 그를 좋아했다. 라이트가 의식적儀式的 습관처럼 지닌 여러 가지 강박관념 중에서 반유대주의가 심각할 정도로 두드러졌다고 믿기는 어렵다. 코프먼 집안과 구겐하임 집안 등 그가 매우 훌륭한 건물을 지어 준 최상의, 가장 충실한 고객과 후원자 중에는 유대인도 있었다. 이들은 초기의 유복하고 진보적인 앵글로색슨계 백인 신교도들과 대등한 위치를 점했으나 이들보다 좀 더 규모가 크게 돈과 야심이 있는 유대인들이었다. 그는 유소니언 주택을 지은 중상층의 유대인 교사, 지식인 들과 돈독한 관계를 맺었다. 그가 바보와 악당이라고 열거한 여러 사람이 포함된 긴 명단은 인종이나 민족성에 차별을 두지 않았다. 그는 한결같이 정치적으로 어느 성향인지 종잡을 수 없는 인물이었다.

그는 자신의 믿음이나 태도 속에 깃든 어떤 역설도 알아차리지 못했다. 그는 미국에 대한 이상적 비전에 격정적으로 충실했다. 그와 동시에 그의 정치적 견해—만약 이 말을 특별하고 서투르게 형성된 어떤 것으로서 라이트의 견해라는 의미로 사용할 수 있다면—는 혼란스럽고 비합리적인 노선을 따랐다. 그는 사실이나 논리에 구애받지 않고 자신이 생각한 것을 말하는 버릇이 있었다. 한편 젊고 감수성이 예민한 도제들은 자신들을 흥분시키는 임박한 건축적 임무와 펠로십의 폐쇄적이고 가부장적인 분위기에 흠뻑 빠져 있었다. 따라서 그들은 스승이 자주 내뱉는 사상의 영향을 받지 않을 수 없었다. 그의 사상은 건축에 대한 생각이나 관행을 다루었을 뿐 아니라 폭넓고 당혹스러운 철학적인 신념들을 포함하기도 했다. 라이트의 마음속에서 이 두 가지는 분리될 수 없었다. 그는 타고난 설교자이기에 그의 반전사상은 때때로 청자들에게 영향을 미쳤을 뿐 아니라 심지어 정부 당국의 귀에도 들어가기에 이르렀다. 그는 아무에게도 영향을 끼치지 않았으며 그럴 의향이 조금도 없다고 주장했다. 그에게 온 사람들은 자신과 유사한 견해를 이미 가졌기 때문에 온 것이라고 그는 말했다.

순전히 예술적인 활동을 추구하는 데 중점을 둔 내향적인 이 사회(펠로십)는 제2차 세계 대전의 발발을 실망스럽게 받아들였다. 영속적인 예술과 사막과는 동떨어지고 아무 상관도 없어 보이는 전쟁에 참여하도록 징집 명령을 받은 도제들 중 일부는 양심적 반전가임을 주장하고 감옥에서 징역을 살았다. 라이트는 다시 한 번 자신이 국법과 충돌하고 있다는 것을 깨달았다. 이번에는 1918년에 제정된 반정부 선동 행위에 관한 법률로서 "국가의 전쟁 수행을 방해하거나" 혹은 "미국 헌법이나 연방 정부에 대하여 불충한 말을 하는 자"들을 벌주기 위해서 제1차 세계 대전 중에 통과되었다. 펠로십의 반전 양심범들을 다룬 한 지방 판사는 라이트의 공동체를 반역적인 반미국주의의 온상이라고 생각했다. 외교적 수완은 라이트의 장기가 아니었다. 그는 혐의를 부인하는 와중에 법률 당국자들을 화나게 하고 사태를 더욱 악화시키는 거창한 언명들을 쏟아 냈다.

징집 명령을 거부하는 반전 운동가 아들에게 화가 난 어떤 부모는 미연방수사국에 라이트를 고발했다. FBI 국장 J. 에드거 후버J. Edgar Hoover는 이 건에 관심을 갖고 라이트가 국가 안보에 위협이 되는 인물이거나 탤리에신에서 사회주의적 혁명을 선동한다고 믿었다. 라이트가 소련 공산주의를 순진하게 열광적으로 지지한 것도 상황을 악화시켰다. 하지만 라이트는 소련의 공식적 건축만큼은 지지하지 않았다. 라이트는 소련의 궁전들이 지닌 천박한 고전주의를 개탄했으며, 1937년 소련 방문 중에 특유의 오만함으로 소련 건축 디자인에 영향을 가하려고 시도했다. 후버는 반정부 선동죄로 라이트를 기소할 것을 제의했다. 그러나 연방 법무부 차관은 두 번씩이나 기소를 거부했다.

희극적인 구제책은 에인 랜드Ayn Rand가 마련해 주었다. 그녀는 소련에서 미국으로 이민 온 작가로서 라이트가 썼거나 그에 관하여 쓰인 글들을 읽고 고무되어 건축가에 관한 소설을 쓸 계획을 품었다. 그 결과로 그녀가 출판한 책 『파운틴헤드The Fountainhead』는 대단한 성공을 거둔 베스트셀러가 되었고 게리 쿠퍼가 주연한 영화로도 만들어졌다. 흔히 프랭크 로이드 라이트를 모델로 했다고 여겨진 소설 속의 영웅이자 건축가인 하워드 로크는 여러 세대의 젊은 여성들을 황홀경에 빠뜨렸다. 소설에 따르면, 로크는 기성 체제의 비난을 받는, 눈부시게 창조적이고 열정적인 천재로서 자신의 재능과 성실성이 훼손되는 것을 참기보다는 그것에 반항하여 최상의 작품인 마천루를 폭파해 버렸다. 라이트는 허구적 인물 로크에 대한 그 어떤 친근감도 느낀 적이 없으며 처음에는 재능과 성실성을 제외하고는 주인공과 자신을 동일시하는 것을 반대했다. 그는 랜드가 자신을 이해하는 데 실패했으며 올바르게 이해하지 못했다고 말했다. 로크의 모델이냐는 질문을 받고 그는 "나는 그런 인물을 낳게 만든 부모임을 부인한다"고 대답했다. 책과 주인공이 대대적으로 인기를 끈 뒤에야 그는 자신이 아주 오만하고 이상적인 로크와 동일시될 수 있다는 것을 시인했다. 메릴 시크레스트가 파악한 대로 랜드는 한참 빗나갔다. 라이트는 결코 자신의 빌딩을 날려 버릴 사람이 아니었다.

랜드는 공산주의에 환멸을 느껴 소련을 떠났다. 그녀는 객관주의라고 불리는 개인주의 이론을 신봉했고, 제한이 없는 이기주의 덕목들과 자유분방하게 자유스럽고 영광스러운 자본주의를 칭송했다. 소련 공산주의가 민중을 위한 일종의 자비로운 민주주의라는 라이트의 순진한 신념에 그녀는 동의하지 않았다. 두 사람 사이에는 깊은 사상적 괴리가 있었다. 그녀는 라이트를 만나려고 시도했으나 처음에는 번번이 거절당했다. 1937년, 라이트에 대한 숭배를 고백하고 만날 것을 약속해 달라는 요청이 담긴 편지를 보냈을 때, 그녀는 수신인이 'Mr.' 랜드라고 되어 있고 만날 시간이 없다는 답장을 받았다. 1938년 말에 라이트가 뉴욕에서 강연할 때 그녀는 마침내 만날 약속을 정하는 데 성공했다. 시크레스트의 전기에 자세히 기술된 바와 같이 랜드는 뉴욕 5번가에 위치한 상점 본윗 텔러Bonwit Teller에 가서 전에 써 본 적이 없는 거금 350달러를 내고 매혹적인 검정색 벨벳 드레스와 구두와 케이프를 구입했다. 그녀가 라이트에게 큰 인상을 주었다는 증거는 없다. 그는 차후 10년간 그녀가 자신에게 관심을 갖는 것을 허용했을 뿐이다. 그와 미찬가지로 그녀도 고집이 셌다. 그녀의 탤리에신 방문은 시련이었다. 라이트는 그녀에게 1940년대에 집을 하나 설계해 주었다. 하지만 그녀는 그 집을 짓지 않고 훨씬 더 싼값으로 기존에 지어진 집을 샀다. 요제프 폰 스턴버그Josef von Sternberg를 위해서 오스트리아계 미국인 리처드 노이트라가 지어준 집이었다. 라이트는 예전에 부하 직원이었던 노이트라를 최대의 적이라고 생각했다. 마지막으로 탤리에신을 방문했을 때 그녀가 하도 담배를 많이 피워서 라이트는 그녀의 담배를 불 속에 집어던지고 떠나라고 명령했다. 그다음부터 라이트는 탤리에신에서 흡연을 금지시켰다.

좀 더 반가운 기분 전환을 가져다준 것은 솔로몬 R. 구겐하임 Solomon R. Guggenheim의 방문이었다. 부유한 예술품 수집가인 그는 뉴욕에 새로운 미술관을 짓기로 계획했다. 그 미술관의 구조는 많은 논쟁을 불러일으킨 라이트의 창작품이자 말년의 걸작이 될 터였다. 솔로몬 R. 구겐하임 미술관 설계는 1943~1945년에 이루어졌다. 솔로몬 구겐하임은 1949년에 세상을 떠났는데, 미술관 건립이 그의 유언장에 명시되지 않았더라면 미술관이 건축되었을지 의심스럽다. 공사는 1956년에 이르기까지 시작되지 않았다. 그 건물은 1959년 라이트가 서거한 지 6개월 뒤에 완공되었다.

미술관이 문을 열었을 때부터 그랬지만 오늘날 우리가 보는 것은 라이트와 구겐하임이 마음속에 품었던 미술관이 아니다. 솔로몬 구겐하임의 미술관은 1940년대 '비구상 미술'이라고 불리던 추상화의 극단적 형태를 기초로 하여 작품이 어떻게 전시되어야 하는가 라는 급진적인 아이디어에 맞도록 목표가 수립된 상태에서 설계되었다. 구겐하임 사후 라이트가 후원자의 아이디어에 맞추어 고심하며 창조한 매우 특징적인 미술관은 줄곧 싸움의 과정을 통과하면서 처음과 다르게 변했다. 기본적인 형태는 유지했지만 형태의 원천이던 시초의 개념은 포기되고 말았다. 그 건물을 어떻게 사용할 것인가를 두고 일어난 변화가 미술관이 지닌 잘 알려진 많은 문제점들의 원인이다. 문제의 원천을 모르거나 그것을 인정하고 싶지 않은 비평가와 큐레이터 들은 처음부터 미술관을 비난했다. 그러나 구겐하임 미술관의 특징적인 형태가 매우 강력하고 본질적으로 불멸의 것이기 때문에, 원래의 설립 목적이 개악改惡되는 것을 견뎌 내고 국제적인 상징물이 되었다. 그것도 프랭크 게리Frank Gehry의 빌바오 구겐하임이 그러한 지위를 성취하기 훨씬 전에.

비구상주의 작가들은 자신들이 인식할 수 있는 대상에 대한 온갖 관계로부터 회화를 해방시켰다고 믿었다. 이것은 예술상의 비약적 발전을 위한 것으로 그런 비약적 발전은 작가들이 전통적으로 만들어 내던 현실 세계의 반영이라는 원리를 폐기했다. 그들은 틀 속에 갇힌 회화적 공간을 실질적 공간으로 확장시킨 새로운 실제reality를 창조했으며 그 둘 사이에는 어떤 구분도 없어졌다고 주장했다. 그들의 이론에 따르면, 회화를 이런 방식으로 체험함으로써, 어떤 의미에서는 회화의 일부가 됨으로써, 관람자는 예술과 실제에 대한 새로운 이해에 도달할 수 있었다. 이렇게 하여 획득한 예술과 실제의 조화는 마음속의 평온, 그리고 세계와 하나 되는 느낌이 되며, 이것이 보편적으로 실현되었을 경우 세계 평화에까지 이를 수 있었다. 혹은 솔로몬 구겐하임이 젊은 독일 작가 힐라 레바이Hilla Rebay 남작 부인의 훈육을 받고 그렇게 믿게 되었다. 그녀의 설득에 힘입어 구겐하임은 비구상주의라는 대의로 마음을 돌렸으며 추상주의 작품을 전문적으로 수집했다.

라이트는 예술품을 보고 이해하는 새롭고 색다른 방식에 걸맞은 건물을 설계하도록 요청받았다. 레바이는 그것을 초월적 계시가 일어나는 "사원寺院"이라고 불렀다. 미술관장 겸 큐레이터로서 그녀는 평생 동안 미술관 맨 위층에 고급 옥상 주택을 갖기로 예정되었다. 그녀와 솔로몬 구겐하임이 둘 다 세상을 뜨자 추상주의 미술품 수집은 동결되고 아무것도 추가됨이 없이 축소되거나 변경되었다. 정신적 자기실현으로부터 국가들 사이의 평화까지 포함하는 모든 것에 이르는 신비스러운 통로로서의 예술이라는 폭넓은 개념을 발전시킨 것은 죽음을 불사하는 듯한 레바이의 열정적인 확신과 구겐하임의 지원 및 자금이었다.

구겐하임은 이미 비구상주의 작가들의 작품을 놀라울 만큼 수집했다. 예를 들면 바실리 칸딘스키, 막스 에른스트, 장 아르프, 한스 리히터 등의 작품들이었다. 이것들은 시대에 따른 검증과 괴상한 이론 들을 견뎌 냈다. 더불어 이들 작가들보다 한 수 아래 그룹에 속하지만 레바이가 특히 선호한 루돌프 바우어의 작품이 상기 작가들의 작품에 비해 형평상 수량이 많은 것까지도 용납했다. 라이트가 설계한 건물이 지어지기 전 이 수집품들은 맨해튼 한복판에 있는 연립 주택에 임시로 보관되었다. 작품들은 회색 카펫이 깔린 바닥 가까운 위치에 주름 잡힌 회색 천을 바탕으로 밝은 빛이 작열하는 가운데 달려 있었다. 조용한 화랑의 평온함을 깨는 것은 단지 유선 방송에서 흘러나오는 부드러운 무드 음악이었다. 임시 화랑의 디자인과 작품을 설치한 의도는 방문객으로 하여금 작품의 정신적 현존과 메시지를 그냥 받아들이도록 유도하는 데 있었다.

레바이가 라이트를 만났을 때, 그녀는 그가 전통적인 미술관 설계의 규범을 넘어설 것을 분명히 기대했다. 에머슨풍의 성장 배경과 믿음을 가진 라이트는 초월주의에 낯설지 않았다. 그러나 그는 공상의 세계를 창조할 마음은 전혀 없었다. 그는 자신의 자유를 제2의 천성과 같은 것으로 여겼다. 다시 말해 전통으로부터의 해방, 빌딩 형식을 재규정하는 자유, 이 경우에는 미술관을 선례가 없는 방식으로 재고再考하는 자유였다. 그는 이런 종류의 구조 변경에 경험이 많았다. 놀랄 것도 없이 그는 자신이 이미 생각해 둔 아이디어 중에서 곧바로 적용이 가능한 것을 찾아 낼 수 있었다. 운이 좋았거나 혹은 적용하려고 이미 마음먹고 있었기 때문이다. 그는 수년 동안 자신을 사로잡은 아이디어를 떠올렸다. 다름 아닌 가소성可塑性의 조각적인 건축으로서 전통적인 벽이나 바닥으로 인하여 방해받지 않고 연속적으로 이어지며 건물 덩어리와 공간이 하나가 되는 것이었다. 이 개념은 20세기 말에 이르러 건축의 첨단적인 사상으로 부상하게 된다.

거대한 단일 공간을 에워싸는 연속적 나선은 1924~1925년에 설계는 했지만 싯지 않은 오토모빌 오브젝티브와 플라네다륨의 공간 배치 이래로 라이트 작품에 반복적으로 나타나는 주제였다. 그 주제는 다시 한참 후인 1948~1949년에 건축한 샌프란시스코 모리스 상점의 공간 배치에 나타났다. 이렇게 반복적으로 주제를 적용한 것이 일부 비평가들이 즐겨 추정하듯 아이디어의 부족이나 게으름을 의미하는 것은 아니다. 창조적인 잠재 능력과 더불어 복합적으로 적용이 가능하여 건축가를 매혹시키는 아이디어와 건축가가 평생을 통해 탐구하고 발전시키는 주제는 항상 있게 마련이다. 발코니로 둘러싸인 중앙의 거대한 공간은 일찍이 1902~1906년에 지은 라킨 빌딩과 1905~1908년에 지은 유니티 교회에서, 그리고 좀 더 뒤인 1936년 존슨 회사 건물 등에서도 볼 수 있다. 여러 층에서 상호 작용하는 공간을 품고 흐름이 자유로우며 가소성을 띤 빌딩의 건축은 라이트를 평생 동안 사로잡았다. 그러나 건축의 좀 더 조각적인 측면들은 컴퓨터의 도움을 받는 제도 기술 덕분에 놀라울 정도로 구조적이고 경제적인 정확성을 띠는 복잡한 형태를 구상할 수 있게 되어서야 비로소 완전히 탐구할 수 있게 되었다. 라이트는 디자인과 기술을 훨씬 미래로 밀어붙였다. 나선, 원, 돔, 캔틸레버 등이 교회 건물, 공동체 시설, 공공건물 등을 아우르는 그의 후기 작품 다수를 압도했다. 그는 설계 제의를 받은 바그다드 문화 센터에 『아라비안 나이트』에 나오는 형상들을 첨가했다. 더불어 그가 제2의 고향 애리조나주에 기증한 주 청사 디자인에 아메리카 토착민의 모티프를 적용하기도 했다. 그의 디자인이 거부당한 이유는 아마도 애리조나주 공무원들이 인디언 천막집 같은 건물 안에서 일하는 자신들의 모습을 상상하기 싫었기 때문인 듯하다.

1940년대에 라이트가 추구한 조각 같은 모양을 낼 수 있는 유일한 재료는 당시에 상대적으로 새로운 것에 속한 철근 콘크리트로서 나무 거푸집 속에서 힘들여 만들어 낸 재료였다. 곡선 모양의 표면에 대한 구조 계산은 라이트가 말한 대로 "세로 기둥과 가로 기둥의 직선으로 이루어지는 층들"에 대한 구조 계산과는 근본적으로 달랐다. 그의 설명에 따르면, 직선과 수직으로부터 곡선으로의 구조 변화는 "캔틸레버와 연속성"으로 환산하여 계산해야만 했다. 그러나 컴퓨터도 없고 훨씬 덜 발달된 재료와 기법밖에 없던 1940년대와 1950년대의 기술은 공사를 수행하는 데 부적합한 경우가 많았다. 그러나 이런 불완전한 점에도 불구하고 구겐하임 미술관은 추후에 매우 창조적인 작품을 만들어 내는 건축가들에게 영감을 주는 건축물, 천재성이 확인된 모형이었다.

밖에서 볼 때 구겐하임 미술관은 하나의 원통처럼 보인다. 또는 건물이 위를 향해서 바깥쪽으로 경사가 진 모양으로서 엎어놓은 지구라트ziggurat[57] 같다. 여러 겹으로 쌓아 올린 볼륨은 꼭대기 유리돔을 향해 올라갈수록 점점 넓어진다. 이들 볼륨 층은 햇빛을 내부의 나선형 경사로로 끌어들이기 위한 유리 띠로써 분리된다. 경사로를 따라 나 있는 선반은, 둥글게 둘러싼 유리를 통해 들어오는 자연스러운 빛을 받는 작품들을 올려놓고 전시할 이젤처럼 사용될 것이다. 라이트가 "모니터"라고 불렀던 원형의 서비스 코어는 건물 한쪽에 있는 더 큰 원형의 램프를 가로질렀다. 그는 관람객이 엘리베이터를 타고 꼭대기로 올라간 다음 나선형 경사로를 따라 아래층 바닥의 열린 공간으로 "흘러서 내려오기"를 원했다. 열린 공간에서는 전체의 경사로를 볼 수 있고, 경사로의 극적인 모습은 햇빛을 투과시키는 돔에서 절정을 이룬다. 이 건물은 주위의 아파트 건물에 결코 주눅 들지 않는다. 조각처럼 우뚝 선 건물은 센트럴 파크에 면하는 5번가에서 강력하

---

57. 고대 바빌로니아, 아시리아의 피라미드형 사원.

1945년 8월 구겐하임 미술관 모형 앞에서.
왼쪽부터 프랭크 로이드 라이트, 화가 힐라 레바이, 솔로몬 구겐하임.

게 자신의 존재를 과시한다. 둥근 윤곽선은 거리 맞은편에 위치한 공원의 '유기적' 자연을 암시한다. 위에서부터 밑으로 약간씩 좁아지는 원통이 안치된 블록 길이의 기초는 강한 느낌을 주는 형태들을 단단히 고정시키고, 거리와 부지에 대하여 건물이 조화되도록 중개적 관계를 확립한다.

건물의 공사가 막 시작될 무렵, 건축 담당 당국은 다수의 법률 위반 사항을 발견하고 건축 허가서 발부를 거부했다. 라이트에게는 이미 오랫동안 흔한 일로 그는 언제나 허가서 없이 건물을 지었다. 독특한 구조와 열린 공간 배치를 파괴하지 않고는 위반 사항들이 정정될 수 없는 상황이었다. 이리하여 당시 뉴욕 건축계의 황제로서 전권을 가진 로버트 모시스Robert Moses에게 도움을 구했다. 그는 마침 편리하게도 라이트의 처가 쪽 친척이었다. 건축에 있어 극단적 보수주의자인 모시스는 이 건물을 좋아하지 않았다. 그러나 건축 허가서는 바로 발급되었다. 전례가 없는 건축 공사로 인해서 어쩔 수 없이 일어날 기술적 문제들에 용감히 맞설 시공업자를 구할 수 없었다. 그러는 중에 예전의 도제 에드거 태펠이 도전할 의사가 있는 사람을 데리고 나타났다. 라이트는 머릿돌에 시공업자 조지 N. 코언George N. Cohen과 공적을 나누어 새길 것을 주장했다. 코언은 명성 이상의 것을 얻었다.

라이트는 솔로몬 사후 공사를 주도한 솔로몬의 조카 해리 구겐하임과 사이좋게 지냈다. 그들 사이에 오간 심술궂고 흥미를 돋우는 많은 서신들이 라이트의 늘어 가는 수집품에 첨가되었다. 그러나 해리 구겐하임은 여러 이론과 예산에 있어서 터무니없는 일은 원하지 않았다. 그는 높은 건축 비용과 전후戰後 건축 자재 부족으로 공사를 지연시켰다. 설계상의 타협과 공사 계획 및 정책에 있어서 변화가 있었다. 미술관은 이제 더 이상 비구상 작품이나 솔로몬 구겐하임 수집품을 위해서만 독점적으로 사용될 것이 아니었다. 애초에 구상한 방식대로 작품을 전시할 것도 아니었다. 구겐하임 가문은 오랫동안 힐라 레바이를 스방갈리⁵⁸로 여겼다. 솔로몬 구겐하임에 대한 그녀의 영향력은 그가 구입한 미술품에서부터 그녀가 신봉하던 낯선 이론들과 그녀가 추천한 괴상한 치료법에 이르기까지 광범했다. 그녀는 관장에서 해임되고 공원이 내려다보이는 옥상 주택은 계획에서 사라졌다. 새 위원회가 수립되어 새 관장으로 제임스 존슨 스위니James Johnson Sweeney가 영입되었다. 그는 라이트의 디자인이 기초하는 모든 전제에 격렬하게 반대했다. 그가 주도한 변화들은 건축 공사를 가능한 한 모든 방식으로 방해했다.

스위니는 현대미술관 출신으로서 그곳의 양식과 기준을 확립하는 일을 도왔다. 그는 유행하는 건물의 이미지에 따라 구겐하임 미술관을 개조하려고 최선을 다했다. 영구적으로 고정된 수집품이라는 아이디어는 작품 획득, 다양성, 일시적 전시라는 새로운 정책에 의해서 밀려났다. 하지만 이전의 계획에는 새롭게 변한 정책에 필요한 보관·준비·전시 공간 등이 전혀 마련되어

---

58. 조르주 뒤 모리에George du Maurier의 소설 『트릴비*Trilby*』(1894)에 나오는 사악한 최면술사의 이름.

있지 않았다. 당초의 건축 아이디어가 별나고 실행에 옮길 경우 더욱 별날 것이라고 하더라도 당초 계획을 폐기하는 과정은 혹독했다. 스위니는 라이트가 부드러운 상아색을 입힌 내부를 완전히 흰색으로 다시 칠했다. 라이트는 흰색을 피하고 혐오했다. 스위니는 또한 경사로 바깥쪽 벽 꼭대기에 인공조명을 설치하여 자연 채광을 대체했다. 이 모든 것은 라이트가 평생 싸워 온 모더니스트들이 선호하는, 그림자가 없는 무색의 앙비앙스를 만들어 내기 위한 것이었다. 스위니는 라이트의 이젤 같은 작품 전시 공간을 무시하고 작품을 매달기 위한 금속 못을 벽에 박았다. 이것은 전시 작품 모두가 중심축에서 벗어나 있다는 환상을 깨기 위해, 마음을 산란하게 하는 경사로의 기울기와 만곡으로부터 작품들을 충분하게 떨어뜨려 놓기 위해서였다. 어느 시기에 나선 꼭대기가 그림 보관을 위해 닫혔다. 그리하여 나선의 상승을 저지시키고, 라이트 설계의 백미인 돔을 통과하여 들어오는 햇빛을 차단시켰다. 그러나 비록 라이트가 구겐하임 미술관이 완공되기 전에 죽었지만 그는 무덤 속에서 스위니와 싸워 결국 비겼다. 스위니가 관장으로 취임한 지 1년 만에 울화와 좌절을 겪고 사임했던 것이다.

그 이래로 모든 관장들은 건물이 요구하는 인격 및 물리적 도전과 화해하려고 시도했으나 실패했다. 그대로 놔두어서 살아남은 것은 통일된 공간과 구조라는 라이트의 기본적이고 강력한 아이디어였다. 그것은 미술관의 용도와 실용성에 관한 계속된 논란, 시초의 계획에 정면으로 대적했던 새로운 전시 방법이 초래한 건물에 대한 모욕(쇠못을 박아서 그림을 매다는 방법), 두 차례에 걸친 '복원 공사', 두 번의 증축보다 훨씬 우위를 점한다. 극적인 나선형 내부가 전시 목적을 위해서는 아무리 유연성이 부족하다 할지라도—이 건물에 쏟아지는 가장 심각한 비난은 건축미가 전시 미술품의 아름다움을 넘어선다는 것이다—순환하는 경사로와 함께 하늘로 솟는 볼륨을 보는 것은 지극히 감동적인 경험이다. 그 효과는 가시적이고 감정적이어서 오감을 만족시킨다. 건물은 살아 있다. 관람객의 움직임, 그들의 중얼거리는 소리, 건물을 휘감는 색깔과 형태 등은 사회적 공간과 작품이 관람객에게 보이는 방법과 그 안에서 느껴지는 방식을 재규정한다. 그러나 이런 것들이 처음부터 의도된 것은 아니었다. 건물은 미술품에 엄격한 제한을 가하기도 한다. 어떤 작품은 전시되지 못하고 곧바로 퇴짜를 맞는다. 반면에 다른 작품들은 그 진가를 한껏 발휘한다. 마크 로스코 추상화 전시회에서 관람객은 작품을 올라가면서, 그리고 내려가면서 동시에 감상했으며 여러 층에서 밝은 색채가 작열했다. 작품의 전시 방법이 작품에 대한 인식과 관람객의 반응을 확장시켰다. 에머슨을 경배하는 마음과 약간의 과장법을 써서 말한다면, 예술 작품과 공간의 융합을 심지어 초월적이라고 부를 수도 있다.

구겐하임 미술관 공사 기간 중에 라이트는 뉴욕 본부를 59번로 5번가에 위치한 건축가 헨리 하르덴베르크의 보자르풍 건물인 플라자 호텔에 두었다. 그의 후원자 해리 구겐하임처럼 라이트도 그곳에 상주용 특별실을 갖고 있었다. 해리 구겐하임과 재

구겐하임 미술관

산상으로 차이 나는 것은 개의치 않았다. 여느 때처럼 그는 호텔 방을 자기 취향에 따라 다시 꾸몄다. 그가 좋아하는 직물, 색깔, 소품, 일본 판화 들과 빠뜨릴 수 없는 그랜드 피아노를 포함한 물건들을 진열했다. 그는 그곳을 틸리에신 이스트East라고 부르며 그 방과 호텔의 식당 등에서 여러 가지 것들을 즐겼다. 때때로 호텔의 팜코트Palm Court 전체를 전세 내기도 했다. 어떤 의미에서 그는 호텔의 파괴적인 '현대화'로부터 팜코트를 구해 냈다고 말할 수 있다. 여느 때와 같이 그는 청구서 결제를 소홀히 했다. 한 관찰자에 따르면, 그는 자주 반복하는 일이지만 분별이나 앞날에 대한 대비도 하지 않고, 사치품들을 얻으면 필수품들은 스스로 알아서 해결될 것이라는 듯이 살림을 살았다.

그는 사치스럽게 충동구매를 했다. 현금은 금방 써 버렸다. 어떤 화랑에 걸린 멋진 그림을 구입할 기회를 놓치고 싶지 않은 그는 대금 청구서를 결제하기 위해 절박하게 필요한 자금을 쓰곤 했다. 링컨 콘티넨털 전시장에 들러서 덮개가 특별하고 색깔도 그의 트레이드 마크인 담홍색으로 맞춘 차 두 대를 주문했다. 그는 즉시 인도할 것을 주문하면서도 자신이 대금을 지불하지 않을 것임을 판매 담당자에게 알렸다. 그는 여러 대의 스타인웨이 피아노도 동일한 방식으로 구입했다. 최고의 사기꾼만이 그처럼 귀족다운 수준으로 살림을 살 수 있을 것이다. 결제 기한이 지난 청구서를 받으면 그는 통상 10달러나 100달러 지폐를 꺼내 주며 돈이 없다는 시늉을 했다. 그러면 누군가가 끼어들어 그를 돕거나 아니면 부인하거나 회피하는 그의 주특기를 발휘해서 사태를 모면했다.

　1952년, 텔리에신에 세 번째 화재가 났다. 누군가는 화재 원인이 전기 배선 때문이라고 했다. 그의 수력공학水力工學처럼 배선이 가끔씩 말썽을 부렸다. 그러나 이번에 화재로 파괴된 것은 펠로십이 사용하던 힐사이드 홈 스쿨의 일부였다. 다시 한 번 그는 재건했다. 반복되는 의식儀式과 같이 이번에도 공간 배치를 바꾸고 개선하고 어김없이 증축했다.

　기벽과 날카로운 재치로 그는 항상 언론의 주목을 받았다. 일관성이나 자가당착에 개의치 않던 그는 몰염치하게도 전혀 모르는 주제들에 대하여 거침없이 의견을 쏟아 냈다. 그는 필요한 정보를 우회하여 자신이 직접 진실과 닿아 있다고 확신했다. 사람들은 그를 괴짜 혹은 천재 혹은 둘 다라고 불렀다. 예일대학에 학생들을 대상으로 하는 일련의 강연을 하도록 초청받았을 때였다. 대학의 준비가 다소 소홀한 것을 보고서 그는 곧장 강연장을 떠나겠다고 위협했다. 강연 스폰서 헨리 F. S. 쿠퍼의 회고에 따르면, 라이트는 케이프를 휘날리며 오만스럽게 캠퍼스를 가로질러 가는 도중에 지팡이를 휘둘러서 "길 위에 있는 비둘기들을 쫓아 버렸다."

　1957년, 시카고의 시인이자 오랜 친구인 칼 샌드버그Carl Sandburg와 텔레비전 대담이 있었다. 점잖은 앨리스터 쿡Alistair Cooke이 사회를 보는 대담에서 라이트는 제시되거나 화제로 나온 모든 것에 반대하는 등 완전히 성마르고 반골적인 기질을 한껏 발휘했다. 그러나 매우 쾌활한 자세로 과학자보다는 예술가를,

지성보다는 감성을 지지했다. 그러는 한편으로 그는 신랄한 비판을 쏟아 냈다. 제퍼슨 기념관은 "고전적 공중 화장실", 워싱턴 기념관은 "무식한 자의 건축 행위, 뾰족한 연필심", 마천루는 "쇠를 갖고 나무를 만든다. 세로 기둥과 가로 기둥을 나무처럼 결합시킨다. 그다음으로는 도배장이를 불러다가 그 기둥들 위에 건물의 정면을 걸어 놓는다. 사물의 특성을 내부로부터 볼 수 없는 우리가 지닌 무능력의 현저하고 불멸적인 증거다"라고 혹평했다. 궁지에 몰린 샌드버그는 "아니, 이 사람 안에 설교자가 숨어 있던 것은 아니었나?"라고 물었다. 최후의 일격으로서 라이트는 마천루를 과거 속으로 넘겨 버렸다. 히치콕과 존슨이 사반세기전 논란이 많은 라이트의 혁신적인 작품들을 묵살했던 것과 비슷했다. 그는 비판을 즐기면서 말했다. "나는 사람들이 마천루를 무슨 까닭으로 현대적이라고 생각하는지 모르겠다. 그것은 19세기의 것이다. 순전히 19세기의 것이다."

1953년, 그는 이미 자기 방식대로 높은 건물을 수용했다. 오클라호마주 바틀즈빌에 있는 20층짜리 프라이스 타워는 부유한 석유, 가스 파이프라인 제작업자 해럴드 C. 프라이스Harold C. Price를 위해 설계한 건물로 마천루로서는 있음직하지 않은 장소에 위치했는데, 높은 건물은 확 트인 땅과 대비되고 매우 잘 보이는 예술품의 지위를 누리며 서 있어야 한다는 라이트의 생각에 잘 들어맞았다. 해럴드 프라이스와 그의 아내는 주기적으로, 그리고 천우신조로 나타나 라이트의 충실하고 관대한 고객 겸 후원자가 된 사람들 중 한 커플이었다. 프라이스 타워는 높은 건물에 대한 완전히 비전통적인 개념에 기초한 것이었다. 이 건물 덕분에 라이트는 자신이 선호하고 반복적으로 활용하는 아이디어를 되살릴 수 있었다. 그 아이디어는 비록 짓지는 않았지만 1928~1930년에 뉴욕의 세인트 마크스 인 더 보워리를 위한 아파트 건축 계획에 처음으로 적용되었다. 프라이스 타워는 나무의 주근主根과 같은 타워 형태로서 구조가 나무와 같다. 타워 중심부는 뿌리같이 퍼져 있는 기초 위에 고정되었다. 각개의 층들은 나무줄기처럼 건물의 중심부에서 뻗은 캔틸레버로 지지된다. 이 건물은 콘크리트로 된 수많은 평면들이 교차되어 이루어진 형태이며 녹색구리로 만든 삼각소간三角小間[59]과 황금색 유리로 장식되었다. 건물의 양쪽 측면은 서로 모양이 다르다. 전기 작가 메릴 시크레스트는 이 건물을 방문한 뒤 멋지고 놀랍다고 생각했다. 있을 법하지 않은 소도시의 "적절한 코너에 자리 잡은 이 건물은 무어라고 설명할 수 없는 야릇한 느낌을 주었다."

큰 빌딩과 큰 도시를 비난했으면서도 라이트는 1956년에 시카고를 위한 마일하이 마천루를 공개했다. 기둥이 각진 다각형이고 밑으로 내려올수록 가늘어지는 타워로서 매우 큰 투시도에 그려진 건물은 건축이 불가능할 정도로 아름다웠다. 그 누구도 이것을 라이트의 하늘 높은 줄 모르는 자존심에 어울리는 건물 이상으로는 생각하지 않았다. 취향과 기술은 극단적인 이미지들을 친숙한 것으로 만들었다. 그러나 컴퓨터의 도움을 받은 건축

---

59. 인접한 두 아치 사이의 삼각형 모양 부분.

이라도, 아무 도움도 받지 않은 라이트의 상상력에서 나오는 형태보다 더 멋진 것들을 만들어 내지는 못할 것이다.

남의 이목을 끌어들이는 일 없이 혼자서 지낼 적에 라이트는 누이동생 매기널을 불러서 간단한 음식물을 갖다 달라고 청했다. 남편과 함께 동부로 이사 와 살고 있던 그녀는 갈색 종이에 구운 감자를 싸서 라이트가 기거하는 플라자 호텔 특별실로 보내 주었다. 그녀의 회고록『아주 능력 있는 존스 가의 골짜기 *The Valley of the God-Almighty Joneses*』에 따르면, 그녀는 오빠의 근력에 놀라워했다. 그가 끊임없이 쏟아 내놓는 새로운 디자인 덕분에 탤리에신 스튜디오는 열정에 휩싸여 일했다. 그녀가 그것들을 어떻게 다 할 수 있겠느냐고 묻자 그는 모든 일을 다 처리할 시간이 부족하다고 걱정했다. 1949년과 1950년만 하더라도 그는 600건이 넘는 의뢰를 받았다. 그가 시행한 모든 일의 3분의 1 이상을 그의 말년 9년 동안에 다 해치웠다. 주요 작품들에 대한 회고전 〈60년간의 건축〉이 1951년 이탈리아 피렌체에서 화려하게 열렸다. 이것은 국제 순회 전시로 연결되어 취리히, 파리, 뮌헨, 로테르담, 멕시코시티를 거쳐 1953년 뉴욕에 도착했다. 라이트는 파격적으로 미래의 구겐하임 미술관이 들어설 부지에 뉴욕 전시회를 열도록 주선했으며 유소니언 주택 모형도 함께 전시했다. 1956년, 그는 처음이자 마지막으로 웨일스를 방문했다. 그곳은 가문과 기질에 있어서 그와 깊이 연결된 땅이었다. 이라크의 '현대화'를 돕기 위한 초청을 받고 그는 1957년 바그다드를 방문했다. 그때 설계한 문화 센터는『아라비안 나이트』의 대담하고 낭만적인 주제를, 공상을 마음껏 펼쳐 만든 도시 계획과 결합시켰다. 쌓아 올린 토목 기초는 문화 센터 주위를 나선형(다시 나선형이다)으로 둘러싸면서 현대적 자동차 교통을 위한 순환 도로 구실을 했다. 이 야심찬 계획은 1958년 하세마이트 왕조를 끝낸 쿠데타에 의해서 중단되었다.

1957년, 라이트는 90세가 되었다. 하지만 그는 아직 젊은 88세라고 주장했다. 이 해에 그는 생애 마지막으로 거대한 프로젝트를 수행했다. 캘리포니아주 산 라파엘의 마린 카운티 청사로서 대담하고 화려한 형상의, 개념상으로는 눈부신 계획이었다. 그가 부지와 땅의 특색이 만들어 내는 힘에 전념했다는 사실이 공간 배치에 놀랍도록 잘 나타나 있다. 길이가 같지 않은 아케이드 모양으로 양쪽으로 뻗은 두 개의 동이 언덕을 가로질러 마주 오다가 돔이 있는 원형 건축물에서 연결된다. 라이트는 건물 주위의 물리적 배경에 대한 구조물의 특유한 반응이라는 논리를 사용함으로써 청사의 개념을 재규정했다. 수직으로 쌓아 올린 사무실 층들을 점유하는 대신, 마린 카운티 청사의 각 부서는 경치를 바라다볼 수 있는 발코니가 들어선 수평적 공간에 배치되었다. 바닥 층의 경우 아케이드 사이로 도로가 났다. 아케이드는 유리로 벽을 덮은 세 개의 층을 떠받친다. 황금색 장식이 달린 엷은 청록색 지붕 아래로 아치, 둥근 창, 금속제 햇빛 가리개 등이 리드미컬하고 반복되는 패턴을 형성한다. 마당, 분수, 연못 등이 곳곳에 널려 있다. 라이트의 진짜 마술은 대부분의 논평을 이끌어 내는 세부 장식에 있지 않다. 그의 마술은 환경이 주는 대단한 쾌

적합을 창출하기 위한 해결책으로서 이 건물이 전통을 부수어 버린 방식에 있다.

라이트의 건축적 상상력이 어떤 형태를 취하든 그것이 갖는 힘과 독창성을 부인하는 것은 결코 가능하지 않았다. 그러나 후기 작품의 다수는 논란을 불러일으켰다. 그는 점증적으로 자신의 세계를 만들어 냈다. 그의 세계를 메운 것은 밝은 색깔, 이국풍의 정서, 그리고 비행접시, 휘장, 뾰족탑, 조소상, 다채색, 보석 같은 장식 등을 지닌 미래적인 형상이다. 다시 말해 벅 로저스,[60] 『아라비안 나이트』, 아메리카 토착민의 문화적 요소 등을 혼합한 것이다. 그의 초기 작품들을 아낌없이 칭송한 비평가와 역사가 들은 이 풍성한 장식을 가장 높이 평가했다. 닐 레빈은, 그것은 "괴상하고 동화되지 않는 것"이라는 일반적인 견해를 말한다. 1970년대에 가장 존경받은 건축 관련 저술가 만프레도 타푸리Manfredo Tafuri와 프란체스코 달 코Francesco dal Co는 라이트의 장식을 순전한 쇠퇴라고 보았다. 말하자면 일종의 "공상 과학 건축"으로, "자의식적인 이국풍"이 "극단적인 키치"의 수준으로 타락했다고 보았다.

그러나 초기의 규범과 일반적으로 받아들여지는 관행으로부터 낯설고 종종 당혹스러운 영역으로 이탈했다고 해서 그것이 한 예술가의 힘이 쇠퇴했음을 뜻하지는 않는다. 노년이 되면 예

---

60. 미국 만화의 주인공으로 우주의 다른 곳에서 여러 모험을 겪는다. 영화와 텔레비전 프로그램으로 많이 활용되었다.

술가의 작품은 좀 더 자유로워지고 실험적이 되며 대중의 기대와 전통에 신경을 덜 쓰게 마련이다. 피카소가 옛 거장들의 작품을 개인적이고 대담한 해석으로 개작했을 때, 사람들은 그것을 그의 경력에 첨가된 실망스러운 결말이라고 여겼다. 말년의 작품은 노쇠한 퇴폐의 형태로 간주되는 일이 많다. 거의 언제나 논란이 되지만, 말년의 작품은 부정적인 평가를 받거나 신중하게 무시되는 경우가 잦다.

우리를 괴롭히고 라이트 말년의 작품을 인정하기 어렵게 만드는 것은, 그것들이 냉정하지 못하고 매우 감정적이라는 점이다. 다시 말해 전위적인 미니멀리즘을 선호하는 동시대의 감각에서 지나치게 벗어나거나 아니면 성실치 못하게 과거를 교묘하게 자기 것으로 만들었다는 점이다. 라이트의 미래주의는 세련되고 고도의 기술을 갖춘 영화 〈매트릭스*The Matrix*〉의 세계가 아니다. 용인되는 수정주의 역사의 입장에서 볼 때 그의 정서는 지나치게 문학적이고 감상적이다. 초승달 모양의 아치, 무지개 형상의 분수, 바그다드 오페라 하우스의 알라딘 조상彫像, 인디언 천막이나 대합조개 모양의 교회 건물이나 공공건물, 붉은색, 파란색, 황금색, 후기의 작품을 장식한 구슬이나 풍선 등은 모두 점증적으로 미니멀 아트적인 20세기의 미적 감각과 반목한다. 라이트의 개인적인 미적 감각은 19세기의 감상적이고 종교적인 믿음에 깊이 뿌리박고 있다. 그것을 의심하거나 버린 적이 결코 없으며, 동시대의 유행하는 문화에 도전적으로 반대하며 그것을 계속해서 지켜 나갔다. 그는 이국풍의 것과 장식적인 것 들에 대한 애정을 잃은 적이 없었다. 예를 들면 오크파크 놀이방을 위해서 『아라비안 나이트』의 한 장면을 그린 그림, 미드웨이 가든의 신화적이고 이야기를 표현하는 조각상들을 위시하여 전시된 조각상 「금이 간 벽의 꽃」의 영원히 여성적이고 비유적인 신비성 등이 그러하다.

그는 언제나 주류에서 벗어나 있었다. 그는 1920년대의 신즉물주의Neue Sachlichkeit[61]나 19세기 말년을 장식한 풍자 시대에도 맞지 않는다. 그를 다룰 수 있는 유일한 방식은 그를 경계인으로, 혹은 그가 스스로에 대하여 주장한 대로 아웃사이더로 취급하는 것이다. 모더니스트의 원칙과 터부가 무너짐에 따라 그의 역사적이고 문학적인 기질은 다시 용납될 수 있게 되었다. 1990년대 닐 레빈은 라이트의 건축 양식을 "역사화하는 콘텍스트 이론"[62]이라고 규정했다. 이것은 어떤 문화의 고유성 혹은 어떤 장소의 정신을 표현하고자 노력하는 건축을 말한다. 이렇게 규정할 경우 혁명적인 전통주의자로서 그가 맡았던 초기 역할이 다시 부각된다. 그 당시 그는 '보수주의적 대의'를 옹호하고 어느 누구도 상상하지 못한 방식으로 모든 것을 개혁했으며, 전통을 수용하는 동시에 그것을 급진적으로 재해석했다.

전통을 무시하고, 일반적인 취향과 도덕규범을 부정하고, 20세기의 건축을 압도한 모든 운동이나 제도로부터 스스로를 격리시킴으로써 그는 자신이 바라는 대로 자유롭게 자기 자신이 되

---

61. 제1차 세계 대전 후 독일에서 일어난 예술 운동 및 양식의 하나.
62. 건축물은 그 주위의 기존 것들과 조화를 이루어야 한다는 미학적 주장.

고, 살고, 믿고, 일했다. 그는 자신의 완고한 개인주의를 자랑스럽게 강조하고 '남과 다름'이라는 감각을 결코 포기하지 않았다. 동시에 그는 레빈의 말대로 "전후의 현대적 건축을 능숙하고 화려하게 수용함으로써 건축의 경력에서 절정을 구가하고" 명사로서의 지위를 향유했다. 그는 스스로를 최초의 '스타' 건축가로 만들었다.

라이트는 생애 말년에 이르러, 자신의 강력한 상상력과 빅토리아 시대 스승들의 회화적이고 감상주의적인 것에 대한 고집센 취향에 탐닉했다. 그가 고집한 기하학을 사용하거나 삼각형과 육각형과 원 들로 제한된 빌딩 양식이 말년에 이르러 점증적이고 마음을 혼란시키는 추상성을 응용한 양식으로 변했다. 그의 긴 일생 중에 여러 번 격변이 일어났다. 그러나 "세상에 맞서는 진실"로 무장한 그는 세상의 변화에 완강히 대적했다. 그는 시대에 맞지 않는 매력적인 인물이었다. 재능 있는 몽상가에다 낡은 사상을 고수하는 낭만주의자인 그는 21세기가 여전히 흡수하고 있는 디자인, 도시 계획, 구조상의 개념 등을 창출했다.

12
죽음 이후
또 한 번의 스캔들

아무도 그가 세상을 뜨리라고는 예상하지 못했다. 그는 1950년대에 메니에르병[63]을 앓았다. 내이内耳에 이상이 있는 병으로 심한 현기증과 구역질이 일어나서 일시적으로 무능력하게 만들곤했다. 그러나 젊은 시절 세임스 외삼촌 집에서 힘든 노동으로 단련된 다부진 체격에 힘입어 그는 견뎌 냈으며 일하고자 하는 의욕이 식은 적은 결코 없었다. 1959년, 여느 때처럼 탤리에신 웨스트에서 부활절을 축하했다. 6월에 있을 90회 생일을 위해 정성들인 준비가 이루어지고 있었다. 물론 92세가 될 참이었다. 그해 3월에 로이드가 캐서린이 87세의 나이로 별세했다는 소식을 전해 주었다. 라이트가 슬픈 표정을 지으며 그녀의 죽음을 장례식

---

63. 난청, 현기증, 귀울림 등을 일으키는 병으로 프랑스 의사 메니에르의 이름을 땄다.

이 끝난 뒤에야 알았다는 것에 언짢아하는 모양을 본 로이드는 캐서린이 살아 있을 때는 아무런 신경도 쓰지 않던 아버지가 그녀의 죽음에 근심하는 이유가 무엇인지 의아했다. 그로부터 열흘 뒤인 4월 4일 토요일, 라이트는 복통을 일으켜 피닉스 병원으로 갔다. 월요일에 장폐색증 수술을 받은 그는 회복하는 듯 보였으나 4월 9일 목요일 갑자기, 그리고 조용하게 숨을 거두었다.

장례식은 위스콘신에서 치렀다. 장지는 로이드 존스 가문의 선산이었다. 메릴 시크레스트의 전기는 그 후에 일어난 일을 가장 완벽하게 설명한다. 라이트의 사위이자 수석 조수인 웨슬리 피터스가 라이트의 시신을 펠로십 장소에서 픽업트럭에 실어 약 3천 킬로미터 떨어진 위스콘신으로 스물여덟 시간에 걸쳐 쉬지 않고 운구한 과정을 서술했다. 꽃으로 덮인 관은 탤리에신의 거대한 벽난로 앞에 드리워진 담홍색 비로드 휘장 위에 안치되었다. 라이트의 아들 로이드가 나중에 회고한 바에 따르면, 그제야 그는 아버지가 키 작은 사람이라는 것을 알았다.

4월 12일 일요일, 관을 말이 끄는 마차 위에 실어서 집으로부터 예배당으로 운반했다. 올기반나와 딸 이오반나, 가족과 친구들이 뒤를 따랐다. 성경과 에머슨의 글 몇 구절을 읽는 간단한 의식 후에 라이트는 매장되었다. 그의 서거에 대한 발표문에는 매장이 임시적이라는 것이 눈에 띄었다. 라이트의 시신은 그가 자신의 마지막 휴식처 및 기념관으로 설계해서 가문의 교회 유니티 교회 근처에 설립될 새로운 예배당으로 이장하기로 되어 있었다. 유니티 교회는 아주 오래전에 실스비가 지은 건물로, 라이트가 도왔다. 새 예배당은 기초가 완성되어 인근 채석장으로부터 돌을 잘라서 운반해 놓았다. 라이트는 진입로에 나무 심는 일을 감독했다. 그러나 일은 중단되고 지난 2년 동안 아무런 공사도 더 이상 이루어지지 못했다. 왜냐하면 펠로십이 애리조나주에도 생겨서 위스콘신으로 자주 여행할 수 없었기 때문이다. 예배당의 상황은 올기반나가 1985년 3월 1일 세상을 뜰 때까지 26년간 그대로 변하지 않았다.

살아서와 마찬가지로 죽어서도 라이트는 스캔들을 끌어들이는 자석이었다. 그는 평화롭게 안식을 취하지 못할 운명이었다. 올기반나가 임종할 때 남긴 유언을 그녀의 의사가 보고했다. 전 남편과의 사이에서 태어난 딸이자 웨스 피터스의 아내인 스베틀라나와 남편 라이트의 시신을 무덤에서 발굴하여 화장한 뒤 그 재를 애리조나로 갖고 와서 자신의 재와 함께 추도 목적으로 조성될 추도 정원에 묻으라고 했다는 것이다. 스베틀라나는 수년 전에 교통사고로 이미니보다 먼저 숨졌다. 라이트 사후 계속 운영된 펠로십에 대한 올가의 장악력은 매우 강력해서, 펠로십 사람들은 그녀로부터 충성할 것을 요구받고서 다들 충성을 바쳤다. 그런 상황이었기 때문에 그녀의 마지막 요구에 대한 적절성이나 타당성을 아무도 시비 걸지 않았다. 그녀의 요구 사항은 유언장에 기록되지 않았다. 그러나 그녀는 죽기 몇 년 전부터 그렇게 말해 온 듯하다. 그녀의 딸 이오반나에 따르면, 올기반나의 소원은 평소 말하는 그대로 시행되었다고 한다. 심지어 그녀가 사망했을 때조차도 그 소원은 무시할 수 없었다. 웨스 피터스는 그녀의 지시가 성스러운 영기靈氣를 지녔다고 말했다. 아무도 그녀의 마지막 요구 사항에 이의를 제기한 것 같지는 않다. 그러나 엽기적인 임무를 굉장히 서둘러, 그리고 엄중히 비밀스럽게 수행했다는 사실은 펠로십 사람들 중 일부는 이를 의아하게 생각했다는 것을 암시한다.

이리하여 조용한 삶과는 거리가 멀던 라이트의 믿기지 않는 사후의 장章이 시작되었다. 다시 한 번 "헤지라"가 이루어졌다. 헤지라는 라이트가 두 탤리에신 사이의 여행을 가리킨 말이었다. 이번에는 펠로십 사람들이 세상을 떠난 올기반나의 명령에 따라 라이트의 유해를 옮기는 길고 대단한 여행이었다. 하지만 오래전에 숨진 올기반나의 딸에 대한 지시를 수행하기에는 너무나 많은 장애가 있었기 때문에 그것은 의제에서 조용히 삭제되었다. 라이트의 시신을 발굴하여 화장하는 데 필요한 문서 업무는 이오반나가 담당했으나 예배당 관리인은 통보를 받지 못했다. 발굴은 서둘러 이루어지고 파헤쳐진 무덤은 복구되지 않은 채 그대로 놓아두었다. 시신은 즉시 화장되었으며 검시관은 비밀을 지킬 것을 맹세했다. 재는 애리조나로 가져갔다. 그러나 소식이 어느새 새어 나와 점점 커지는 비난 여론 속에서 매디슨의 『캐피털 타임스The Capital Times』가 그 이야기를 보도했다. 집단적인 분노의 표시로서 위스콘신 의회는 라이트의 시신을 꺼내 간 것에 대해 비난하는 결의안을 통과시켰다. 결의안은 그 일을 예술과 문화의 파괴 행위로 간주했다. 기자이자 편집장인 칼 E. 마이어는 평소 집안이 라이트와 가까운 사람으로서 위스콘신으로부터 애리조나로의 시신 이전을, "제퍼슨을 몬티셀로에서 발굴하여 베벌리힐스에 재매장하는 것"에 비유했다. 라이트의 다른 자녀들은 격분해서 그 행위를 "시체 도둑질" 혹은 "신성 모독 행위"라고 불렀다. 누가 봐도 라이트의 뿌리는 밸리의 로이드 존스 가였고, 그가 사랑한 탤리에신의 기복이 부드러운 언덕과 농장이 영면의 터가 되어야 했다. 생전의 라이트는 비극과 불운을 겪을 때마다 항상 돌아와 탤리에신과 자신의 삶을 재건했다.

애리조나에서는 올기반나가 중심 역할을 수행했다. 그녀는 라이트와 탤리에신 웨스트를 함께 건설했으며, 라이트 사후 최고의 자리에 군림하며 구르지예프 유의 공동체를 감독했다. 위스콘신 탤리에신은 라이트의 과거에 속했다. 위스콘신 탤리에신은 라이트가 가장 사랑한 여인 마마를 위해 지은 곳이었다. 라이트는 70년 전 마마를 묻은 바로 그곳에 그녀와 함께 영원히 잠들어 있었다. 34년 동안 라이트의 동반자였고 불행하게 시작했으나 상호 의존과 충성을 다져 온 결혼의 생존자인 올기반나로서는 그것을 하나의 저주라고 생각했을 것이다. 펠로십을 존재하게 만든 것은 올기반나였다. 그녀는 나날이 일어나는 문제들을 해결했다. 라이트는 항상 펠로십의 경영과 권한을 그녀에게 양보했다. 그녀는 라이트를 위해 생활을 안정시켜 주었다. 사치품을 구입하고 필수품은 제 스스로 해결되도록 내버려 두던 버릇처럼, 라이트는 여인들을 얻었고 그녀들이 필수품을 마련할 수 있도록 돌보았다. 그는 여인들의 일처리를 받아들였다. 우리는 라이트가 이번의 일처리도 마찬가지로 받아들일 것이라고 생각한다. 그렇지 않다면 오히려 이상할 것이다.

합장이 6개월 안에 이루어질 것이라는 발표가 있었다. 몇 년 동안 아무 일도 일어나지 않았다. 그러는 동안 재는 탤리에신 웨스트에 그대로 남아 있었다. 마침내 추모 동산이 애리조나에 조성되고 재매장 의식이 행해졌다. 이번에 펠로십은 라이트 유산의 영구적 관리자로 스스로를 자리매김했다. 웨슬리 피터스의 지도 아래 펠로십은 '탤리에신 관련 건축가들의 모임Taliesin Associated Architects'으로서 다시 태어나 라이트가 시행하지 못하고 남긴 건축 공사를 계속해서 수행했으며, 건물의 보존과 리모델링을 돕고 조언하며 라이트의 정신과 양식에 따라 새로운 일을 의뢰받았다. 그러나 항상 새로운 분야를 개척하던 라이트의 감각적인 눈과 창의성이 없었기 때문에 일은 상투적이 되었다. 브루스 브룩스 파이퍼의 지도 아래 프랭크 로이드 라이트 문서 보관소는 프랭크 로이드 재단과 함께 막대한 양의 문서와 라이트의 삶과 관련된 개인적 기념물 들을 정리하고 보관하는 기념비적인 업무를 맡았다. 올기반나 사후에 발견된 놀라운 것들 중 하나는 진기한 일본 직물로 채워진 트렁크였다. 그것은 구겨지고 까맣게 잊힌 것이었다.

올기반나가 문서들을 통제하고 있을 동안 문서 접근은 금지되었다. 허락은 선택적으로 이루어지고 많은 금전을 대가로 치러야 했다. 라이트의 전설에 대한 비판이나 상처 입히는 일을 올기반나는 강력하게 저지했다. 파이퍼의 감독 아래 도면, 문서, 인공물 등 절박하게 관심을 끌던 것들이 정리되고 보존되고 연구를

현재 텅 빈 위스콘신 탤리에신의 라이트 무덤. 서거 26년 후 아내 올기반나의
유언에 따라 라이트는 무덤에서 꺼내져 화장되었으며,
그 재는 올기반나와 합장하기 위해 애리조나로 옮겨졌다.

위해 이용할 수 있게 되었다. 문서 보관소가 개관함에 따라 라이트 연구의 새로운 시대가 시작되었다. 1980년대와 1990년대는 재발견과 재평가가 이루어진 활동적인 시기였으며, 라이트의 서신과 기록 들로부터 끌어낸 문서들이 파이퍼에 의해 꾸준히 출판되었다. 서적과 전시회가 늘어나자 실제적으로 라이트 산업이 탄생했다. 1994년 현대미술관은 라이트의 경력에 대한 종합적인 회고전을 개최했다.

라이트의 편집자이자 역사가인 H. 앨런 브룩스H. Allen Brooks는 수년 전, 라이트는 "지나치게 요령부득이고 심원해서 쉽게 설명할 수 없다"고 결론을 내렸다. 탤리에신 문서 보관소의 도면 8천 장 중에서 일부를 골라 전시한 전시회 책자에서 아서 드렉슬러는 라이트를 "모든 역사에서 가장 독창적인 건축가들 중 하나", "서정시풍의 비전"을 가진 혁신가라고 불렀다. 또한 그의 아이디어들은 "여전히 새롭고, 여전히 우리 시대와 상관이 있으며, 아직까지 시도되지 않은 경우도 많다"고 덧붙였다.

라이트는 불완전한 삶을 살았으며 자기 파괴적인 행동에 탐닉하던 때가 종종 있었다. 그가 겪은 고난 중에는 스스로 지어낸 것도 있다. 그가 겪은 어려움을 그보다 약한 사람이 겪었다면 그 사람은 무너졌을 것이다. 그는 모든 것을 견뎌 냈으며, 사람들이 이해하기 어려운 진리를 완고하게 지키기 위하여 동시대의 현실과 싸운 건축계의 돈키호테였다. 그의 마음속에서 목적은 항상 수단을 정당화했다. 어떤 행동이라 할지라도 그것이 자신의 예술과 스스로 생각하기에 누릴 자격이 있다고 생각하는 생활 양식을 위해 필요한 것이라면 언제나 허용되었다. 그가 지은 건물은 그의 삶만큼이나 결함이 있었다. 더불어 개념상으로 당대에 유행하던 관행과 기술을 훨씬 앞질렀기 때문에 건물의 결함은 라이트의 신화를 깨부수려는 수많은 사람들에게 절호의 공격 수단을 제공했다. 완벽함은 그의 관심사가 아니었다. 아서 드렉슬러의 말에 따르면, 라이트의 작품이 지닌 아름다움의 일부는 "완벽함이라는 관념으로부터의 해방이다. 그의 건축은 그의 삶처럼 완벽함을 부적절한 것으로 만든다. 모든 사건은 의미를 지녔다. 그러나 마지막 사건이란 없으며 완벽한 대답도 없다. 역사는 끝날 수 없다." 라이트가 만든 작품의 핵심을 이루는 것은 그것이 지닌 인간성이며, 우리 세계와 삶에 연결될 수 있는 통로에 대한 탐색이다.

감사의 말

이 책은 온갖 우여곡절 끝에 나오게 되었다. 이 프로젝트는 내가 뉴욕 공공도서관 소속의 '학자 및 작가 들을 위한 도로시와 루이스 B. 컬먼 센터'에서 초빙 연구원 자격으로 1년을 지낼 때 시작했다. 그동안 센터의 설립자이자 소장인 피터 게이Peter Gay의 호의적인 격려를 받으면서 누린 멋진 경험과 기회에 대해 대단히 고맙게 생각한다. 프랭크 로이드 라이트는 당시 나의 연구 과제가 아니었다. 나는 그때 설계와 건축의 도구로서 컴퓨터를 이용한 완전히 새로운 종류의 건축을 탐구하고 있었다. 그런데 그 수많은 새로운 지식을 배우는 동안, 묘하게도 수년 전에 이미 시작했던 미완성의 라이트 연구로 되돌아오게 되었다.

나는 라이트의 작품과, 오늘날 첨단 컴퓨터를 이용한 설계에 뛰어난 젊은 건축가들의 작품이 놀랄 만큼 닮았다는 것을 알게 되었다. 양쪽 모두 급진적인 비전을 지녔고 기하학을 응용하는 데 크게 매료된 가운데 새로운 기술들을 발명했다. 더불어 양쪽은 능력의 범위 내에서 탁월한 상상력을 극한까지 밀고 나갔다.

그들은 모두 모험을 즐겼고 건축이 무엇을 할 수 있으며 어떻게 보여야 한다는 것을 새롭게 규정하려고 했다. 그러나 라이트는 모든 작업을 옛 방식대로 직선 자, T자형 자, 컴퍼스, 삼각자 등을 이용해 손으로만 그렸다. 그는 공간 기하학에서 사용하는 원, 사각형, 삼각형, 육각형 및 결정학結晶學의 문양 등을 써서 작업했다. 발전된 컴퓨터 프로그램을 사용하는 오늘날의 건축가들은 프랙털fractals[64]과 고등 계산법과 무한한 컴퓨터 계산 기술을 이용하여 실제로 무한한 모양과 형태를 구사한다. 반면에 라이트가 지닌 중요한 도구는 풍성한 상상력과 심미적 감각이었다. 21세기에 들어서 건축계에서 벌어지는 상황을 살펴볼 때 그의 작품은 새롭고 심오한 의미를 던져 준다.

나는 다음 해에도 앞서 말한 도서관의 연구실에서 집필을 준비할 수 있었다. 작가들의 안락한 피난처인 연구실을 제공해 준 웨인 퍼먼의 호의를 입었으며, 도서관에서 예술 및 건축에 관련된 자료를 이용하고 담당 직원으로부터 큰 도움을 받는 특혜를 누렸다. 이 책을 저술하는 데 필요한 자료들은 사우스 캘리포니아의 메드웨이 플랜테이션에 한동안 머물면서 정리했다. 그곳도 작가들이 지적 자극을 받으며 동료들과 사귀고 호사스러운 즐거움을 누릴 수 있는 휴양소였다. 관대한 보카라 르잔더 소장의 호의에 감사한다. 이때도 나의 책 상자들은 변함없이 나를 줄곧 따

---

64. 하나의 물체를 무한히 확대하거나 축소하여 인간의 눈으로 볼 수 없는 단계에 들어갔을 때, 전자현미경 같은 과학 장비를 사용하여 보면 우리가 눈으로 보는 모습과 유사하다는 속성. 즉, 아무리 크게 하거나 세분하더라도 본래 물체가 가진 모습이 계속 유지된다는 이론.

라다녔다.

내가 이 책을 쓰면서 이용한 책들은 라이트 관련 출판물 중에서 극히 일부에 해당한다. 참고 문헌은 매우 많고 쉽게 구할 수 있다. 라이트 참고 문헌은 방대하여 그것들만 다룬 책들도 있을 정도이다. 그래서 나의 목적에 지속적으로 부응하는 가치를 지녔고 크게 흥미를 끈 최근의 서적들만 나열하고자 한다. 빼놓을 수 없는 책은 메릴 시크레스트의 전기 『프랭크 로이드 라이트』(뉴욕, 크노프, 1992)로서 라이트의 삶에 대한 존경할 만한 연구와 새로운 정보를 제공해 주었다. 브렌던 길의 『여러 개의 가면: 프랭크 로이드 라이트의 삶Many Masks: A Life of Frank Lloyd Wright』(뉴욕, 밸런타인, 1987) 또한 도움이 되는 자료를 제시했다. 로버트 C. 트윔블리의 『프랭크 로이드 라이트: 해설적 전기Frank Lloyd Wright: An Interpretive Biography』(뉴욕, 하퍼 앤드 로, 1973)는 지금까지도 라이트의 삶과 예술에 관한 가장 훌륭한 해설서 중 하나로 평가받는다. 노리스 켈리 스미스Norris Kelly Smith의 『프랭크 로이드 라이트: 건축적 내용에 대한 연구Frank Lloyd Wright: A Study in Architectural Content』(뉴욕, 호라이즌 출판사, 1966)는 지속적으로 참고할 가치가 있다.

학구적 연구서로서 필수불가결한 닐 레빈의 『프랭크 로이드 라이트의 건축』(프린스턴, 프린스턴대학 출판사, 1966)은 라이트 연구에 대한 의미심장한 성취이자 중요한 연구 문헌으로서 라이트 건축의 자세한 역사와 분석에 관한 기본적 자료이다. 라이트가 설계한 건물들의 연도가 저서에 따라 많이 어긋나기 때문에 나는 레빈의 최근 조사 결과에 따랐다. 그랜트 C. 맨슨의 『1910

년까지의 프랭크 로이드 라이트: 첫 번째 황금시기』(뉴욕, 라인홀드, 1958)는 라이트의 초기 작품에 대한 가장 훌륭한 해설서이다. 그 후에도 라이트 건축물에 대한 훌륭한 전문적 논문들이 많이 나왔다. 그중 몇몇 저자들의 이름만 들면, 조지프 코너스, 도널드 호프먼Donald Hoffman, 잭 퀴넌Jack Quinan, 조지프 N. 시리Joseph N. Siry와 캐스린 스미스Kathryn Smith 등이다. 토머스 S. 하인스와 나르시소 메노컬Narciso Menocal이 공저한 저서는 이 책에 깊이와 상세한 정보를 첨가해 주었다. 특히 앤서니 알롭신의 『프랭크 로이드 라이트—잃어버린 세월, 1910~1922』(시카고, 시카고대학 출판부 1993)로부터, 예전에는 라이트 생애 중 블랙홀로 남았다가 이제는 그의 건축 예술에서 의미심장한 중요성을 지닌 시기로 드러난 일정 시대를 재구성하는 데 대단히 귀중한 도움을 얻었다.

나는 라이트의 자서전으로부터 많은 부분을 자유롭게 인용했다. 그 까닭은 그 부분들이 정서적으로 매우 풍성하고 감칠맛 나며 감동적으로 쓰였기 때문이다. 사실들을 왜곡한 경우가 있을지 몰라도 자서전의 내용은 건축가로서, 그리고 한 인간으로서 그의 감정을 가장 잘 전달해 준다. 그 외에 두 권의 회고록이 라이트에 대한 이해에 통찰을 더해 준다. 그 하나는 존 로이드 라이트의 『지상에 있는 나의 아버지』(1994년 서던일리노이대학 출판부 재발행)이다. 다른 하나는 에드거 태펠의 친밀하고 애정 어린 『프랭크 로이드 라이트와 함께한 세월들: 천재의 도제』(뉴욕, 도버, 1979)이다. 프랭크 로이드 라이트 문서 보관소 소장이자 프랭크 로이드 라이트 재단 부회장인 브루스 브룩스 파이퍼의 도움과 호의와 여러 가지 허가에 깊이 감사한다. 특히 그가 멋지게 편집한 라이트의 '서간' 시리즈는 눈에 띄게 생생한 기록이자 매력적인 읽을거리였다. 이 서간집에는 라이트가 고객이나 다른 건축가들과 나눈 서신 및 루이스 멈퍼드Lewis Mumford와 교신한 편지, 구겐하임 미술관의 건축 진행 과정에 오고 간 서신 들이 들어 있다.

어구마다 각주를 다는 것은 분량이 적은 책을 읽기 어렵게 만든다는 점, 예상되는 독자들이 일반인이라는 사실을 감안하여 인용구나 아이디어가 나타날 때마다 저자의 이름을 직접 말함으로써 각주를 생략했다. 설명의 흐름을 끊지 않은 채, 자료의 원천에 대한 즉각적인 정보를 제시하기 위해서였다. 가장 긴 인용구는 라이트 자서전에서 가져온 것이다.

나의 원고를 읽어 주고 도움이 되는 제안을 해 준 분들에게 깊이 감사한다. 뉴욕의 뉴스쿨대학교가 발행하는 『세계 정책 저널World Policy Journal』의 편집인 칼 E. 마이어의 의견을 높이 평가한다. 로스앤젤레스 캘리포니아대학교 토머스 S. 하인스 교수의 라이트 및 캘리포니아 건축에 대한 지식은 무척이나 값진 것이었다. 뉴욕대학교 캐럴 크린스키Carol Krinsky 교수의 박식하고 전문가적인 교정과 특히 그녀의 훌륭한 질문 및 논평에 감사한다. 이 세 분에 대한 감사는 단지 직업적인 의례 이상의 것이다. 마지막으로 조엘 호닉Joel Honig에게 감사한다. 작가가 옆에 둘 수 있는 최고의 자료 편자이자 연구 보조원이고 충실한 친구였던 그는 이 원고가 완성되기 전에 세상을 떠났다. 그의 도움과 격려가 참으로 그립다. 그와 함께 차를 마시며 예술과 인생에 관하여 활기찬 대화를 나눌 수 없게 되었으니 이제부터는 오후의 티타임이 적적해 질 듯하다.

뉴욕에서

에이다 루이즈 헉스터블

옮긴이의 말

이 책은 20세기 미국이 낳은 위대한 건축가 프랭크 로이드 라이트의 삶과 작품을 입체적으로 검토한 라이트 전기이다.

프랭크 로이드 라이트라고 하면 누구나 가장 먼저 펜실베이니아주 베어런에 있는 개인 별장 낙수장을 생각하고, 이어 후기 작품인 뉴욕시의 구겐하임 미술관을 떠올린다. 이 두 건물은 건축을 잘 모르는 사람이 보더라도 정말 아름답다는 느낌을 준다. 낙수장은 백조가 날개를 크게 벌려 폭포 위에 내려앉은 모습을 연상시키고, 구겐하임 미술관 내부는 신비한 나선형이 사물의 본질 속으로 빨려 들어가는 소용돌이를 느끼게 한다. 이런 건물들을 보는 순간, 이렇게 아름다운 형상을 머릿속에서 그려 낼 수 있는 사람은 어떤 사람일까 하는 궁금증이 인다. 그러면서 당연히 그의 인품도 작품 못지않게 훌륭할 거라고 짐작한다.

그러나 라이트의 인품이나 개인적 생활은 부도덕하다고 할 수는 없어도 그리 모범적인 것은 아니었다. 스무 살에 만나 19년을 같이 살면서 4남 2녀를 낳아 준 조강지처 캐서린을, 새로 만난 여자 마마 체니 때문에 헌신짝처럼 버렸다. 캐서린이 끝까지 이혼을 거부하자 애인과 동거에 들어갔는데, 애인 마마 체니는 천벌이라도 받듯 탤리에신 화재에 휘말린 채 광인의 도끼에 맞아 죽었다. 세 번째 여자 미리엄 노엘은 아무런 법적 지위 없이 라이트와 동거 생활을 한 나머지 그 스트레스를 이기지 못하여 조울증을 앓는 정신병자가 되었고 끝내 이혼당했다. 그 후 57세의 라이트는 서른한 살이나 어린 26세의 이혼녀 올가를 만나 재혼했다. 여자 문제에 관한 한 그는 극도로 자신의 편의만을 내세우는 이기적인 남자였다. 그의 이러한 행동은 또 다른 20세기의 걸출한 예술가 파블로 피카소를 연상시킨다. 뿐만 아니라 자신의 학력을 위조한 것, 나이를 두 살 속인 것, 유럽의 그 어떤 건축물로부터 영향을 받은 바 없다고 거짓 주장한 것, 자신이 현존하는 세계 최고의 건축가라고 오만하게 말한 것, 다른 미국 건축가들을 모두 시대에 뒤떨어진 한심한 자들이라고 비난한 것 등 그의 인품을 의심하게 만드는 많은 언행이 있다. 라이트는 자신의 자서전(초판 1932년, 증보판 1943년)에서 그런 언행을 변명하며 거기에는 "세상에 맞서는 진실"이 들어 있다고 강변했다.

　이 책은 그동안 나온 라이트 전기와 연구서를 폭넓게 참고하면서 문제 많은 자서전의 허구를 하나하나 벗겨 나간다. 그의 거짓 나이, 부풀려진 가정 환경, 부모의 이혼 사유, 고등학교도 제대로 졸업하지 못하고 대학도 중간에 그만둔 학력의 위조, 뻔뻔스러울 정도의 이기심, 허영에 가까운 오만함(루이스 멈퍼드 같은 문화 비평가는 이것을 가리켜 천재의 오만이라고 명명했다) 등을 여러 각도에서 세밀하게 분석한다. 하지만 헉스터블은 이 전기를 하나의 폭로 고발서로 집필하지는 않았다. 그래서 머리말에서 "이 책은 건축과, 더 나아가 우리가 건축을 보는 시각을 영원히 변화시킬 목적으로 그가 그토록 눈부시게 융합한 예술과 인생의 흐름을 탐구하려는 시도이다"라고 말한다.

저자는 예술과 도덕(예술가의 개인적 생활)은 반드시 일치하는 것은 아니며 작품의 성취 또한 그(작품의) 진실이 어느 정도 예술의 목적에 봉사하는가에 따라 결정되어야 한다고 말한다. 이것은 "예술을 말할 때는 예술에 대해서만 이야기해야 한다"는 입장이다. 이처럼 예술을 신봉하는 사람들은 한 발 더 나아가, 예술의 공간이 곧 현실의 공간으로 확장될 수 있으며 그렇기 때문에 예술과 현실 사이에는 뚜렷한 구분이 있을 수 없다고 주장한다. 예술을 통해 또 다른 현실을 인식함으로써 예술의 관람자는 이 세상에 대한 새로운 이해에 도달할 수 있다. 그런 식으로 획득된 이해, 즉 예술과 현실의 조화는 관람자의 마음속에 깊은 평온을 주며 세계와 하나가 되는 영원 무한의 느낌을 안겨 준다. 이런 느낌이 널리 확산되면 온갖 부조리한 현실을 이겨 낼 수 있는 힘(혹은 또 다른 현실에 대한 인식)을 갖게 된다는 것이다.

반면 예술은 도덕에 봉사하는 것이어야 한다는 문이재도文以載道를 신봉하는 사람들은 이러한 예술 지상주의를 거부한다. 그들은 매국노가 쓴 아름다운 애국의 문장은 그 원천이 되는 저자가 매국노이기 때문에 아무리 아름답고 감동적인 것이라 할지라도 말 다르고 행동 다른 궤변에 지나지 않는다고 주장한다. 가령 과거 일제 강점기에 일본의 문화가 우월하다며 친일 활동을 했던 사람이 나중에 해방 후 자신의 작품 속에서 한국의 민족 문화 운운하는 것은 결코 용납될 수 없다는 것이다. 그럴 경우 예술은 사람의 눈을 속이는 초라한 재주에 지나지 않는다는 것이다.

이 책의 저자는 라이트의 여러 거짓된 생활을 아주 객관적인 눈으로 조망하면서도 그것 때문에 라이트 건축의 아름다움을 보지 못해서는 안 될 것이라고 경고한다. 여기서 우리는 낙수장이라는 라이트의 건축물을 한번 생각해 보자.

지금 우리는 펜실베이니아의 베어런에 와 있다. 원 소유주 코프먼 가족이 1963년 웨스트 펜실베이니아 관리 위원회에 기증하여 누구나 이 집을 구경할 수 있게 되었다. 웅장한 폭포 소리가 환영의 인사를 건네는 낙수장에 들어서면 우리는 자연의 한가운데에 서게 된다. 산과 나무와 풀과 공기의 일부분이 된 인상을 받는다. 커다란 암반은 그대로 벽난로의 화덕이 되고 석판을 쌓아 올린 기둥은 그 강인한 결이나 색채 덕분에 암반에서 이어지는 느낌을 준다. 폭포 위로 뻗어 나온 테라스는 지지하는 기둥이 없어서 나무에서 뻗어 나온 가지를 연상시킨다. 실내로 들어서면 거실 사면이 유리인 데다 돌바닥에 빛과 풍경이 반사되어 주위의 자연이 한눈에 들어온다.

라이트는 이 건물에서 노자의 상선약수上善若水와 예수의 야생 들꽃을 완벽하게 구현했다. 노자의 『도덕경』제11장에는 "건물의 실체는 사방의 벽과 지붕에 있는 것이 아니라 그것들이 둘러싼 주거 공간에 있다"라는 말이 나오는데, 라이트는 이 빈 공간의 정신을 낙수장에서 구현했다. 야생 들꽃은 마태복음 제6장 28절에 나온 것으로 건물의 유기적 단순성을 설명해 주는 비유이다. 선명한 디자인과 완벽한 의미가 단순성의 배후에서 작동하기 때문에 "들꽃은 수고도 길쌈도 하지 않으나 완벽한 아름다움을 갖고 있는데" 바로 그런 들꽃의 아름다움을 이 건물에서 구현한 것이다.

이 건물(예술품)의 아름다움에 몰두할 때 우리는 현실을 잠시 잊어버린다. 이렇게 아름다운 것이 세상에 많은데 이런 것들을 즐기기 위해서라도 좀 더 힘을 내어 인생의 어려움을 견뎌야 하지 않을까 하는 생각을 갖게 된다. 이것이 바로 예술이 주는 위안이요 격려라고 이 책은 말한다. 이러한 주장은 그리스 신화에 나오는 아탈란타와의 달리기 시합을 연상시킨다. 아르카디아의 공주 아탈란타는 아름다운 여인이어서 많은 남자들이 구혼을 해온다. 그런데 그녀를 얻으려면 하나의 조건이 있다. 그녀와 달리기 시합을 하여 그녀보다 더 빨리 달릴 수 있어야 하고, 만약 남자가 경기에서 진다면 그는 사형에 처해진다. 그러나 이 세상에 그녀보다 더 빨리 달릴 수 있는 남자는 없다. 하지만 용감한 남자 히포메네스는 자신이 죽을 줄 알면서도 그녀에게 도전한다. 이때 용감한 자를 좋아하는 여신 아프로디테가 그에게 황금 사과 세 알을 주면서 아탈란타에게 이길 수 있는 방법을 알려 준다. 경기가 벌어지자 아탈란타가 앞서 달리기 시작한다. 히포메네스는 경기의 고비마다 황금 사과를 그녀 앞으로 던져 주의를 분산시키고 결국 우승하여 그녀를 아내로 차지한다. 이 신화는 운명과 인간, 그리고 예술에 대한 비유로 해석되기도 한다. 아탈란타는 죽음이고, 히포메네스는 보편적 인간이며, 황금 사과는 예술이다. 인간은 결코 죽음을 이기지 못하지만, 황금 사과 덕분에 그것을 잠시 잊어버리고 죽음에 대하여 일시적 승자의 느낌을 가질 수 있다는 것이다.

바로 이런 위안 때문에 예술가의 개인적 생활에 대하여 우리는 관대하게 눈을 감게 된다. 이 책은 천재적인 예술가치고 정상적인 생활인이 몇 명이나 되느냐고 묻는다. 이런 아름다움의 위안을 동시대뿐만 아니라 앞으로 여러 세기 동안 사람들에게 제공해 줄 수 있는 예술가라면, 그의 복잡한 여자 문제, 나이와 학력 위조, 지나친 오만함 따위는 관용해 줄 수 있지 않겠느냐고 말한다. 예술가의 공로는 제쳐 두고 오로지 부정적 측면만 캐내려는 사람은 그의 천재를 질투하는 사람이라면서 그것을 샤덴프로이데라는 독일어로 설명하기도 한다.

이 책은 전편을 통하여 예술과 생활 사이에서 벌어지는 갈등과 균형의 문제를 다룬다. 예술과 인생이라는 두 줄기 강물은 엄청난 소용돌이의 회전력을 뿜어내는 두물머리이다. 그래서 로마의 시인 호라티우스는 "labitur et labetur in omne volubilis aevum(그 두 강물은 영원의 소용돌이 속에서 흐르고 또 흐를 것이다)"라고 노래했다. 이 라이트 전기는 그런 두물머리를 날렵하게 운항해 나가면서 한 위대한 건축가(어쩌면 20세기의 가장 위대한 건축가)의 인생과 예술을 탁월하게 설명한다.

이종인

찾아보기

지은이 에이다 루이즈 헉스터블 Ada Louise Huxtable

1921년 뉴욕에서 태어나 뉴욕시립대 헌터칼리지를 졸업했다. 1946년부터 1950년까지
현대미술관MoMA의 건축 디자인 부문 큐레이터를 지냈으며, 1963년에는 『뉴욕 타임스』
최초의 건축 비평가로 임명되어 1982년까지 활동했다. 1970년 최초로 퓰리처상 비평 부문을
수상했으며, 1997년부터는 『월스트리트 저널』에 건축 평론을 기고하기도 했다.
『그들이 과연 브루크너 대로를 완공할 수 있을까?Will They Ever Finish Bruckner Boulevard?』(1970),
『최근에 건물을 발로 찬 적이 있습니까?Kicked a Building Lately?』(1976), 『누구나
건축을?Architecture, Anyone?』(1986), 『비현실적인 미국: 건축과 환상The Unreal America:
Architecture and Illusion』(1997) 등 10여 권의 저서를 남겼으며 생전 미국의 가장 영향력 있는
건축 비평가로 평가받았다.

옮긴이 이종인

1954년 서울에서 태어나 고려대학교 영문학과를 졸업하고 한국 브리태니커 편집국장과
성균관대학교 전문 번역가 양성 과정 겸임교수를 역임했다. 옮긴 책으로 『로마제국 쇠망사』,
『호모 루덴스』, 『폰더 씨의 위대한 하루』, 『숨결이 바람 될 때』, 『변신 이야기』,
프랭크 로이드 라이트의 『자서전』 등이 있으며, 지은 책으로 『번역은 글쓰기다』,
『살면서 마주한 고전』 등이 있다.

현대 예술의 거장 시리즈
우리에게 새로운 세상을 열어 준 위대한 인간과 예술 세계로의 오디세이

구스타프 말러1·2, 메이플소프, 프랭크 로이드 라이트, 루이즈 부르주아, 시나트라,
알렉산더 맥퀸, 에드워드 호퍼, 조니 미첼, 에릭 로메르, 글렌 굴드, 조지아 오키프, 빌 에반스,
잉마르 베리만, 트뤼포, 조지 해리슨, 레너드 번스타인, 코코 샤넬, 니진스키,
세르주 갱스부르, 자코메티, 앙리 카르티에 브레송, 스트라빈스키, 프랜시스 베이컨 등

현대 예술의 거장 시리즈는 계속 출간됩니다.